HIDRELÉTRICAS E POVOS INDÍGENAS
O CASO APUCARANINHA

VOLUME 3
A política e o protagonismo Kaingang

Editora Appris Ltda.
1.ª Edição - Copyright© 2025 dos autores
Direitos de Edição Reservados à Editora Appris Ltda.

Nenhuma parte desta obra poderá ser utilizada indevidamente, sem estar de acordo com a Lei nº 9.610/98. Se incorreções forem encontradas, serão de exclusiva responsabilidade de seus organizadores. Foi realizado o Depósito Legal na Fundação Biblioteca Nacional, de acordo com as Leis nos 10.994, de 14/12/2004, e 12.192, de 14/01/2010.

Catalogação na Fonte
Elaborado por: Josefina A. S. Guedes
Bibliotecária CRB 9/870

N935h 2025	Novak, Éder da Silva Hidrelétricas e povos indígenas: o caso Apucaraninha / Éder da Silva Novak. – 1. ed. – Curitiba: Appris, 2025. 265 p. ; 23 cm. – (Ciências sociais. Seção história). v. 3. A política e o protagonismo Kaingang. Inclui bibliografia. ISBN 978-65-250-7794-9 1. Territorialidade. 2. Terra Indígena Apucaraninha. 3. Usinas hidrelétricas. 4. Indigenismo. I. Título. II. Série. CDD – 980.41

Livro de acordo com a normalização técnica da ABNT

Appris editora

Editora e Livraria Appris Ltda.
Av. Manoel Ribas, 2265 – Mercês
Curitiba/PR – CEP: 80810-002
Tel. (41) 3156 - 4731
www.editoraappris.com.br

Printed in Brazil
Impresso no Brasil

Éder da Silva Novak

HIDRELÉTRICAS E POVOS INDÍGENAS
O CASO APUCARANINHA

VOLUME 3
A POLÍTICA E O PROTAGONISMO KAINGANG

Appris
editora

Curitiba, PR
2025

FICHA TÉCNICA

EDITORIAL	Augusto Coelho
	Sara C. de Andrade Coelho

COMITÊ EDITORIAL E CONSULTORIAS	Ana El Achkar (Universo/RJ)	Junia de Vilhena (PUC-RIO)
	Andréa Barbosa Gouveia (UFPR)	Lucas Mesquita (UNILA)
	Antonio Evangelista de Souza Netto (PUC-SP)	Márcia Gonçalves (Unitau)
	Belinda Cunha (UFPB)	Maria Margarida de Andrade (Umack)
	Délton Winter de Carvalho (FMP)	Marilda A. Behrens (PUCPR)
	Edson da Silva (UFVJM)	Marília Andrade Torales Campos (UFPR)
	Eliete Correia dos Santos (UEPB)	Marli C. de Andrade
	Erineu Foerste (Ufes)	Patrícia L. Torres (PUCPR)
	Fabiano Santos (UERJ-IESP)	Paula Costa Mosca Macedo (UNIFESP)
	Francinete Fernandes de Sousa (UEPB)	Ramon Blanco (UNILA)
	Francisco Carlos Duarte (PUCPR)	Roberta Ecleide Kelly (NEPE)
	Francisco de Assis (Fiam-Faam-SP-Brasil)	Roque Ismael da Costa Güllich (UFFS)
	Gláucia Figueiredo (UNIPAMPA/ UDELAR)	Sergio Gomes (UFRJ)
	Jacques de Lima Ferreira (UNOESC)	Tiago Gagliano Pinto Alberto (PUCPR)
	Jean Carlos Gonçalves (UFPR)	Toni Reis (UP)
	José Wálter Nunes (UnB)	Valdomiro de Oliveira (UFPR)

SUPERVISORA EDITORIAL	Renata C. Lopes
PRODUÇÃO EDITORIAL	Maria Eduarda Paiz
REVISÃO	Milena Castro
DIAGRAMAÇÃO	Bruno Ferreira Nascimento
CAPA	Kananda Ferreira
REVISÃO DE PROVA	Daniela Nazario

COMITÊ CIENTÍFICO DA COLEÇÃO CIÊNCIAS SOCIAIS

DIREÇÃO CIENTÍFICA	Fabiano Santos (UERJ-IESP)

CONSULTORES	Alícia Ferreira Gonçalves (UFPB)	Jordão Horta Nunes (UFG)
	Artur Perrusi (UFPB)	José Henrique Artigas de Godoy (UFPB)
	Carlos Xavier de Azevedo Netto (UFPB)	Josilene Pinheiro Mariz (UFCG)
	Charles Pessanha (UFRJ)	Leticia Andrade (UEMS)
	Flávio Munhoz Sofiati (UFG)	Luiz Gonzaga Teixeira (USP)
	Elisandro Pires Frigo (UFPR-Palotina)	Marcelo Almeida Peloggio (UFC)
	Gabriel Augusto Miranda Setti (UnB)	Maurício Novaes Souza (IF Sudeste-MG)
	Helcimara de Souza Telles (UFMG)	Michelle Sato Frigo (UFPR-Palotina)
	Iraneide Soares da Silva (UFC-UFPI)	Revalino Freitas (UFG)
	João Feres Junior (Uerj)	Simone Wolff (UEL)

Aos Kaingang da terra indígena Apucaraninha!

*Especialmente ao Senhor José Ekór Bonifácio (*in memoriam*).*

APRESENTAÇÃO

Em 26 de setembro de 2017, realizava-se a defesa do meu doutorado no Programa de Pós-Graduação em História da Universidade Federal da Grande Dourados (PPGH/UFGD). Estavam presentes na banca de defesa os seguintes professores: Lucio Tadeu Mota (UEM/UFGD – Orientador), João Pacheco de Oliveira (UFRJ), José Henrique Rollo Gonçalves (UEM), Thiago Leandro Vieira Cavalcante (UFGD) e Levi Marques Pereira (UFGD). A banca de qualificação contou ainda com os professores Protásio Paulo Langer (UFGD) e Gilmar Arruda (UEL). A todos esses, meus singelos agradecimentos por toda a arguição efetivada de forma contundente e responsável e pelos importantes apontamentos para o texto final.

Nesse momento, a tese intitulada *Os Kaingang do Apucarana, o órgão indigenista e a usina hidrelétrica do Apucaraninha* é publicada.[1] Em virtude da sua extensão e das partes suprimidas após a qualificação, além de importantes acervos de fotos da construção da usina e da organização do Posto Indígena Apucarana, decidi pela publicação em três volumes, com o título *Hidrelétricas e povos indígenas: o caso Apucaraninha*.

O Volume 1, já publicado, com o subtítulo "A Eelsa e a eletricidade para a pequena Londres e região", analisa o contexto histórico em que foi planejada e construída a usina do Apucaraninha, a partir de meados da década de 1940, na margem direita do rio homônimo, no interior das terras reservadas aos Kaingang do Posto Indígena Apucarana. O objetivo da Empresa de Energia Elétrica S/A (Eelsa) era a geração de eletricidade para atender o município de Londrina e demais áreas de concessão da empresa, no norte do Paraná. Aborda a história da primeira usina construída em território legalmente reservado aos indígenas, no Brasil, sendo apresentada de forma contextualizada, conectando-a com a história da energia elétrica no Brasil e no estado do Paraná.

O Volume 2, *Pedagogia da nacionalidade: indigenismo e ação Kaingang no posto indígena Apucarana*, também já foi publicado e demonstra a política indigenista desenvolvida pelo SPI, junto aos Kaingang do território indígena Apucarana, sobretudo, após a criação do PI Apucarana em 1942,

---

[1] A tese pode ser encontrada na íntegra no seguinte endereço: https://www.ppghufgd.com/wp-content/uploads/2019/03/TESE-Vers%C3%A3o-Definitiva-em-PDF.pdf

até o momento de transição SPI/Funai em 1967. Da mesma forma, apresenta a política indígena naquele contexto, evidenciando as ações dos Kaingang e suas relações com o órgão indigenista e os demais sujeitos históricos ali presentes.

Agora, chegou o momento da publicação do Volume 3, intitulado *A política e o protagonismo Kaingang*, que evidencia os interesses e as ações dos representantes da Eelsa, dos agentes do órgão indigenista e da comunidade indígena Kaingang do Apucarana, desde o início da construção do empreendimento hidrelétrico no Salto Apucaraninha, em área indígena, ainda na década de 1940, até meados da década de 1970, quando a Eelsa foi encampada pela Companhia Paranaense de Energia Elétrica (Copel). O destaque é para as ações dos Kaingang, que entrecruzando seus interesses com os demais sujeitos, conseguiram reestruturar seus territórios, assegurando que a área utilizada para a construção e consequente operação da usina do Apucaraninha pertencesse aos indígenas.

SUMÁRIO

INTRODUÇÃO 11

PARTE I
O ÓRGÃO INDIGENISTA E A EELSA: OS INTERESSES NA CONSTRUÇÃO DA UHE DO APUCARANINHA 33

CAPÍTULO 1
AS PRIMEIRAS NEGOCIAÇÕES ENTRE O ÓRGÃO INDIGENISTA E A EMPRESA ELÉTRICA 35
1.1 O exemplo da usina hidrelétrica do rio Tigres no PI Barão de Antonina 35
1.2 O início das obras da usina do Apucaraninha e as tentativas de acordo entre o SPI e a Eelsa 39

CAPÍTULO 2
A REORGANIZAÇÃO DO PI APUCARANA NAS PROXIMIDADES DA USINA DO APUCARANINHA 55
2.1 A primeira proposta de reestruturação do PI Apucarana e sua relação com a usina do Apucaraninha 57
2.2 Os debates em torno da reestruturação da área indígena e a nova localidade da sede do PI Apucarana 69

CAPÍTULO 3
A CELEBRAÇÃO DO CONTRATO DE ARRENDAMENTO E NOVAS QUESTÕES ENTRE O ÓRGÃO INDIGENISTA E A EMPRESA DE ELETRICIDADE 83
3.1 As prestações de contas do PI Apucarana e o fornecimento de energia elétrica ao posto 89
3.2 Questionamentos sobre o contrato de arrendamento entre Eelsa e SPI 100
3.3 As negociações entre Copel e Funai: apontamentos para novos estudos 116

PARTE II
O PROTAGONISMO INDÍGENA DIANTE DA PRESENÇA DA USINA DO APUCARANINHA E DO PROCESSO DE REESTRUTURAÇÃO DOS SEUS TERRITÓRIOS .125

CAPÍTULO 4
O PROCESSO DE REESTRUTURAÇÃO DO TERRITÓRIO INDÍGENA APUCARANA: A USINA DO APUCARANINHA E OS DESLOCAMENTOS DOS KAINGANG .131
4.1 O que dizem os documentos? .131
4.2 A memória e os relatos dos indígenas . 138

CAPÍTULO 5
A POLÍTICA DOS INDÍGENAS EM RELAÇÃO À USINA DO APUCARANINHA . 189
5.1 A mão de obra indígena na construção da usina do Apucaraninha e outros trabalhos . 190
5.2 As relações socioculturais entre os indígenas e os empregados da usina e o cotidiano na nova sede do PI Apucarana .208
5.3 O sentimento de apropriação da usina e as reivindicações junto à concessionária de energia elétrica. 222

CONSIDERAÇÕES FINAIS . 241

REFERÊNCIAS .249
FONTES . 254
ENTREVISTAS .264

INTRODUÇÃO[2]

O atual cenário envolvendo os povos indígenas e os agentes das usinas hidrelétricas no Brasil chama a atenção de todos, em virtude das repercussões e conflitos intensos entre os sujeitos envolvidos. De um lado, os indígenas buscando a defesa dos seus interesses, devido a transformação de seus territórios tradicionais e de graves impactos em suas formas de vida. Do outro lado, as grandes empresas do setor elétrico, representadas por poderosos grupos econômicos, que contam, na maioria das vezes, com apoio político e capital estrangeiro e buscam aumentar a capacidade instalada de energia elétrica, por meio da construção de grandes empreendimentos hidrelétricos. Isso leva ao alagamento de extensas áreas ocupadas por populações ribeirinhas e atinge também as terras indígenas. Justifica-se esses empreendimentos em nome do progresso e do desenvolvimento, configurando mais uma etapa do avanço das frentes colonizadoras pelo país.

Um dos exemplos é a usina hidrelétrica de Belo Monte, no rio Xingu, no Estado do Pará. Há aproximadamente 30 anos, quando foram iniciados os estudos de viabilidade para o aproveitamento hidrelétrico da bacia hidrográfica do rio Xingu, os conflitos entre povos indígenas e representantes da chamada sociedade nacional são noticiados nos meios de comunicação, inclusive, internacionalmente. A ação de cada sujeito social envolvido é anunciada conforme interesses econômicos, políticos e sociais. Dessa forma, ambientalistas, congressistas, empresários, fazendeiros, ribeirinhos, indígenas etc. entrecruzam seus discursos e suas estratégias frente ao projeto de grande porte.[3]

Notadamente, o conteúdo divulgado visa à despolitização dos indígenas, ainda caracterizado como o *índio mau*, violento, que corta o braço e que agride o representante político ou o empresário do consórcio energético, responsável pela hidrelétrica. Também se reproduz a ideia do indígena apenas vitimizado, que perde terras e precisa mudar de local,

---

[2] O trabalho exposto neste livro foi realizado com apoio da Coordenação de Aperfeiçoamento de Pessoal de Nível Superior - Brasil (Capes), por meio de recursos do PROAP/Capes, junto ao PPGH/UFGD.

[3] Uma análise detalhada de Belo Monte e a questão indígena está presente em: Oliveira; Cohn (2014). Os debates recentes em torno do projeto do Complexo Hidrelétrico de Tapajós também podem ser citados como exemplo dessas discussões.

alterando drasticamente suas formas de vida. Essas interpretações presentes na análise dos atuais conflitos entre indígenas e representantes da sociedade envolvente seguem as abordagens históricas do Brasil, que tratam das questões em torno do contato entre indígenas e não indígenas, retirando os primeiros da história ou classificando-os como bons ou maus, não revelando todas as suas historicidades e as complexidades de suas relações socioculturais e de suas ações enquanto sujeitos históricos. Como afirma Almeida (2010), não se trata de negar os processos de esbulhos dos territórios indígenas, a exploração e a dizimação de centenas de etnias, mas compreender e evidenciar a política indígena, presente não somente nos bastidores, mas também no palco da história do Brasil.

Desde meados da década de 1970, grandes projetos hidrelétricos vêm atingindo os povos indígenas no Brasil, como os casos de Tucuruí no Pará, Balbina no Amazonas e Itaipu no Paraná.[4] O caso de Itaipu provocou graves danos aos indígenas Guarani Mbyá e Nandeva, que habitavam áreas próximas aos rios Jacutinga e Ocoí e que lutaram, desde então, para a obtenção de uma nova área que foi demarcada apenas em 1997, no município de Diamante do Oeste (PR).[5] Naquele contexto, também se formou o Movimento dos Atingidos por Barragens (MAB), que em muitas oportunidades contou com representantes dos povos indígenas, como na usina de Tucuruí.[6]

A Constituição Federal de 1988 não apenas reconheceu a alteridade dos povos indígenas no Brasil, buscando um ponto final no âmbito jurídico na política integracionista desenvolvida até então, como também impôs limites à exploração dos recursos hídricos presentes nas áreas indígenas. Dessa forma, todo empreendimento hidrelétrico que afete um território indígena somente pode ser autorizado pelo Congresso Nacional, após ouvir em audiência, as comunidades indígenas atingidas. No entanto, inúmeras vezes essas questões são abordadas por pessoas que desconhecem a história específica da etnia indígena envolvida e sua relação com o território. Segundo Lisboa (2008), em muitos casos, as cifras dos empreendimentos impressionam juízes e demais envolvidos nos processos judiciais, que parecem ignorar os problemas ambientais e sociais decor-

---

[4] Alguns estudos já analisaram esses grandes empreendimentos e sua relação com os povos indígenas atingidos pelas represas das usinas hidrelétricas. Como exemplo, ver: Santos; Nacke (2003).

[5] Esta nova área foi chamada de terra indígena Tekoha Anetete e possui 1.744ha. Para maiores detalhes da relação Itaipu e os Guarani do Ocoí, ver os estudos de Thomaz de Almeida (1995); Santos; Nacke (1994); Deprá (2006), entre outros.

[6] Maiores detalhes sobre o MAB ver: Corrêa (2009) e Santos; Nacke (2003).

rentes da instalação de uma usina hidrelétrica. A política neoliberal e o processo de privatização do setor elétrico nacional, iniciados no final dos anos 1980, representaram uma continuação da ideia de que os indígenas são entraves ao progresso e ao desenvolvimento do país e as prioridades do setor estão longe de considerar os direitos indígenas.

Inserido nesse contexto, o Paraná, por meio da Companhia Paranaense de Energia Elétrica (Copel), responsável pela concessão do serviço de eletricidade em praticamente todo o Estado, nas áreas de geração, de transmissão e de distribuição de energia elétrica, tem realizado, nas últimas décadas, uma série de estudos de viabilidade para a construção de usinas hidrelétricas nos grandes rios que cortam o Paraná. Entre esses rios está o Tibagi, cuja nascente se localiza nos chamados Campos Gerais, cortando a região central e todo o Norte do Estado, até desaguar no rio Paranapanema, na divisa com o Estado de São Paulo.

Na bacia do rio Tibagi, existem cinco terras indígenas: Apucaraninha, São Jerônimo, Barão de Antonina, Mococa e Queimadas. A maior parte dos indígenas que vive nessas áreas é da etnia Kaingang, mas também há Guarani, Xokleng e Xetá. Há quatro décadas, a Copel iniciou os estudos para a instalação de sete usinas hidrelétricas no rio Tibagi: Jataizinho, Cebolão, São Jerônimo, Mauá, Telêmaco Borba, Tibagi e Santa Branca. Todas com planejamento inicial de afetar as comunidades indígenas, que ocupam parte dos seus antigos territórios, em áreas já demarcadas. A maior parte das usinas ainda não saiu do papel, com inúmeras discussões sobre licenças ambientais e atritos com moradores locais e comunidades indígenas. Apenas a de Mauá encontra-se em funcionamento, cuja construção iniciou em 2008, depois de longa e tensa negociação com os indígenas e demais ribeirinhos, com a participação do Ministério Público Federal.[7]

Os conflitos e as negociações se espalharam por todo o vale do rio Tibagi e reacenderam a luta Kaingang da TI Apucaraninha pelos seus direitos diante da usina hidrelétrica do Apucaraninha, instalada na segunda metade da década de 1940, dentro do território indígena, na margem direita do rio Apucaraninha. Após o processo de redemocratização e da nova Constituição de 1988, a comunidade indígena local passou a adotar diferentes estratégias para pressionar a Copel a rever o contrato de arren-

---

[7] Há toda uma documentação composta de laudos antropológicos, estudos das etnias indígenas, diagnósticos socioambientais etc. encomendados pela Copel, em virtude da obrigatoriedade constante na CF de 1988. Esses documentos estão presentes na Biblioteca da Copel, no Polo Atuba, em Curitiba-Pr.

damento da área indígena utilizada pela usina. Sem grandes retornos da concessionária, os Kaingang articularam uma série de medidas ostensivas: bloqueio da estrada que liga à hidrelétrica, manutenção de funcionários como reféns e outros atos de protestos. O clima tenso tomou conta da região.

Esse processo culminou na assinatura de dois Termos de Ajustamento de Conduta (TAC), com participação da Copel, da Funai, do Ministério Público Federal e da comunidade indígena do Apucaraninha. O primeiro deles, assinado em 2002, alterou o contrato de arrendamento, determinando os valores do MegaWatt/hora produzido e pago aos indígenas. O segundo TAC, assinado somente em 2006, resultou em uma indenização de R$ 14 milhões de reais à comunidade indígena, pelos impactos ambientais, sociais, culturais e morais provocados pela construção, instalação e operação da usina, no período de 1946 a 2002.

No entanto, a forma como tudo foi divulgado pelos meios de comunicação locais assemelha-se ao que foi citado acima no caso de Belo Monte. Atribuiu-se ao povo indígena a pecha de oportunistas, agressivos, violentos, como se não tivessem direitos às reivindicações. Ao final, ficou a impressão que a Copel realizou uma boa ação, pagando um valor extraordinário aos indígenas, que não teriam motivos para receber qualquer indenização ou compensação financeira. Por outro lado, interpretações do tipo *coitado dos indígenas*, sempre explorados, também foram comuns naquele momento. Novamente, teve-se a ideia do indígena despolitizado, sem história, sem resistência, como um mero figurante, assistindo a tudo de maneira passiva e pacata. Essas formas extremas de pensar as sociedades indígenas – *bom ou mau selvagem* – marcam presença constante nas abordagens históricas quando tratam a relação entre indígenas e não indígenas no Brasil. A proposta aqui é trazer os indígenas como sujeitos históricos, protagonistas de suas ações, elaboradores de estratégias políticas, frente a cada novo contexto histórico, como de forma precursora demonstraram Cunha (1992), Oliveira (1988; 1999) e Monteiro (1994).

O caso Apucaraninha exige uma análise apurada dos acontecimentos desde o contexto de construção da usina hidrelétrica em 1946. A resistência indígena e suas políticas estratégicas não surgiram apenas às vésperas das assinaturas dos TACs, como procuram afirmar alguns meios de comunicação e a própria Copel, em clara tentativa de descaracterizar a luta histórica dos Kaingang daquela localidade. Torna-se essencial evidenciar o papel desenvolvido pelos indígenas durante o contexto de construção e instalação da usina do Apucaraninha, suas articulações com os representantes do órgão indigenista e com as autoridades políticas do estado do Paraná naquele momento. Importante também demonstrar as relações da comunidade indígena com os empregados da usina e os representantes da Empresa Elétrica de Londrina S/A (Eelsa), concessionária responsável pelo empreendimento hidrelétrico até 1974, quando foi incorporada pela Copel.

> Não basta mais caracterizar o índio histórico simplesmente como vítima que assistiu passivamente à sua destruição ou, numa vertente mais militante, como valente guerreiro que reagiu brava porém irracionalmente à invasão europeia. Importa recuperar o sujeito histórico que agia de acordo com a sua leitura do mundo ao seu redor, leitura esta informada tanto pelos códigos culturais da sua sociedade como pela percepção e interpretação dos eventos que se desenrolavam (Monteiro, 1999, p. 248).

Torna-se mister compreender a história dos Kaingang do Apucaraninha, suas relações com outras etnias indígenas e com os não indígenas, sua ideia de *territorialidade* (Oliveira, 1998), seu histórico de lutas em defesa dos seus interesses e todas as suas ações estabelecidas perante a construção, instalação e o funcionamento da usina hidrelétrica no território indígena. É justamente essa história conturbada, recheada de conflitos, de interesses convergentes e divergentes, que precisa ser detalhada de forma minuciosa, articulando todos os sujeitos históricos envolvidos, pois a preocupação não pode ser a de:

> [...] delimitar unicamente uma história dos indígenas, mas sim, em refletir sobre conjuntos de relações estabelecidas entre os indígenas e os demais atores e forças sociais que com eles interagiam. Não é possível defender as estratégias e performances indígenas ignorando as interações que mantêm com os contextos reais em que vivem – ou seja, as relações interétnicas na escala local, a inserção dentro de um Estado-Nação, bem como as redes e fluxos transnacionais. A história, em suas múltiplas escalas e temporalidades, não pode ser concebida como algo exterior e acidental, mas um fato constitutivo, que preside à própria organização interna e ao estabelecimento da identidade de um grupo étnico (Oliveira, 2016, p. 7).

Diante disso, é preciso questionar: como foi a relação entre a comunidade indígena Kaingang e os agentes do setor elétrico e da Eelsa, responsáveis pelo empreendimento hidrelétrico? Como se deram as situações cotidianas entre os indígenas e os empregados da usina? Quais as articulações dos indígenas com o órgão indigenista e a concessionária de energia elétrica durante a construção, instalação e operação da usina? Quais os interesses constantes entre os sujeitos históricos presentes naquele contexto? Quais os projetos, ações e estratégias desses sujeitos durante aquele momento? São estas as principais problemáticas elencadas neste estudo.

Os acontecimentos apontam para uma história complexa, com diversos sujeitos sociais, portadores de projetos políticos antagônicos, com interesses divergentes e, dessa forma, um cenário de tensões, conflitos e jogo de ideias. Mas também momentos de convergências de interesses, em que se definem alianças, acordos e aproximações. O desafio é evidenciar a participação do sujeito histórico tradicionalmente omitido das histórias que retratam o Norte do Paraná: os indígenas. Nesse caso, muito bem identificados e situados: os Kaingang do território indígena Apucarana.[8]

Essa história não pode ser construída sem a devida conexão com os processos históricos mais amplos, relacionando com as políticas econômicas nacionais e estaduais e seus respectivos contextos em meados do século XX. Toda a centralização de poder pretendida pelo Governo Vargas refletiu nas políticas do setor energético, com a criação do Código das Águas em 1934, o Conselho Nacional de Águas e Energia Elétrica em 1939, o Plano Nacional de Eletrificação em 1943-46. Essas questões são contemporâneas ao início da construção da usina do Apucaraninha e influenciam sua instalação. Após a *Era Vargas*, o Plano Salte, o segundo Plano Nacional de Eletrificação, o Plano de Metas e a criação da Eletrobrás e do Ministério de Minas e Energia (MME) revelam toda a preocupação das autoridades políticas em aumentar a capacidade instalada de energia elétrica, para acelerar a industrialização e o processo de urbanização,

---

[8] É preciso distinguir território indígena Apucarana, terra indígena Apucaraninha e Posto Indígena Apucarana. Este último é a estrutura administrativa do órgão indigenista, que buscou desempenhar o papel de tutela junto aos Kaingang daquela localidade. terra indígena é a denominação atribuída posteriormente a Constituição Federal de 1988 às áreas legalmente medidas, demarcadas e destinadas aos indígenas. território indígena Apucarana era a porção de terras reservadas ao grupo Kaingang da região desde o ano de 1900 e que passou pelo processo de expropriação devido ao avanço das frentes colonizadoras. Dessa forma, para questões atuais, será utilizado terra indígena Apucaraninha ou os Kaingang do Apucaraninha. Para o contexto de construção da usina, será usado território indígena Apucarana ou os Kaingang do Apucarana. E, quando se tratar da organização administrativa do SPI, utilizar-se-á Posto Indígena Apucarana.

como também de modernização do campo. Essa contextualização segue com a política das grandes usinas hidrelétricas nos anos 1970, momento da quase completa estatização do setor elétrico brasileiro, no qual justamente a Eelsa foi incorporada pela Copel.

No Paraná, durante aquele momento, as frentes colonizadoras agiam com toda intensidade no Norte do Estado, por meio das companhias de colonização, abrindo estradas, criando povoados, formando cidades, exigindo uma maior demanda de energia elétrica. A construção da UHE do Apucaraninha precisa ser abordada, considerando tais apontamentos. Nesse sentido, busca-se elaborar uma história que destaque as ações da etnia indígena do Apucaraninha, perante a usina e todos os demais sujeitos sociais envolvidos, mas que não seja fragmentada e desarticulada dos macro processos históricos.

Essa narrativa concentra suas abordagens no período entre 1946 e 1974. A primeira data está associada ao ano em que iniciaram as obras para a construção da usina do Apucaraninha. A segunda data corresponde ao ano em que a Eelsa foi incorporada pela Copel, no contexto da quase completa estatização do setor elétrico em todo o Brasil. De toda forma, esses marcos temporais não podem restringir que a pesquisa trabalhe com fatos ocorridos fora deste período proposto.

Exemplificando, o contexto das iniciais tentativas de estatização do setor elétrico no Brasil durante a *Era Vargas*, a constituição da Eelsa, enquanto concessionária de energia elétrica, a colonização do Norte do Paraná, a criação do Posto Indígena Apucarana e a política indigenista, o histórico dos Kaingang da bacia do rio Tibagi e suas ações políticas, entre outros, são questões fundamentais para se compreender a decisão de se construir uma usina na margem direita do rio Apucaraninha, em território reservado aos indígenas. Essa historicidade será retomada no texto toda vez que for necessária, tanto com acontecimentos em datas anteriores e próximas a 1946, quanto com fatos mais antigos.

Da mesma forma, alguns acontecimentos são elucidativos para os objetivos deste livro, mesmo sendo posteriores a 1974, pois revelam uma historicidade e serão interpretados e conectados com o período proposto, durante a elaboração da narrativa.[9]

---

[9] O ano de 1974 não representou o fim da história nas relações entre os Kaingang e os empregados da usina e os representantes da concessionária de energia elétrica. Trata-se de uma delimitação temporal em virtude da extensão da pesquisa e da vasta quantidade de fonte documental para ser analisada. Os acontecimentos posteriores a 1974 serão analisados em estudos futuros, para auxiliar na compreensão das atuais negociações, acordos e conflitos entre os indígenas e agentes do órgão indigenista, da Copel, entre outros.

A abordagem utilizada neste livro busca a superação do viés etnocêntrico desenvolvido por uma história dita tradicional, que mantém uma visão colonialista dos acontecimentos históricos (Lander, 2005). Destarte, é necessário destacar a pluralidade das sociedades humanas, trazendo como protagonistas sociedades excluídas pelo colonialismo. Nessa perspectiva, os Kaingang do Apucarana, enfatizando suas estratégias políticas, suas ações e toda sua dinâmica frente a cada novo contexto histórico. É necessário considerar as ações das sociedades indígenas como ações políticas, inseridas em uma perspectiva antropológica, que demonstre as formas de luta e toda resistência elaborada pelos indígenas em defesa dos seus interesses.

Assim, os Kaingang formularam seus projetos políticos diante do avanço da sociedade nacional, estabelecendo um processo de relações socioculturais com os representantes desta sociedade. Entretanto, essas relações não podem ser entendidas por uma história polarizada, simplificadora, que salienta a imposição cultural da sociedade envolvente sobre os povos indígenas e que reproduz a ideia de dominação colonial, na qual o colonizador tem o papel do dominante e o indígena é o dominado. As relações foram (e ainda são) muito mais complexas que essa visão dicotômica e dualista e precisam ser norteadas dentro de cada contexto histórico, observando toda forma de resistência e os conflitos envolvendo os povos indígenas.

Dessa forma, esse estudo adota esses pressupostos e assume novas perspectivas em relação à história indígena no Brasil. História esta que ganhou nova interpretação com Cunha (1992), ao abordar o indígena como protagonista, sujeito de sua própria história; que contou com mudanças da antropologia, com novos princípios teóricos e metodológicos, permitindo uma compreensão histórica dos povos indígenas como em Oliveira (1988; 1998; 1999) e Monteiro (1994). Em perspectivas historiográficas, a aproximação com o campo antropológico e o destaque a história vista de baixo e dos grupos minoritários, como em Thompson (1998), Wolf (2003); (2005), Hobsbawm (1998), entre outros. Nesse viés, o destaque é para os povos indígenas que sobrevivem há mais de cinco séculos às tentativas para sua eliminação, seja física ou culturalmente.

> Durante quase cinco séculos, os índios foram pensados como seres efêmeros, em transição: transição para a cristandade, a civilização, a assimilação, o desaparecimento. Hoje se sabe que as sociedades indígenas são parte de nosso futuro e não só de nosso passado (Cunha, 1992, p. 22).

Essa presença indígena demarcou não apenas novas fronteiras geográficas, em relação aos seus territórios, mas também novas fronteiras sociais. As construções linguísticas, culturais, econômicas e religiosas dos indígenas foram confrontadas com as dos colonos que ocupavam suas terras. Foi nesse embate entre indígenas e não indígenas que novos espaços foram definidos, ocupados e reocupados, marcados por uma resistência contínua dos povos indígenas contra a sua dominação pelos não indígenas.

Torna-se essencial a apresentação de alguns conceitos e definições presentes, enquanto pressupostos teóricos e metodológicos, neste estudo, bem como a discussão sobre a interpretação das fontes utilizadas para o desenvolvimento deste estudo. Conceitos como o de *situação colonial,* de Georges Balandier; *situação histórica,* de João Pacheco de Oliveira; *guerra de conquista,* de Antonio Carlos de Souza Lima; definições de *fronteiras, cultura, relações socioculturais, grupos étnicos*, entre outros, fundamentam essa abordagem histórica. Além disso, as formas de interpretação das fontes, que consideram o papel do *discurso*, a hermenêutica, a polifonia e a linguística, contribuem para a análise e a formulação desta narrativa.

Georges Balandier (1972) definiu como s*ituação colonial* o conjunto das relações entre civilização europeia e sociedades autóctones. Para o autor, uma minoria estrangeira com pretensa superioridade racial pretendeu dominar a maioria da população local, seja por meio da força ou de um conjunto de valores, normas e comportamentos. Em outro trabalho, Balandier (1987) demonstrou a dinâmica interna das sociedades ditas tradicionais, afirmando que todas as sociedades humanas produzem políticas que assimilam as transformações de um novo contexto histórico. Balandier (1976) ainda diz que nenhuma sociedade pode ser definida e determinada apenas por suas características internas. Tanto a dinâmica de suas especificidades internas quanto aquela provocada externamente, devido ao contato com as sociedades vizinhas, são elementos que compõem as características de certa sociedade.

Destarte, a ideia de *situação colonial* fica mais contundente quando se valoriza a historicidade de cada sociedade. Assim, o conceito de *situação histórica,* de João Pacheco de Oliveira, auxilia a formulação de teorias que criticam a desintegração cultural, a aculturação, assimilação, ou mesmo, a extinção das sociedades indígenas, e percebem as mudanças no contato indígena e não indígena, como ações estratégicas enquanto sujeitos que formulam e estabelecem políticas próprias para o relacionamento com o outro. Para Oliveira (1988), o conceito de *situação colonial* não pode ficar aprisionado ou restrito a análises e a descrições polarizadas e simplificadoras, que mostram a imposição dos valores culturais de um grupo sobre o outro, como se um lado estivesse fora do campo de ação e não tomasse nenhuma atitude e nem estabelecesse resistência. Assim, o autor propõe a ideia de *situação histórica*, revelando as relações entre os diversos sujeitos presentes em cada contexto histórico, inclusive os indígenas, pois são povos que não possuem uma cultura imutável, mas que se transformam de acordo com as *situações históricas* advindas do contato com os não indígenas.

Também é necessário demonstrar a ideia de *guerra de conquista* formulada por Antônio Carlos de Souza Lima, criticando os clássicos trabalhos que fazem apologia ao órgão indigenista e à política indigenista oficial. Souza Lima (1995) revela que o Estado tem a intencionalidade de conquistar territórios e de inserir as populações indígenas na sociedade nacional. Os indígenas são pensados como efêmeros, pois, ou se sujeitam e assimilam os novos padrões culturais impostos pelos não indígenas, ou são exterminados. Indigenismo e política indigenista são termos usados pelo Estado que o autor considera como ações no âmbito das estruturas administrativas, desenvolvidas pelo conquistador para abordar os povos conquistados. É a luta estatal para centralizar e manter o monopólio do controle de diversos poderes sobre os povos indígenas. Sai de cena aquela ideia de conquista pacífica e harmoniosa e entram os interesses conflitantes, que inúmeras vezes promoveram episódios violentos entre indígenas e não indígenas.

> O operador da paz é aqui a potência da guerra, soberana no assenhoreamento de povos e terras, capaz de engendrar hierarquias, posições em sistemas de estratificação, dispor de espaços colocando-os sob controle centralizado, cotidianizar estes processos em múltiplos e sutis dispositivos de poder. Sobretudo para a tutela sob os índios, agenciá-los, codificá-los em lei, é demonstrar o quanto os poderes de Estado constroem categorias sociais simultaneamente se construindo e formando Estado. O monopólio progressivo da violência teve, porém, que ser negociado: uma pesquisa mais ampla poderia estabelecer as pontes entre a máxima abrangência de agenciamentos de poder, a ficção de seu poderio, e a concessão do "direito" à violência (Souza Lima, 1995, p. 310).

Não resta dúvida que o conquistador tem seus objetivos traçados e planejados. No entanto, a *guerra de conquista* precisa revelar ao mesmo tempo os objetivos daqueles que deveriam ser conquistados, ou seja, os interesses dos povos indígenas também estão em jogo. Estes promovem uma reação à conquista, com estratégias de informação do outro e desinformação de si, alianças e subordinações intencionais, demonstrando permeabilidade diante de novos contextos históricos.

Dessa forma, a sociedade nacional tentou impor modelos econômicos, sociais e culturais, caracterizando o que Souza Lima (1995) chamou *o grande cerco de paz* em torno dos povos indígenas. Mesmo obtendo êxitos em alguns momentos, este *cerco* não conseguiu a dissolução e homogeneização das culturas indígenas. Dadas às novas condições históricas, estes programaram mudanças na sua forma de vida, mas continuaram a produzir sua cultura, gestada e redimensionada no interior do novo contexto e reinterpretada segundo seus objetivos e necessidades, adotando medidas para abrir brechas e encontrar saídas frente ao *cerco*.

O Brasil atual é o resultado de processos históricos complexos de encontros e desencontros de diferentes povos, com objetivos antagônicos, envolvendo conflitos armados, negociações, fissões entre grupos e povos e alianças políticas. Nesse complexo processo sociocultural, as populações indígenas precisam ser apresentadas enquanto sujeitos ativos da história, participantes da formação sócio-histórica brasileira, como propôs de forma precursora Cunha (1992) e Monteiro (1994). É mister enfatizar as estratégias dos povos indígenas para contrapor a política oficial, revelando que as populações indígenas não eram atrasadas e nem primitivas como aparecem na visão simplista do colonizador e dos representantes da sociedade envolvente, mas detentoras de especificidades culturais distintas, quando comparadas com a cultura de origem europeia e cristã. Torna-se interessante produzir um conhecimento mais amplo do tecido social que foi historicamente construído por populações que foram ocultadas e apagadas nas versões consagradas e canônicas da história do Brasil, nas quais somente destacam os míticos pioneiros.

Nessa perspectiva, é essencial desenvolver uma narrativa com pressupostos teóricos e metodológicos que não hierarquizem os diferentes grupos étnicos, ou seja, que não caracterizem um grupo mais desenvolvido que o outro ou em estágio superior ao outro, mas que sejam reveladores do desenvolvimento histórico de cada um, conhecendo suas particularidades e universos próprios. Essa interpretação se contrapõe a história que situou os povos indígenas somente como vítimas da colonização e do avanço das frentes de expansão. Trata-se de um trabalho que incorpora elementos importantes de conhecimento etnográfico, colocando o indígena como sujeito de sua própria história.

Faz-se importante apresentar também o conceito de *fronteiras*. Muito mais que linhas geográficas que separam países, estados, cidades, fronteiras será aqui utilizada como espaço de relação entre dois grupos com culturas e modos de vida distintos, que entram em contato e entrecruzam seus projetos para tentar impor, um sobre o outro, a sua forma de pensar e agir. Portanto, *fronteiras* é o local em que se quebram e trocam costumes, em que surgem novas atividades e linhas de crescimento, onde emergem novos ideais e são criadas novas instituições. Apesar das sociedades ditas primitivas assimilarem novos valores, ao entrarem em contato com os responsáveis pelas frentes colonizadoras, elas mantêm aspectos tradicionais, que são duradouros e distintos de sua experiência primitiva, mesmo num contexto de trocas e de relações entre os grupos envolventes na colonização.

Além disso, para o debate proposto, é necessário compreender como se dá a formação das comunidades e grupos étnicos. Muito se fala dos fatores herdados e transmitidos para essa formação. As heranças, a posição e a posse adquiridas por determinado grupo étnico são tratadas como responsáveis pela agregação de pessoas, constituindo assim um grupo com as mesmas características e tradições. A ideia de definição de comunidade étnica está geralmente voltada à intenção de formação da nação, definindo os povos, os grupos, estabelecendo as divisões políticas artificiais, pregando a homogeneização dos grupos separados por essas fronteiras políticas, sem considerar suas divisões internas, suas rachaduras e fragmentação, ou seja, não consideram as fronteiras sociais, religiosas, linguísticas, políticas etc. que influenciam a forma de vida das pessoas que integram uma comunidade étnica.

Max Weber mostra que as comunidades étnicas são formadas por processos históricos, que vão caracterizando-as, diferenciando-as umas das outras. Segundo o autor, não se pode definir uma comunidade étnica pelos costumes tradicionais de origem religiosa e/ou econômica ou política. É necessário observar as transações de costumes, as diferenças espaciais promovidas pelas *fronteiras étnicas*, isto é, o contato com grupos vizinhos, em espaços diferentes, provoca as adaptações, as remodelações, devido às condições heterogêneas enfrentadas por cada grupo. Muito mais importante que as origens e tradições de determinado grupo, para defini-lo enquanto uma comunidade étnica, são as interações com outros grupos, ou seja, suas relações interétnicas, promovidas pela *situação de fronteiras* (Weber, 1944).

Frederik Barth, ao analisar o que são grupos étnicos, mostra que geralmente a antropologia parte do pressuposto de relacionar as unidades étnicas a cada cultura, ou mais claramente, que há grupos humanos que têm o mesmo comportamento descrito pela mesma cultura. As diferenças entre culturas, assim como suas fronteiras e vínculos históricos, receberam muita atenção, diz Barth (1976). Contudo, a constituição dos grupos étnicos e a natureza de suas fronteiras não foram examinadas de maneira tão sistemática. Dessa forma, prevaleceram os estudos de grupos isolados, como se vivessem numa ilha e não entrassem em contato com outras pessoas. Esse olhar simplificador sobre os grupos étnicos, tão criticado por Barth, demonstra que o isolamento geográfico e social é o responsável pela manutenção da diversidade cultural. Uma análise tão superficial que não deixa vir à tona os elementos complexos das relações interétnicas promovidos pelo contato nas regiões de *fronteiras*.

Assim, Barth (1976) defende uma investigação empírica do caráter das *fronteiras étnicas*, capaz de revelar que elas persistem, apesar do fluxo de pessoas que as atravessam, e também de descobrir relações estáveis, de uma importância social vital, mantidas nas *fronteiras*, mesmo entre grupos com estatutos étnicos dicotomizados. A interação entre os grupos étnicos no sistema social não leva ao desaparecimento de um dos grupos, devido às mudanças e/ou aculturação. As diferenças culturais podem permanecer, apesar do contato interétnico e da interdependência dos grupos. Todas essas relações não poderiam ser retratadas se assumissem a posição de analisar cada grupo étnico de uma forma isolada, enfatizando as diferenças raciais, culturais, separando socialmente o grupo étnico, por meio de barreiras linguísticas, hostilidades espontânea e organizada. Essa visão impede a explicação da diversidade cultural, como se cada grupo desenvolvesse sua forma cultural e social de uma maneira isolada.

Por meio de uma perspectiva antropológica, Ulf Hannerz considera que é nas *fronteiras* que realmente as coisas acontecem, sendo um local de fluxos e interfluxos de diferentes grupos étnicos, que, ao entrarem em contato, causam ambiguidades, incertezas e transformações.

> Hoje procuramos locais para testar nossas teorias onde pelo menos alguns dos seus habitantes são crioulos, cosmopolitas ou cyborgs, onde as comunidades são diásporas e as fronteiras na realidade não imobilizam, mas, curiosamente, são atravessadas. Freqüentemente é nas regiões fronteiriças que as coisas acontecem, e hibridez e colagem são algumas de nossas expressões preferidas por identificar qualidades nas pessoas e em suas produções (Hannerz, 2001, p. 8).

A questão é analisar *fronteiras* não como algo definido, absoluto e natural, mas com caráter artificial, problemático e que incide na vida das pessoas. E com essa abordagem entender as descontinuidades e as diferenças entre os grupos que se encontram, demonstrando a problemática dos estudos culturais e sociais. Assim, nessa nova perspectiva, *cultura* é vista como um fluxo contraditório, incoerente nos diferentes grupos étnicos, que atuam em uma mesma zona fronteiriça. Hannerz (1997) ainda diz que a *cultura* deve ser vista como um fluxo contraditório e incoerente, no qual a diversidade cultural não tende a desaparecer, mas se entrelaçar num complexo relacionamento entre os diferentes grupos.

Dessa forma, *fronteiras* não é um local de imposição de valores culturais, no qual uma cultura está destinada a desaparecer devido à assimilação de outros padrões de sobrevivência. Nem mesmo um local de divisão, onde um grupo não interage com o outro, mas um local de conflito, de desafios e de estratégias. Assim, conforme Wegner (2000), é necessário buscar a compreensão da dinâmica transformadora na *fronteiras*, que provoca mudanças não apenas valorativas, mas também materiais e tecnológicas.

Poutignat e Streiff-Fenart (1998) afirmam que não se pode atestar a existência de grupos étnicos e defini-los como grupo A ou B, mas entender a problemática e os processos de construção desses grupos e perceber as contradições internas de um mesmo grupo. Segundo os autores, teorizar a etnicidade não significa fundar o pluralismo étnico como modelo de organização sociopolítica, mas examinar as modalidades segundo as quais uma visão de mundo étnica é tornada pertinente para os sujeitos envolvidos em um mesmo espaço e um mesmo momento histórico. Dessa forma, não se pode generalizar o termo etnicidade ou buscar a homogeneização de um grupo étnico, mas entender suas especificidades, considerando as conjunturas diferenciadas, o tempo e o contexto histórico.

É necessário compreender como ocorrem a unidade e a integração de um grupo étnico, suas circunstâncias e seu grau de uniformidade ou diferenciação. É preciso substituir a visão superficial da homogeneidade cultural por uma perspectiva muito mais organizacional, que veja a construção e a reconstrução da *cultura* em termos de processos particulares, especificáveis, de organização e comunicação, sempre desenvolvidos em contextos de diferentes interesses, oposições e contradições. Conforme Wolf (2003), o desafio é compreender a *cultura* sempre em formação, aprender a entender como os protagonistas combinam práticas velhas e novas e figurações sempre novas e renovadas, em uma ação em andamento.

Conforme Bensa (1998), a busca de certa objetividade determina que o contexto seja portador de uma *cultura* única, na qual a realidade normativa impõe as decisões e as escolhas das pessoas, de uma forma manipuladora. No entanto, embora essa realidade normativa se faça presente, nem por isso ela deixa de oferecer amplas possibilidades às interpretações e às liberdades pessoais. Estas possibilidades permitem as diferentes manobras dos sujeitos presentes em um determinado contexto, cujas estratégias e ações reconstroem seus sentidos e revelam a diversificação e a heterogeneidade cultural.

Bensa (1998) critica a ideia de sobrecarregar de significações gerais e de regras simbólicas certas sociedades, generalizando-as, homogeneizando-as, dentro de uma perspectiva estruturalista, que abandona o individual e tenta apreender as realidades apenas numa escala, a mais global possível, confundindo o particular com o geral. Assim, o autor questiona: onde ficam as clivagens internas, os espaços sociais diferentes, as rupturas, as intermediações presentes nas relações dos atores de um mesmo contexto histórico? As sociedades não constituem blocos compactos, mas são tecidas com múltiplas estratégias que se entrecruzam num espaço de interlocuções, confrontos e desafios.

As atitudes, os pensamentos e as declarações dos sujeitos históricos devem ser vistas como os elementos complexos de um sistema de significações, de um código, cuja análise estrutural, em uma escala global, não consegue revelar. É necessária uma diversificação das escalas de análises, uma observação etnológica mais densa e minuciosa, um exame de situações particulares e locais, de individualidades concretas, retratando não apenas as práticas cotidianas comuns, mas também as excepcionais, não apenas as permanentes, mas também as temporárias, não somente as situações centrais, mas inclusive as periféricas, demonstrando todos os redutos da realidade social gerada no e pelo contexto histórico, *descobrindo a ordem secreta das coisas* (Bensa, 1998).

Wolf (2005) enfatiza que as sociedades estão em rede, conectadas, não vivem isoladas. E as conexões entre o macronível e o micronível precisam ser estabelecidas, para entender a constituição e transformação das culturas, enquanto processos de negociações entre contextos, estruturas e relações sociais. Entretanto, o autor explica porque as visões de sociedades compactadas insistem em permanecer, demonstrando que as categorias explicativas ocidentais têm grande influência nas explicações históricas das sociedades.

> Se existem conexões em todos os lugares, por que insistimos em transformar fenômenos dinâmicos, interligados, em coisas estáticas, desligadas? Parte disso, se deve talvez, ao modo como aprendemos nossa própria história. Fomos ensinados, nas salas de aula e fora delas, que existe uma entidade chamada Ocidente e que se pode pensar nesse Ocidente como uma sociedade e uma civilização independentes e em oposição a outras sociedades e civilizações (Wolf, 2005, p. 27).

É preciso entender que essas categorias explicativas ocidentais, vinculadas às teorias de modernização, bloqueiam os relacionamentos entre diferentes sociedades e retiram a historicidade de tantas outras sociedades.

No que tange aos povos indígenas, essa historicidade pode ser melhor revelada quando o pesquisador se utiliza da etno-história, enquanto um método transdisciplinar da história dos povos indígenas (Mota, 2014a). Essa história é contada, na maioria das vezes, por documentação escrita por não indígenas. Entretanto, "[...] na perspectiva dos fundadores da etno-história nos EUA não as invalidavam enquanto fontes documentais para o estudo da história dos indígenas" (Mota, 2014a, p. 10). Não obstante, os métodos da etno-história, por meio da análise de uma diversidade de fontes (oralidade, etnoconhecimentos, cultura material, dados linguísticos e etnográficos e evidência documental), possibilitam resultados mais significativos do que a história apenas ancorada em fontes documentais (Mota, 2014a, p. 14).

> Um regime de memória propicia relatar uma história; mas, para compreender a organização e o funcionamento de tais sociedades, o pesquisador não pode fixar-se em um só ponto de vista: deve buscar as muitas histórias e o seu

entrelaçamento. Por isso, o investigador não deve se limitar a uma documentação produzida por fonte oficial e que reflita uma perspectiva supostamente canônica em relação àquele assunto: precisa explorar a diversidade de fontes e a multiplicidade de relatos possíveis, beneficiando-se do resultado de pesquisas antropológicas e históricas atuais. Estas frequentemente revelam instituições e significados desconhecidos das fontes não indígenas da época e que, mediante uma leitura crítica e numa perspectiva descolonizadora, muitas vezes permite construir interpretações novas nas entrelinhas de registros do passado (Oliveira, 2016, p. 29).

Segundo Cavalcante (2011, p. 359), "[...] a etno-história, como método interdisciplinar, é o melhor caminho para se compreender os povos de culturas não-ocidentais a partir de uma perspectiva histórica". O autor destaca a importância das tradições orais, da linguística e das fontes arqueológicas, assim como a documentação escrita por indígenas e não indígenas. De toda forma, ao defender que o método etno-histórico apresenta meios contundentes para revelar o protagonismo indígena, Cavalcante alerta sobre os cuidados de se utilizar apenas as fontes indígenas e de se enfatizar sobremaneira a participação indígena na história, omitindo a relação colonial, prejudicando a história indígena no pós-conquista (Cavalcante, 2011, p. 367).

Esta narrativa teve o propósito do uso da etno-história, valorizando os saberes de várias disciplinas e também o conhecimento dos indígenas. Se por um lado utilizou-se da história, antropologia, geografia, arqueologia, enfim, agrupando diversas disciplinas, por outro, também deu ênfase aos etnoconhecimentos, em que os indígenas apresentaram os locais antigos de suas moradias e das sedes do Posto Indígena, evidenciados pela presença de cultura material, cemitérios, *Pari* (armadilhas de pesca), antigas construções e por toda a narrativa apresentada pelos Kaingang entrevistados, durante as atividades da pesquisa de campo, trabalhando lado a lado com os indígenas, que lembraram histórias diversas do seu passado, suas festas, seus deslocamentos, seus rituais de canto e de dança, suas pescas e caças.

O aspecto primordial foi associar esse conhecimento indígena com as informações constantes nas fontes documentais escritas. Dessa forma, os aportes metodológicos são essenciais para a interpretação da diversidade de fontes utilizadas neste estudo. Grande parte das fontes são documentos escritos produzidos pela União, governo do Paraná, órgãos indigenistas, concessionárias de energia elétrica, jornais, entre outros. Desde as constituições federais, leis e decretos do setor elétrico no Brasil, Mensagens e relatórios do governo do Paraná, relatórios e documentos diversos do órgão indigenista e das empresas de eletricidade. Além disso, as entrevistas com os Kaingang da terra indígena Apucaraninha foram fundamentais para auxiliar na análise e interpretação de toda a documentação estudada.

Conforme Hobsbawm (1998), o estudo da *História de baixo para cima* enfrenta alguns problemas técnicos, como a falta de fontes que dificulta a análise da história dos movimentos populares. Os historiadores desse campo não podem agir como positivistas, acreditando que perguntas e respostas surgem naturalmente do estudo material. Segundo o autor, é necessário um quadro coerente, um modelo bem elaborado. Para entender o passado, o historiador não pode apenas descobrir o passado, mas deve procurar explicá-lo.

Dessa forma, é preciso um método em que as perguntas do historiador encontrem respostas evidentes, evitando que se faça uma história fabricada. Recursos como o da *Polifonia*, em que diversas vozes das fontes falam lado a lado com o autor, e do uso da *Linguística*, permitem afirmar que um documento é sempre portador de um *Discurso*, não podendo ser visto como algo transparente, devendo ser relacionado com o contexto em que foi formulado.

A *hermenêutica* e a *interpretação* apresentadas nos estudos de Paul Ricoeur colaboram na análise das fontes. Paul Ricoeur (1988) afirma que a *hermenêutica* é a teoria das operações da compreensão em sua relação com a interpretação dos textos. O autor expõe que ler um documento exige um trabalho específico de interpretação, mediante um jogo de questão e de resposta, por meio do diálogo. "São necessárias, então, técnicas específicas para se elevar ao nível do discurso a cadeia dos sinais escritos e discernir a mensagem através das codificações superpostas, próprias à efetuação do discurso como texto" (Ricoeur, 1988, p. 19).

Foucault (1996) analisa a questão do *discurso* presente em qualquer documento. O autor considera que é necessário projetar uma análise do discurso no interior de processos históricos reais e importantes, "[...] não tanto como processo de desvendamento, mas ao contrário, como jogo estratégico entre dois indivíduos falantes, onde um se cala, mas cujo silêncio estratégico é pelo menos tão importante quanto o discurso" (Foucault, 1996, p. 139). Trata-se de introduzir a luta do *discurso* no interior do campo da análise, não apenas como uma análise sistemática de procedimentos retóricos, mas "[...] estudar o discurso como procedimentos retóricos, maneiras de vencer, de produzir acontecimentos, de produzir decisões, de produzir batalhas, de produzir vitórias" (Foucault, 1996, p. 142).

O texto documental revela as posições de seu autor, que podem diferir devido às controversas interpretações dos seus receptores. Ao analisar o texto produzido, liberado e publicado, é necessário descobrir para quem ele foi direcionado, pois ele sempre tem um sentido a um determinado público-alvo, ou seja, não existe documento ingênuo, todos têm uma intencionalidade, uma lógica, cujas ideias e opiniões são estratégias para convencer o interlocutor, visando estabelecer similaridades, consenso e laços de união.

Assim, não basta descrever a fonte, pois tudo o que tem produzido nela é determinado por uma conjuntura política, social e econômica do sujeito que produziu o documento. Por isso, é necessário prestar atenção no sujeito que escreveu a fonte, suas intenções e subjetividades, para que a análise documental não seja simplificadora. Ter o pressuposto de que não há fonte primária, pois tudo o que é feito já vem de uma *interpretação*. Dessa forma, há a necessidade de ser intenso com o texto presente no documento, procurar abrir brechas em seu meio, mesmo que pareça ser algo completo, complexo e verdadeiro.

Essas questões abordadas são válidas também para as entrevistas dos indígenas, porque é uma forma de produção de documento, que permite conectar a pesquisa empírica e a reflexão teórico-metodológico (Amado; Ferreira, 2005, p. 11). Além disso:

> Na história oral, existe a geração de documentos (entrevistas) que possuem uma característica singular: são resultado do diálogo entre entrevistador e entrevistado, entre sujeito e objeto de estudo; isso leva o historiador a afastar-se de interpretações fundadas numa rígida separação entre sujeito/objeto de pesquisa e buscar caminhos alternativos de interpretação (Amado; Ferreira, 2005, p. XIV).

Obviamente, a história oral é significativa para pesquisas como esta. Contudo, é preciso ter inúmeros cuidados e desafios para se fazer uso dela. Conforme Lozano (2005), as experiências de vida reproduzidas pelos sujeitos entrevistados permitem discutir as questões histórico-sociais, com análises quantitativas, mas que precisam ser analisadas detalhadamente, considerando os condicionamentos políticos, econômicos, sociais, culturais que influenciam os entrevistados, assim como o entrevistador.

Thompson (1992) alerta para a criticidade da fonte documental gerada pelas entrevistas. Assim, os conteúdos nas entrevistas não podem ser adotados como verdades absolutas, não considerando ou relativizando suas intencionalidades e seus condicionamentos. Segundo o autor, é preciso relacionar as entrevistas com as outras fontes utilizadas, considerando os contextos em que foram produzidos. Alberti (2005) também enfatiza essa relação entre as informações contidas nas entrevistas e as demais fontes documentais. De toda forma, ele destaca a importância da história oral, afirmando que os relatos possibilitam incluir novos elementos que os demais documentos utilizados não permitiram.

Oliveira (2006) também destaca a importância da articulação da pesquisa empírica com a interpretação dos resultados por ela apresentados. Segundo ele, essa interpretação do pesquisador está sujeita as categorias ou conceitos básicos por ele adotados, que influenciam a forma de olhar os dados coletados no campo, como por exemplo as entrevistas.

> Portanto, sistema conceitual, de um lado, e, de outro, os dados – nunca puros, pois, já em uma primeira instancia, construídos pelo observador, desde o momento de sua descrição, guardam entre si uma relação dialética. São inter-influenciáveis (Oliveira, 2006, p. 27).

Nesse sentido, é necessário consolidar argumentos, melhorar a veracidade das descrições contidas nas entrevistas e interpretar todos os dados e informações de forma crítica, sabendo que não há uma imparcialidade por parte do entrevistado e também do entrevistador. "Isto significa que o olhar, ouvir e escrever devem ser sempre tematizados ou, em outras palavras, questionados enquanto etapas de constituição do conhecimento pela pesquisa empírica" (Oliveira, 2006, p. 35).

Considera-se relevante tais pressupostos para evitar cair em verdades e totalidades universais, excluindo fenômenos e particularidades que também fizeram parte do contexto histórico analisado, concluindo com uma simples realidade conceitual. Frente àquilo que parece ser estabelecido – ou pelo menos tenta ser – como realidade conceitual, há as particularidades e demais fenômenos que apresentam os conflitos e as complexidades de determinada realidade. Diante das totalidades universais se rompem as ações de grupos locais e, nesse campo de luta, de contato e de estratégias, percebe-se o intercâmbio de valores, padrões e bens culturais, de uma forma ativa e consciente, em que todos têm seu devido papel de atuação.

Resumindo, a interpretação dos documentos não pode ser realizada de uma forma unilateral, ou seja, ora sendo analisados apenas como *discurso* dos representantes da sociedade envolvente e seus projetos colonizadores, ora considerados apenas como documentos que contêm as ações dos povos indígenas. Não podem ser desconsideradas as articulações de todos os participantes envolvidos no processo histórico que será analisado. Assim, os documentos são resultados de uma luta política com interesses diversos, fruto de projetos políticos antagônicos, de sociedades diferenciadas que se relacionam. Essas contradições devem ser consideradas ao analisar a documentação.

A ideia central deste livro é a participação dos Kaingang do território indígena Apucarana no processo de construção e instalação da usina do Apucaraninha em área reservada aos indígenas pelo governo do Paraná. Essa ação indígena não pode ser tratada de forma desconecta do processo de reestruturação dos seus territórios, que estava em andamento, concomitantemente às obras do empreendimento hidrelétrico. Nesse contexto, os deslocamentos de parte da comunidade indígena para próximo da usina, assim que as obras iniciaram em 1946, devem ser tratados como ação estratégica dos indígenas, para ocupar postos de trabalho e estabelecer demais relações com os novos sujeitos históricos presentes em seus tradicionais territórios. Essas ações e relações asseguraram a posse das áreas adjacentes à usina como território indígena, influenciando as decisões do órgão indigenista e da concessionária de energia elétrica, além de despertar na comunidade indígena local o sentimento de apropriação da usina, que passou a fundamentar as reivindicações dos Kaingang nas negociações com a empresa de eletricidade.

Obviamente, não se pode narrar essa história considerando apenas o protagonismo indígena, ignorando os interesses dos demais envolvidos no contexto pesquisado. Torna-se mister analisar os interesses dos agentes da União, do governo do estado do Paraná, da companhia colonizadora, das prefeituras locais, da empresa de eletricidade, do órgão indigenista, dos moradores não indígenas presentes no interior e fora do território indígena, dos madeireiros, dos arrendatários, além da própria comunidade Kaingang do Apucarana.

Nesse intuito, o livro está dividido em duas partes, sendo três capítulos na primeira parte e dois capítulos na Parte II. A Parte I revela os interesses do órgão indigenista com a presença da usina e suas negociações com a Eelsa. Os representantes do SPI vislumbraram ganhos financeiros com a presença do empreendimento hidrelétrico em território indígena, além da possibilidade de obter o fornecimento de energia elétrica nas instalações do PI Apucarana, facilitando as atividades cotidianas na sede do Posto, na escola, no postinho de saúde, nos serviços de rádios, nas serrarias etc. Já os agentes da Eelsa, procuravam entender o andamento do processo de reestruturação do território indígena Apucarana, para ter certeza se a área utilizada pela usina era realmente pertencente aos indígenas. Nesse sentido, as negociações entre o SPI e a Eelsa não podem ser dissociadas do Acordo de 1949, que tornou ainda mais complexas as relações entre os representantes do órgão indigenista e da empresa de eletricidade.

A Parte II detalha as ações dos indígenas do Apucarana após a presença da usina do Apucaraninha em seus territórios, que evidencia os deslocamentos de alguns Kaingang para próximo do empreendimento hidrelétrico, estabelecendo novas moradias (toldos) no local, constituindo relações com os empregados da Eelsa, trabalhando nas obras para a construção da usina, permitindo as trocas comerciais e outras atividades. Novamente, o Acordo de 1949 e o processo de reestruturação do território indígena Apucarana foram considerados para entender as ações dos indígenas e suas relações com o órgão indigenista e com a Eelsa e seu empreendimento hidrelétrico. Esta segunda parte finaliza demonstrando o sentimento de apropriação da usina pela comunidade indígena local, em virtude de suas ações históricas e suas relações com os sujeitos envolvidos no primeiro empreendimento hidrelétrico, no Brasil, construído no interior de uma área de terras legalmente reservada aos indígenas.

PARTE I

O ÓRGÃO INDIGENISTA E A EELSA: OS INTERESSES NA CONSTRUÇÃO DA UHE DO APUCARANINHA

> Enfatizamos a contribuição e relevância histórica desta UHE para o desenvolvimento socioeconômico da cidade de Londrina e de toda a região Norte do Estado do Paraná, em especial para a época de sua construção, quando a energia elétrica era um recurso sumamente escasso. Inclusive, não seria demasiado afirmar que, sem a unidade, a cidade de Londrina teria uma conformação econômica diferente da atual, possuindo, certamente, menor centralidade relativamente ao interior do Estado do Paraná (Copel, 2006, Fl. 39).

Esta citação está no relatório intitulado *A Copel e a Terra indígena Apucaraninha: subsídios para uma política consistente e relacionamento de longo prazo*, publicado pela Copel em 2006, que mostra a importância da usina do Apucaraninha para a região Norte do Paraná, especialmente à cidade de Londrina, sobretudo, em meados do século XX, quando foi construída. Trata-se da elaboração de um discurso que exalta as ações dos responsáveis pelo planejamento e pela execução das obras do empreendimento hidrelétrico, como nas abordagens apologéticas descritas no Volume 1, em relação à Eelsa e à usina do Apucaraninha.

De forma semelhante, o texto intitulado *Campanha de esclarecimento aos Kaingang sobre a área de segurança e os riscos da usina do Apucaraninha, na TI Apucarana, PR e em seu entorno*, elaborado por Cecília Helm, em setembro de 2004, a pedido da Copel, traz informações sobre o momento histórico da construção da usina.

> Por volta de 1946, decidiram os administradores do município de Londrina (criado em 1934), com o apoio do governo federal, ser necessário projetar e construir uma usina hidre-

> létrica, para serem atendidas as necessidades dos novos povoadores, que compraram lotes de terras na região, para abastecer vilas, sedes de fazendas e cidades que estavam sendo criadas e para garantir o êxito do projeto de colonização da Companhia de Terras de Londrina. [...] Foram abertas estradas para ser possível a construção da UHE Apucaraninha (Copel, 2004, Fl. 101).

Nota-se a importância da usina do Apucaraninha para aquele momento histórico, em que energia elétrica era algo escasso e considerada fundamental para o desenvolvimento da região Norte do Paraná. É preciso relembrar os vínculos entre os representantes da Eelsa e da CMNP (Companhia de Melhoramentos Norte do Paraná) e suas relações com o governo do Paraná, para entender o processo de negociação entre a empresa de eletricidade e o órgão indigenista, na construção e instalação da UHE Apucaraninha, em território indígena. Quais os interesses dos agentes do SPI e da Eelsa nesse processo de negociação? Como se deram os acordos entre ambos? Quais foram as estratégias estabelecidas pelos dois lados? E as consequências de todo esse processo? São questões abordadas nesta Parte I, que precisam considerar o Acordo de 1949, em virtude das definições da área pertencente aos Kaingang do Apucarana.

CAPÍTULO 1

AS PRIMEIRAS NEGOCIAÇÕES ENTRE O ÓRGÃO INDIGENISTA E A EMPRESA ELÉTRICA

O SPI se interessou pela presença da usina no território indígena Apucarana e buscou estabelecer negociações com a Eelsa. Inicia-se esta discussão com o relatório elaborado pelo inspetor do SPI, Deocleciano de Souza Nenê, apresentado ao chefe da IR7, Paulino de Almeida, em 20 de julho de 1943, após a visita efetuada ao PI Apucarana.

> Em seguida tratei de organizar o inventário inicial, serviço esse um tanto demorado para se coordenar tudo em ordem em seus devidos títulos, e nestes tempos de inverno, que apesar de não estar um inverno forte, não deixa com tudo de fazer frio pela manhã e a noite, impossibilitando de se fazer serviço o dia o dia inteiro, e não se podendo trabalhar a noite não só por este motivo, como por falta de luz, os dias já com poucas horas, razão que demorei-me mais que o necessário pelo serviço a fazer (SPI, 20 jul. 1943, Filme 47, Fotograma 158).

A notícia da construção da UHE Apucaraninha demonstrou ser interessante ao órgão indigenista, possibilitando a eletricidade para os trabalhos no PI Apucarana, como também as rendas financeiras pelo arrendamento das terras à Eelsa. Esses interesses do SPI também eram visíveis com a construção da usina hidrelétrica do rio Tigres, no PI Barão de Antonina, situado na outra margem do rio Tibagi.

1.1 O exemplo da usina hidrelétrica do rio Tigres no PI Barão de Antonina

Os documentos do SPI, que tratam sobre a usina do rio Tigres, no PI Barão de Antonina, permitem maiores esclarecimentos em relação as negociações e o desenrolar das obras da usina do Apucaraninha. Em 20 de junho de 1947, o chefe substituto da IR7, Deocleciano de Sousa Nenê, enviou o Ofício nº 99 ao diretor do SPI no Rio de Janeiro, cujo assunto era a *Pretensão de instalação de luz elétrica no PI Barão de Antonina*.

> O encarregado do PI Barão de Antonina, em ofício nº 46, de 17 do corrente, comunica a esta IR de que um engenheiro estuda as possibilidades do assentamento de uma usina elétrica n´uma cascata no tio Tigre nas terras da reserva indígena, próximo aquele Posto, tendo já feito picadas e alguma desmatação junto do salto, não tendo esse engenheiro feito nenhuma comunicação ao Posto, motivo que o encarregado consulta o que deve fazer. Esta IR também nada foi consultada. Em ofício hoje mandado a esse encarregado, determina esta IR que o mesmo indague minuciosamente de quem a pretensão, e com que base o engenheiro está assim procedendo. A intenção desta IR em firmar o acordo das terras com este Estado, para este mandar medir e demarcar dois mil alqueires (48.400.000 m²) em duas glebas, uma delas será no aonde esta o atual Posto, para se aproveitar as invernadas fechadas com arame farpado, sendo essa gleba de 500 alqueires (12.100.000 m²) e a divisa será pela margem esquerda do referido rio Tigre, atingindo nessa margem, o salto pretendido. Essa parte, que, como disse, será para aproveitar as invernadas, algumas benfeitorias e especialmente cerca de 8 a 10 casas de índios, e nessa área tem boas pastagens nativas, e boas terras de cultura, ambas separadas por cercas de arame. O restante 1.500 alqueires (36.300.000 m²) para ser tirado no lugar denominado "Pedrinhas", distante dali cerca de 10 a 12 quilômetros onde se encontra a maioria dos índios e aonde está assentado e localizado o lugar para transferir o PI Barão de Antonina. A montagem de uma usina, uma vez combinado e de acordo, com certas e determinadas obrigações possíveis com o SPI, trará alguma vantagem, tendo em vista ainda que feito o acordo do SPI com o Estado a Vila Araiporanga (ex-S. Jeronimo), necessita de força e luz, que só poderá obter no salto de que se trata sobre o rio Tigre. Será mais um motivo de se abreviar as providencias no sentido de se realizar o acordo e ficar para sempre solucionado a questão (SPI, 20 jun. 1947, Filme 73, Fotogramas 123-124).

Nota-se que o encarregado do PI Barão de Antonina, foi surpreendido com a presença de um engenheiro elaborando estudos para o aproveitamento hidráulico de uma queda d´água no rio Tigre, já com desmatamentos e aberturas de estradas em andamento, sem qualquer comunicação ao PI e também à IR7, em Curitiba. Como será demonstrado, essa surpresa também ocorreu no PI Apucarana, quando da descoberta das obras em andamento para a construção da usina do Apucaraninha. Isso reforça a tese de que as empresas de energia elétrica entravam em acordo com a Divisão de Águas, obtendo as autorizações, cumprindo o determinado pelo Código de Águas e demais legislações do setor elétrico. Caso de quedas d´água em territórios indígenas poderia ser comunicado apenas a diretoria do SPI, com sede no Rio de Janeiro, que, assim como a Divisão de Águas, era lotada no Ministério da Agricultura.

Soma-se ao fato de que estava em andamento o Acordo entre a União e o governo do Paraná para a reestruturação dos territórios indígenas.[10] No caso das áreas citadas no Ofício, tratava-se das terras *doadas* pelo Barão de Antonina, ainda em 1859, para o Governo Provincial do Paraná, para a instalação do Aldeamento Indígena de São Jerônimo. Essa área foi reduzida em duas áreas que correspondem as atuais terras indígenas São Jerônimo e Barão de Antonina.

O interessante é perceber que um dos limites desse território indígena era justamente o rio Tigres, onde estava a queda d´água pretendida para o aproveitamento hidráulico. O Ofício mostra o vislumbrar do chefe da IR7 com a concretização da construção da usina, possibilitando acordos com o SPI, gerando novas rendas, bem como o fornecimento de energia elétrica às instalações do PI local, além da eletricidade à Vila de Araiporanga (atual cidade de São Jerônimo da Serra), que não teria outra forma de obter energia elétrica, se não fosse pelo salto do rio Tigres.

Por último, o agente do SPI tinha a esperança de resolver a questão das limitações das áreas reservadas aos indígenas, que já se estendia há alguns anos. Dessa forma, pode-se afirmar que assim como no PI Barão de Antonina, também no PI Apucarana a possibilidade da construção de uma usina hidrelétrica poderia interessar diversos sujeitos sociais envolvidos, dependendo das articulações, negociações e acordos firmados.

---

[10] Refere-se ao Acordo de 1949, citado no Volume 2, na descrição da histórica presença dos Kaingang no rio Tibagi. As relações do Acordo de 1949 com a usina do Apucaraninha serão retomadas nessa Parte I e na Parte II, porque não há como abordar de forma isolada estes dois assuntos.

O inspetor Deocleciano de Sousa Nenê ainda informou à diretoria do SPI que havia enviado uma Correspondência ao encarregado do PI Barão de Antonina, solicitando maiores informações com o engenheiro, sobre os planos de construção da usina no salto do rio Tigres. Essa Correspondência refere-se ao Ofício nº 100, também datado de 20 de junho de 1947, emitido pelo inspetor Nenê ao Sr. Claudio Carneiro Martins, com os seguintes dizeres:

> Acuso o recebimento de vosso ofício nº 46 de 17 do corrente do qual ficou ciente esta IR sobre a pretensão do Snr. engenheiro encarregado da instalação de luz na Vila de Araiporanga, o que já cientifiquei a Diretoria deste serviço e pedi instruções. Queira indagar minuciosamente as pretensões dessa instalação e comunicar esta IR. A instalação de luz ahi é um melhoramento que devemos fazer para facilitar o que seja possível, pois, que, até para o nosso Posto poderá trazer vantagens não havendo má vontade da parte dos empresários, é no entanto preciso que ele, ou eles deve ou devam dar satisfação, porquanto o acordo ainda não esta realizado e as terras pertencem ao Patrimônio Indígena (SPI, 20 jun. 1947, Filme 73, Fotograma 125).

O objetivo era obter detalhes de qual era a empresa de eletricidade, que pessoas responsáveis pela empresa, se tinham alguma autorização para o aproveitamento hidráulico, quem tinha autorizado, entre outros questionamentos, e que poderia trazer benefícios também ao PI. Entretanto, o documento deixa claro que as terras pertenciam ao órgão indigenista e que nenhum acordo ainda havia sido firmado, pelo menos não do conhecimento no âmbito da IR7.

A resposta ao Ofício nº 99 ocorreu em 7 de julho de 1947, pelo diretor substituto do SPI, no Rio de Janeiro, Jaguanharo Tinoco do Amaral, por meio do Ofício nº 823, endereçado à Lourival da Mota Cabral, inspetor da IR7, em Curitiba.

> Assunto: Instalação de usina elétrica no PI Barão de Antonina
>
> Com relação ao vosso Ofício nº 99 de 20 de junho último, esta Diretoria determina que sejam sustadas quaisquer providências que estranhos ao SPI estejam tomando no salto do rio tigre, devendo essa Chefia entrar em entendimento com os responsáveis pela construção da usina, no sentido

de que esclareçam as condições, de quem a autorização para a referida instalação a fim de que o SPI verifique da possibilidade de um acordo de contrato (SPI, 07 jul. 1947, Filme 74, Fotograma 1620).

A diretoria do SPI estabeleceu a suspensão de qualquer ação de terceiros, fora do quadro de empregados do órgão indigenista, no salto do rio Tigres, enquanto não fossem negociadas as condições do aproveitamento hidráulico no local, entre os representantes da empresa de eletricidade envolvida e a chefia do SPI, com a elaboração de um acordo e assinatura de um contrato. Ao que tudo indica, nesse caso, também a alta direção do SPI não sabia dos estudos para a construção da usina no rio Tigres.

Não é o objetivo deste livro continuar descrevendo e analisando o ocorrido com essa usina no PI Barão de Antonina. Apenas procurou-se demonstrar que havia interesse do SPI na eventual energia elétrica gerada, bem como nos contratos de arrendamento para a utilização de terras dentro das áreas pertencentes ao Patrimônio Indígena. Os objetivos das empresas de energia elétrica nem precisam ser citados, já que a demanda de eletricidade era cada vez maior, sobretudo, na região Norte do Paraná, com o surgimento das cidades e das vilas, prometendo vultuosos lucros às concessionárias. As quedas d´água, como os saltos do rio Tigre e do Apucaraninha, passaram a ser alvos dessas empresas para a geração de energia elétrica e sua distribuição aos núcleos urbanos das proximidades. Sem contar os anseios da União e do governo estadual em assegurar condições para o desenvolvimento econômico. Além disso, é preciso destacar também os interesses dos povos indígenas e seu envolvimento e articulações com os sujeitos presentes na construção de uma usina hidrelétrica dentro dos seus territórios, que serão demonstrados adiante. Isso precisa ser considerado para compreender todo o processo histórico de construção e instalação da usina do Apucaraninha, ou seja, revelando a *situação histórica* daquele momento, as ações de todos os sujeitos presentes, as relações entre si, conforme destaca Oliveira (1988).

1.2 O início das obras da usina do Apucaraninha e as tentativas de acordo entre o SPI e a Eelsa

A primeira comunicação do PI Apucarana sobre a construção da usina do Apucaraninha, se deu por meio do Ofício nº 19, datado em 17 de junho de 1946, assinado por João Martins Neto, encarregado do Posto, direcionado à Paulino de Almeida, chefe da IR7, em Curitiba.

> Cumpre-me comunicar a V.S. o seguinte: a Empresa de Eletricidade de Londrina, está construindo uma grande Usina no Salto do Apucaraninha nesta fazenda. A começo estavam acampados na margem esquerda do referido Salto. Porém, sendo o proprietário o Dr. Gustavo. Este porém não admitio que construíssem benfeitorias de espécie alguma na margem esquerda do Salto. Hoje fui informado por pessoas que merecem fé, que mudaram o acampamento para o lado direito do Salto. De onde estão com diversas construções e derrubando grande quantidade de madeiras, etc. Talves, estejam com ordem daí da chefia, mas, como não tenho ciência disso, peço o S. me comunicar alguma coisa a respeito, para meu governo (SPI, 17 jun. 1946, Filme 47, Fotogramas 1835-1836).

O ofício deixa claro que a princípio os representantes da Eelsa instalaram seu canteiro de obras na margem esquerda do rio Apucaraninha, mas não chegaram a um acordo com o proprietário daquelas terras, Dr. Gustavo Avelino Correia. Assim, a empresa ordenou a mudança das obras para a margem direita, justamente em terras reservadas aos indígenas desde 1900 e administradas pelo SPI. Alguns questionamentos podem ser feitos ao conteúdo do documento: quem seriam essas pessoas informantes do encarregado do PI sobre as obras e a derrubada de árvores para a construção da usina? Será que eram lideranças indígenas mais próximas do encarregado do PI e que conheciam muito bem todo o território, mantendo seus deslocamentos com os toldos e aldeias existentes naquelas terras? Mas também não poderiam ser os arrendatários de terras de confiança do PI que há anos negociavam seus arrendamentos e conheciam toda a região? Ou ainda, proprietários vizinhos da área indígena, como o próprio Dr. Gustavo?[11]

É importante relembrar que o Governo Federal autorizou o aproveitamento hidráulico do Salto Apucaraninha em 9 de agosto de 1944, por meio do Decreto nº 16.313, atendendo a uma solicitação da Empresa

---

[11] São questões que precisam ser melhor exploradas. Pode ser que a Eelsa tenha avaliado que nas terras da margem direita, que ainda não estava definida se seriam dos indígenas, não necessitaria pagar indenização e/ou o projeto técnico poderia ficar mais barato. Dessa forma, a análise do projeto de engenharia de construção da usina do Apucaraninha pode revelar se um canal pela margem esquerda poderia ter um custo maior que pela margem direita.

Stahlke Irmãos, e que em 17 de janeiro de 1946, pelo Decreto n° 20.418, ocorreu a transferência dessa concessão para a Eelsa. Dessa forma, o Ofício n° 19 em questão, encaminhado pelo encarregado do PI Apucarana foi posterior aos dois Decretos citados e revela um desconhecimento do órgão indigenista, no que tange à tramitação para a construção da usina do Apucaraninha.

O fato é que João Martins Neto, assim que soube dessas informações, tratou de comunicar seus superiores da IR7, em Curitiba, solicitando esclarecimentos a respeito da construção do empreendimento hidrelétrico. Essa solicitação provocou a troca de correspondências entre a IR7, a diretoria do SPI no Rio de Janeiro e a Eelsa. Em 24 de julho de 1946, o chefe da IR7, Paulino de Almeida, enviou o Ofício n° 82, ao diretor da Eelsa em São Paulo, Ricardo Davids, com a seguinte descrição:

> Ciente do vosso ofício de 18 do corrente e solicito de V. S. a finesa de mandar a esta Inspetoria copias dos decretos n° 5.874 e 13.168 no mesmo citados, para serem aqui arquivados. Pelo correio enviarei breve a V. S, um exemplar do Regulamento deste Serviço, cujas prescrições solicito sejam observadas pelo pessoal executante dos trabalhos dessa Empresa dentro da área reservada aos índios. Com elevada estima e muito apreço apresento a V. S. Atenciosas Saudações (SPI, 24 jul. 1946, Filme 69, Fotograma 1788).

Este Ofício revela que a Eelsa já tinha entrado em contato com a IR7 no dia 18 de julho de 1946, por meio de um Ofício, citando os Decretos n° 5.874 e 13.168 em que o Governo Federal concedia a permissão para a expansão dos sistemas elétricos da Eelsa, bem como novas áreas de concessão na região Norte do Paraná, nas proximidades de Londrina. Além disso, o Ofício n° 82 demonstra que os agentes da Eelsa executavam os trabalhos para a construção da usina, sem conhecimento do Regulamento do SPI, pois este seria encaminhado pela IR7 e deveria ser obedecido pelos representantes da concessionária, a partir daquele momento, nos trabalhos em andamento dentro do território indígena.

Iniciava uma longa negociação entre a empresa de eletricidade e o órgão indigenista em relação à construção, instalação, ampliação e operação da usina do Apucaraninha, caracterizada também pela presença da comunidade indígena local, cujas ações serão detalhadas mais a frente.

Enquanto trocava correspondências com a Eelsa, a IR7 buscava verificar maiores informações sobre a construção da usina do Apucaraninha, conforme demonstra o relatório do inspetor especializado do SPI, Deocleciano de Sousa Nenê, encaminhado ao chefe Paulino de Almeida, em 30 de março de 1947.

> Satisfazendo seu pedido verbal para informar sobre a construção ou montagem da usina da "Empreza Elétrica de Londrina S/A", em terras do P.I.T. de Apucarana, assim como de eu ter dito ao Inspetor Snr. Mota Cabral de que não sabia quem autorizou essa construção, cumpre-me informar o seguinte: Em fins do ano próximo passado, estive duas vezes naquele Posto – em Setembro e Novembro, [...]. Quanto eu ter dito ao Inspetor Snr. Mota Cabral, de que não sabia quem autorizou essa construção, devo esclarecer que de fato disse isso porque não era de meu conhecimento, e isso porque nos meses em que houve a troca de correspondência entre o Posto e esta I.R. eu estive a serviço na zona de Palmas, neste Estado, tendo partido desta no dia 18 de Junho, e voltado só no dia 9 de Agosto, não tendo lido nem tido ciência que se montava usina em terras do P.I.T. de Apucarana, sabendo de que uma Empreza estava construindo e montando usina, tive ocasião de ler a cópia do ofício do Encarregado daquele Posto a esta Chefia, e os telegramas por esta expedidos ao Encarregado, não podendo por isso dizer que sabia quem autorizou, atribuindo apenas que essa Empreza devia ter se dirigido a Diretoria, conforme dissera um dos engenheiros ao Snr. Cesar Martins, quando foi protestar a execução dos serviços, conforme ordem telegráfica desta Chefia. Só agora também tive conhecimento da carta desta Empresa a esta I.R., dizendo estar executando a obra, escudada no artigo 151, do Decreto n. 24.643, de 10/7/1934, letra "A". (SPI, 30 mar. 1947, Filme 73, Fotograma 1644).

Como se observa, a Eelsa procurava se escudar nos Decretos Federais, perante qualquer iniciativa do SPI que procurasse ameaçar a execução do empreendimento hidrelétrico, ao mesmo tempo enumerando conversas e acordos com o órgão indigenista, em instância superior ao PI e a IR7.

Esse relatório do SPI é essencial para analisar a participação dos sujeitos históricos envolvidos na construção da usina do Apucaraninha. Primeiramente, é visível o desencontro de informações em relação à autorização para a construção da usina no interior da área indígena. O Ofício encaminhado pelo encarregado do PI à IR7, em junho de 1946, provocou um debate na sede da Inspetoria sobre quem havia autorizado tais obras. A afirmação do inspetor Nenê, ao inspetor Cabral, do não conhecimento de quem tinha feito a autorização, gerou uma ação do chefe da IR7, Paulino de Almeida, que cobrou verbalmente explicações de Deocleciano de Sousa Nenê. A explicação de Nenê é que esteve em Palmas, por quase dois meses, entre junho e agosto de 1946, não tendo acesso às Correspondências trocadas entre o PI Apucarana e a IR7 e nem mesmo a Carta emitida pela Eelsa à sua Inspetoria, tratando da construção da usina.

No relatório, o inspetor Nenê afirma ter dito que a empresa de eletricidade deveria ter obtido a autorização no Rio de Janeiro, junto à diretoria do SPI, pois tal informação foi repassada por um dos engenheiros da Eelsa à César Martins, Auxiliar do encarregado do PI Apucarana, quando foi reclamar dos serviços que estavam sendo executados no interior do território indígena. Outrossim, o inspetor Nenê, quando cita a Carta da empresa, demonstra que esta amparava a construção da usina no Código de Águas, de 1934, especificamente em seu Art. 151, que dava regalias e demais favores à concessionária, para executar projetos de empreendimento hidráulico, em sua área de concessão, assegurando ainda os seguintes direitos:

> a) utilizar os terrenos de dominio publico e estabelecer as servidões nos mesmos e atravéz das estradas, caminhos e vias publicas, com sujeição aos regulamentos administrativos;
>
> b) desapropriar nos predios particulares e nas autorizações pré-existentes os bens, inclusive as aguas particulares sobe que verse a concessão e os direitos que forem necessarios, de accôrdo com a lei que regula a desapropriação por utilidade publica, ficando a seu cargo a liquidação e pagamento das indenizações;
>
> c) estabelecer as servidões permanentes ou temporarias exigidas para as obras hydraulicas e para o transporte e distribuição da energia electrica;
>
> d) construir estradas de ferro, rodovias, linhas telephonicas ou telegraphicas, sem prejuizo de terceiros, para uso exclusivo da exploração;
>
> e) estabellecer linhas de transmissão e de distribuição (Brasil, 1934).

É importante frisar que tanto a política indigenista, quanto a política de energia elétrica, estavam centradas no Ministério da Agricultura, situado no Rio de Janeiro, ou seja, tanto o SPI, quanto a Divisão de Águas, tinham seus trabalhos controlados pelo Ministro da Agricultura. Não se pode duvidar da possibilidade do acordo entre os representantes máximos do órgão indigenista e da Divisão de Águas, juntamente com os agentes da Eelsa, sem prévias informações aos funcionários do SPI em seus órgãos locais: PI e IR7. Dessa forma, compreende-se as desavenças e os desencontros das informações nessas instâncias locais sobre a autorização da construção da usina.

As trocas de correspondências entre a Eelsa e a IR7 iniciaram com certa lentidão nas respostas e nas tomadas de ações combinadas. O Ofício nº 82, enviado pela IR7 à Eelsa, em julho de 1946, apenas foi respondido em 10 de maio de 1947, pelo diretor Ricardo Davids. A possibilidade dos acertos entre os diretores da Eelsa, situados na sua sede em São Paulo, com a alta cúpula do SPI no Rio de Janeiro, deve ser considerada. A resposta de Ricardo Davids à Paulino de Almeida dizia:

> Recebemos o vosso ofício nº 82 de 24 de Julho próximo passado. Infelizmente, por um lamentável lapso de um dos nossos auxiliares, a nossa resposta não foi enviada imediatamente, o que pedimos desculpas. Em anexo remetemos as folhas D.O.U. contendo o decreto 13.168 pedido e mais os de nº 11.085 e 20.418, que julgamos possa interessa-los. O decreto nº 5.874 vai em cópia autenticada, visto só possuirmos um exemplar do D.O.U que o publicou. Aguardamos com interesse o recebimento do Regulamento dêsse Serviço (se possível em duas vias) para que possamos tomar as providências necessárias. Com toda estima e consideração, subscrevemo-nos (SPI, 10 maio 1947, Filme 69, Fotograma 1914).

Além dos Decretos solicitados pela IR7, a Eelsa encaminhava também uma cópia de outros dois Decretos: o de nº 11.805, de 1943, que concedia à Eelsa a usina do rio Três Bocas, em Londrina; e o de nº 20.418, de 1946, que transferia a concessão do aproveitamento hidráulico do Salto Apucaraninha, da Empresa Stahlke Irmãos para a Eelsa. Era uma forma de demonstrar aos agentes locais do SPI que a usina do Apucaraninha tinha autorização do Governo Federal e que a empresa continha outros empreendimentos na região Norte do Paraná, portanto, se consolidando no ramo da geração, transmissão e distribuição de energia elétrica.

Fotografia 1 – Salto Apucaraninha (final dos anos 1940)

Fonte: Acervo Museu Histórico de Londrina – UEL.

    A resposta do diretor Ricardo Davids evidencia uma certa morosidade e desatenção para com as correspondências do SPI, acusando o lapso de um funcionário como motivo da demora em responder o Ofício da Inspetoria Regional. Também nota-se o atraso do envio da cópia do Regulamento do SPI, prometida por Paulino de Almeida ou até mesmo o seu extravio, pois a resposta da Eelsa deixa claro que ainda aguardava o recebimento do citado Regulamento.

    Após o conhecimento do SPI sobre as obras de construção da usina do Apucaraninha, as primeiras trocas de correspondências entre os representantes da Eelsa e o SPI e as verificações *in loco* dos agentes do órgão indigenista para acompanhar o andamento das obras, as negociações pareceram tomar caminhos controversos. Isto é visível no Ofício n° 156, datado de 22 julho de 1948, enviado por Lourival da Mota Cabral, para a diretoria do SPI, que entre outros assuntos, listava a seguinte solicitação:

> [...] Aproveitando o ensejo, solicito autorização dessa Diretoria para seguir à cidade de São Paulo, após a realização da concorrência pública para venda de pinheiros desvitalizados do PI Antonio Estigarribia, afim de pessoalmente entender-me com os Diretores da Companhia Hidro-Elétrica de Londrina que até agora não deram solução ao caso do assentamento da usina em terras do PI Apucarana (SPI, 22 jul. 1948, Filme 75, Fotograma 3049).

O chefe da IR7 demonstrava impaciência com o desenrolar dos acontecimentos e a não definição do acordo entre a Eelsa e o SPI, no tocante à construção da usina do Apucaraninha, no interior do território indígena, propondo a sua ida até São Paulo para tentar solucionar a questão diretamente com os diretores da Eelsa.

Poucos dias depois, Cabral cobrou novamente a diretoria do SPI sobre a autorização para a viagem a São Paulo, conforme Ofício n° 168, de 3 de agosto de 1948.

> [...] Aguardo autorização dessa Diretoria para, junto aos Diretores da Empreza Elétrica de Londrina S/A., solucionar o caso relacionado ao Posto Indígena de "Apucarana" (SPI, 03 ago. 1948, Filme 73, Fotograma 1699).

Cabral recebeu a autorização e imediatamente se deslocou a São Paulo, no escritório sede da Eelsa, para negociar o acordo em relação à construção da usina do Apucaraninha. Isso pode ser confirmado pela Correspondência enviada por Nelson de Godoy Pereira, inspetor geral da Eelsa, postada na cidade de São Paulo em 24 de agosto de 1948, endereçada a Lourival Mota Cabral, em Curitiba, que inicia justamente agradecendo a visita do chefe da IR7 ao escritório da Eelsa.

> Antes de tudo, agradecemos a visita que V.S. fêz em seu nome e no do Dr. Modesto Donatini Dias da Cruz ao nosso escritório. De acordo com a nossa conversa, vimos por meio desta esclarecer o seguinte: Em quatro de julho de 1947, dirigimos ao Exmo. Sr. Chefe do Serviço de Proteção aos Índios um ofício, no qual pedimos um prazo de um ano para apresentarmos as plantas das terras necessárias aos nossos serviços, que, como V.S. sabe, são de utilidade pública, e não obtivemos resposta, a não ser verbal, quando da visita do Dr. Donatini ao local de nossas obras. Acontece

ainda que a falta de pessoa habilitada para proceder ao levantamento, foi outra dificuldade, pois, em se tratando de zona de sertão, é difícil encontrar-se pessoa disposta ao sacrifício para esse trabalho. Nessas condições solicitamos a V.S. um prazo de seis meses a contar do dia primeiro de setembro próximo futuro, para que possamos apresentar as plantas combinadas. Queremos reafirmar a V.S. a nossa melhor atenção para resolver o caso, sem prejuízo a qualquer das partes e, para isso, aguardamos a sua próxima viagem a Londrina, para completarmos os entendimentos necessários. Sem outro no momento, aproveitamos a oportunidade para, com os nossos agradecimentos, apresentar a V.S. as nossas atenciosas saudações (SPI, 24 ago. 1948, Filme 69, Fotograma 2094).

O inspetor geral da Eelsa agradeceu a visita de Cabral e deixou claro que as terras necessárias para a construção da usina eram consideradas de utilidade pública, conforme Código de Águas de 1934 e Constituição Federal de 1946. Portanto, Nelson de Godoy Pereira fez questão de ressaltar a legalidade do empreendimento hidrelétrico para dar andamento às negociações com o órgão indigenista. Além disso, Pereira cobrou a resposta formal do SPI em relação ao prazo para a confecção das plantas da área utilizada pela Eelsa para o aproveitamento hidráulico, que desde 4 de julho de 1947 era aguardada. Apenas destacou um retorno verbal do diretor do SPI, Modesto Donatini Dias da Cruz, indicando que concordava com o prazo de um ano para a elaboração de tais plantas.

É importante observar que o próprio diretor do SPI, o Sr. Modesto Donatini, esteve no local das obras da usina do Apucaraninha. Isso revela o interesse do SPI em levantar detalhes, pormenores do empreendimento, pois, além do encarregado do PI Apucarana e dos representantes da IR7, membros da própria Diretoria do órgão indigenista, situada no Rio de Janeiro, visitaram as obras do aproveitamento hidráulico do Salto Apucaraninha, em território indígena.

Além disso, o representante da Eelsa citou a dificuldade de encontrar pessoas para a elaboração das plantas em região chamada de *sertão*, solicitando um prazo maior (6 meses) para a confecção das plantas. Pereira encerrou a Correspondência demonstrando que as negociações entre a concessionária de energia elétrica e o órgão indigenista estavam em andamento e que aguardaria o retorno de Cabral, agora no escritório da Eelsa em Londrina.

No dia 30 de agosto de 1948, por meio do Ofício nº 184, Cabral encaminhou ao diretor do SPI, Modesto Donatini Dias da Cruz, a Correspondência da Eelsa acima descrita, tratando do prazo solicitado e de outras questões.

> Com o presente passo às mãos de V.S. o ofício a mim dirigido, pela Empreza Elétrica de Londrina S/A. Estou de pleno acordo com a praso solicitado para a regularização dessa pendência, pois tive oportunidade de observar que a referida Empreza conta com sérias dificuldades, conforme documentação que me foram exibidas. No próximo mês de setembro pretendo seguir ao norte do Paraná e nessa ocasião completarei os entendimentos necessários para a solução do assunto. Entretanto submeterei tudo a vossa apreciação e sem o vosso consentimento nada de definitivo resolverei. Atenciosas saudações (SPI, 30 ago. 1948, Filme 69, Fotograma 2096).

Após sua visita ao escritório da Eelsa, em São Paulo, Cabral consentiu com o prazo maior, de seis meses, solicitado para a elaboração das plantas da área de construção da usina do Apucaraninha, encaminhando à diretoria do SPI as razões para a aprovação daquela solicitação da empresa de eletricidade. É mister abordar a nova ida do chefe da IR7 para o Norte do Paraná, no escritório da Eelsa, programada para setembro de 1948, com a finalidade de solucionar o caso do empreendimento hidrelétrico em território indígena.

Como já dito, o órgão indigenista tinha grande interesse nesse acordo, tanto pelo provável arrendamento das terras utilizadas para o aproveitamento hidráulico, gerando renda para o SPI, quanto pela energia elétrica que poderia ser fornecida às instalações do PI Apucarana. Embora Cabral demonstrasse a intenção de solucionar finalmente as questões com a Eelsa, deixava claro que sem a aprovação dos seus superiores, ou seja, da diretoria do SPI, nada de efetivo seria acordado.

Em relação ao PI Apucarana, o interesse em obter energia elétrica, principalmente para a sua sede, era notável e, mesmo sem a conclusão das obras da usina, o órgão indigenista já estava procurando formas de promover a iluminação do Posto, conforme demonstra o Recibo abaixo, datado em 31 de julho de 1948.

> Recebi do Snr. João Martins Neto, Encarregado do Posto Indígena Apucarana, a quantia acima de dois mil cruzeiros (Cr$ 2.000,00) proveniente da compra que fiz em Londrina do material para a iluminação do Posto, sendo o material seguinte: uma róda de férro, eixo de ferro, mancais, polias, correia, parafusos, etc. Para clareza passo o presente recibo em três vias para um só efeito, sendo todas devidamente seladas (SPI, 31 jul. 1948, Filme 48, Fotograma 747).

Logo abaixo da assinatura constante no Recibo, encontrava-se a mensagem do encarregado do PI Apucarana, João Martins Neto, com sua assinatura, atestando que havia sido comprado o material listado e entregue na sede do Posto.

Alguns meses depois, um novo Recibo ratificou o interesse do PI Apucarana na produção de eletricidade para utilização em sua sede. Tratava-se da compra de uma turbina de ferro, realizada em 6 de novembro de 1948, junto a Eurides Ferreira, que assinou o Documento.

> Recebi do Senhor Lourival da Mota Cabral, chefe da 7ª Inspetoria Regional do Serviço de Proteção aos Índios – Ministério da Agricultura, a quantia acima de seis mil cruzeiros (Cr$ 6.000,00), proveniente da venda que fiz ao Posto Indígena de Apucarana, da referida Inspetoria, de uma (1) turbina de ferro (completa) de 73X72 polegadas para produção de energia elétrica, perfazendo o valor acima de Cr$ 6.000,00. Para clareza, passo o presente recibo em quatro (4) vias, para um só efeito, sendo todas elas devidamente seladas (SPI, 06 nov. 1948, Filme 73, Fotograma 1705).

Como a compra foi realizada pelo inspetor da IR7 – Lourival Mota Cabral –, o encarregado do PI Apucarana, João Martins Neto, confirmou o recebimento da turbina (SPI, 06 nov. 1948, Filme 73, Fotograma 1706). Essas ações foram celebradas pelos representantes do órgão indigenista local, que fizeram questão de comunicar à diretoria do SPI, no Rio de Janeiro, conforme demonstra o Memorando nº 210, emitido pelo chefe da IR7, em 20 de setembro de 1948:

> Comunico há dias foram inauguradas instalações elétricas PI Apucarana e Mangueirinha, próximos sessenta dias PI Rio das Cobras também terá luz elétrica tudo dentro possibilidades orçamentárias concedidas esta IR vossa profícua administração (SPI, 20 set. 1948, Filme 76, Fotograma 129).

Também foram elencadas no relatório dos trabalhos realizados em 1948, elaborado pela IR7, com as realizações nos PIs dos estados do Paraná, Santa Catarina e Rio Grande do Sul, datado em 30 de janeiro de 1949, enviado ao diretor do SPI:

> Cumprindo prescrições regulamentares, tenho a honra de apresentar-vos o relatório da principais ocorrências verificadas e dos trabalhos realizados por esta Inspetoria, em 1948.
>
> [...]
>
> Nos PI Apucarana, Rio das Cobras e Mangueirinha foram instalados serviços completos de iluminação, das sedes, fato inédito nos Postos desta Inspetoria, prova do desenvolvimento e engrandecimento dos trabalhos nesses Postos (SPI, 30 jan. 1949, Filme 76, Fotogramas 162-163/173).

Não se tem a pretensão de debater a apologética intenção do órgão indigenista em exaltar suas realizações nos Postos Indígenas por todo o país, no caso especial, nos três estados da região sul, que era a área de atuação da IR7. O objetivo é evidenciar o interesse do SPI na provável instalação de uma hidrelétrica dentro do território indígena, pois poderia trazer vantagens também ao órgão indigenista.

Entremeio às questões envolvendo o Acordo de 1949 e as definições dos limites da área a ser demarcada aos indígenas do PI Apucarana, o SPI continuou suas negociações com a Eelsa para acordar um contrato de arrendamento em relação à área de terras utilizadas pela usina do Apucaraninha. Como já se viu, era um contexto de múltiplos interesses, cujos representantes do órgão indigenista buscavam se beneficiar da presença da hidrelétrica, tanto para obtenção de renda, quanto para o fornecimento de energia elétrica para as instalações do Posto. Além disso, mantinham as articulações contrárias à reestruturação da área indígena, refutando a proposta definida pelo Acordo de 1949.

Por outro lado, os donos da Eelsa, atentos ao andamento da reestruturação do território reservado aos indígenas e amparados na legislação do setor elétrico, que considerava áreas de utilidade pública aquelas necessárias para os empreendimentos hidráulicos, desejava um acordo sem grande ônus junto ao SPI, em relação as terras utilizadas para a construção e instalação da UHE do Apucaraninha.

Ainda deve-se destacar o interesse do governo estadual, da companhia colonizadora da região, dos fazendeiros e moradores locais, no que tange aos benefícios prometidos pela geração de energia elétrica na região. Nesse interim, também os indígenas da localidade mantinham relações diversas com os agentes da empresa de eletricidade e demais sujeitos presentes naquele momento, que serão analisadas na Parte II. A definição da área indígena e da ampliação da usina, a estrutura em torno dela, como estradas de rodagens, bem como vilarejos próximos, indústrias como serrarias, tudo precisa ser compreendido; considerando a presença e a participação de todos os sujeitos sociais acima elencados, devidamente contextualizados, partindo da análise de Balandier (1987), em que todas as sociedades humanas produzem políticas e compreendem as transformações devido a um novo contexto histórico.

Destarte, as negociações entre Eelsa e SPI caminhavam para um desfecho. Em 21 de dezembro de 1951, o diretor presidente da Eelsa, Ricardo Davids, encaminhou um Ofício a Lourival da Mota Cabral, chefe da IR7, com o seguinte conteúdo:

> Em aditamento à nossa carta de 28 de novembro p. p., vimos pela presente, em primeiro lugar, agradecer a colaboração de V. S.a e de seu digno auxiliar, Sr. Alan Cardec Martins Pedrosa, pelo alto espírito público revelado nos entendimentos que tivemos e dos quais chegamos ao seguinte resultado:
>
> Em consequência da necessidade de água para alimentar a caldeira da serraria e, ainda, como só iremos encher a bacia de acumulação dentro de dois anos, será a serraria montada provisoriamente dentro da área que será alagada, sendo futuramente removida para outro lugar, em virtude da necessidade do enchimento da bacia de acumulação. Durante este tempo das nossas obras e serviços. V. S.as irão derrubando e serrando as madeiras situadas dentro dessa área. Logo que tenhamos concluído os nossos estudos, enviaremos a esse Serviço uma cópia da planta dos terrenos, assinalando a área necessária aos nosso serviços, como concessionários que somos do governo federal. Logo que possamos, entraremos em atendimento com V. S.a para a extensão de uma linha de alta tensão a fim de abastecer a serraria, já então montada em outro lugar. Pedimos a V. S.as o favor de acusar o recebimento desta para que tenhamos a certeza da chegada da mesma às suas mãos (SPI, 21 dez. 1951, Filme 70, Fotograma 364).

As correspondências e encontros entre os representantes da Eelsa e do SPI revelam os interesses da empresa de eletricidade e o órgão indigenista, com debates entre a alta direção da Eelsa, na figura do diretor presidente, Ricardo Davids, e Lourival da Mota Cabral, chefe da IR7, além do encarregado do PI Apucarana, Alan Cardec, como na citada Carta de 28 de novembro de 1951. No Ofício em questão, Davids cita a montagem de uma serraria na área que seria alagada para a operação da terceira turbina da usina do Apucaraninha. Tal serraria, pertencente ao SPI, faria o serviço de derrubada da mata e corte das madeiras até o momento de inundação da área. Para a Eelsa, a limpeza do terreno em vista às obras para a terceira etapa da hidrelétrica; para o SPI, a renda com as atividades da serraria, movida por energia elétrica.

Ricardo Davids também foi enfático ao informar a conclusão dos estudos em breve e a apresentação ao SPI das plantas com a área necessária para todo o empreendimento hidráulico, em sua nova fase, citando o aval da União para aquela concessão à Eelsa. Novamente, a empresa de eletricidade destacou a legislação do setor elétrico, reforçando a legalidade do empreendimento e buscando impedir qualquer ação contrária do órgão indigenista, em relação às obras da usina do Apucaraninha. Apesar disso, estabelecia a troca de favores com o SPI, informando a construção de uma rede de extensão para levar eletricidade até o novo local da serraria, após a inundação da área pretendida para a ampliação da capacidade geradora do empreendimento hidrelétrico.

Essa serraria vinha sendo idealizada pelo SPI há algum tempo e com a possibilidade de contar com energia elétrica foi efetivamente planejada, como mostra o Ofício nº 207, enviado por Cabral, em 8 de setembro de 1951, ao encarregado do PI Apucarana, Alan Cardec.

> Pelo presente autorizo-vos permitir que o Snr. Jorge Constantino Miguel, madeireiro estabelecido em Joaquim Távora, neste Estado, proceda à montagem de uma serraria nessa Reserva Indígena, tendo em vista as instruções e determinações contidas no Processo SPI nº 4.353/49. Nestas atividades deverão ser observadas as Normas e Regulamentos que regem o Serviço de Proteção aos Indios (SPI, 08 set. 1951, Filme 73, Fotograma 1769).

Esse Ofício demonstra o desejo do órgão indigenista pela construção da serraria, ressaltando a obediência às normas e regulamentos do SPI, bem como as instruções e determinações presentes no Processo n° 4.353, que tramitava desde 1949.

Em meio aos debates sobre a delimitação da área indígena, a Eelsa fez nova solicitação da planta do terreno pertencente aos indígenas. Isso se deu em 29 de dezembro de 1951, por meio do seu inspetor geral, Nelson de Godoy Pereira, que encaminhou uma Correspondência a Lourival da Mota Cabral, com os seguintes termos:

> Pela presente vimos solicitar de V. S.a o especial favor de nos mandar três vias da planta do terreno pertencente ao Patrimônio dos Índios e situados junto ao ribeirão Apucaraninha. Motiva este nosso pedido a necessidade de compararmos a planta levantada por nós com a dessa Inspetoria e ainda para que possamos localizar nessa planta a área de terras que será alagada em consequência da construção da usina elétrica. Pedimos o favor de nos mandar dizer a importância das despesas para que possamos reembolsar-lhes pela volta do correio. Sem outro motivo, antecipamos nossos agradecimentos e subscrevemo-nos muita atenciosamente (SPI, 29 dez. 1951, Filme 73, Fotograma 1804).

Como os debates em torno dos limites da área destinada aos indígenas ainda não estavam encerrados, a Eelsa procurava confirmar se realmente a ampliação da usina do Apucaraninha alagaria terras dentro do território pertencente aos indígenas. Dessa forma, somente celebraria o contrato de arrendamento com o SPI, após a constatação de qual área e de qual tamanho seria utilizada pela hidrelétrica, na margem direita do rio Apucaraninha.

Em 2 de fevereiro de 1952, foi a vez de Lourival da Mota Cabral enviar o Ofício n° 38 ao diretor presidente da Eelsa em São Paulo.

> Com este apresento a V. S. o snr. Alan Cardek Martins Pedrosa, funcionário do SPI e encarregado do P.I. Apucarana, que vae autorizado por esta Chefia, a fim de tratar e solucionar os assuntos que essa Empreza mantêm com o nosso Serviço, referente ao fornecimento de energia elétrica para às nossas indústrias no P.I. Apucarana, conforme pessoalmente foi combinado com os Senhores Diretores dessa Empreza, quando estiveram no local da uzina Apucaraninha (SPI, 02 fev. 1952, Filme 73, Fotograma 1805).

Esse documento revela novamente a presença dos representantes do SPI e dos diretores da Eelsa no local do empreendimento hidrelétrico do Apucaraninha, ressaltando a importância que a usina representava naquele instante à empresa elétrica e ao próprio órgão indigenista. O encarregado do PI Apucarana, Alan Cardec, que já negociava com a Eelsa sobre o arrendamento das terras, também foi indicado pela IR7 para tratar das questões relacionadas ao fornecimento de energia elétrica às indústrias do Posto, reforçando o interesse do SPI no acordo com a empresa de eletricidade.

Somente após a mudança da sede do PI Apucarana para mais próximo da usina do Apucaraninha, se estabeleceu o acordo entre o SPI e a Eelsa, mesmo que os debates em torno do Acordo de 1949, no que tange aos limites territoriais da área indígena do Apucarana, ainda estivessem em andamento. A sede do PI Apucarana ficava a aproximadamente 25 km do local onde estava sendo construído o empreendimento hidrelétrico. A presença deste, entre outros fatores, foi decisivo para a mudança de localização da sede do Posto, instalando-se nas proximidades da usina.

CAPÍTULO 2

A REORGANIZAÇÃO DO PI APUCARANA NAS PROXIMIDADES DA USINA DO APUCARANINHA

Os documentos analisados permitem afirmar que a usina do Apucaraninha influenciou o processo de reestruturação a qual o PI Apucarana estava passando, em decorrência do Acordo de 1949, bem como nos deslocamentos e rearranjos dos indígenas em seus territórios.

Enquanto negociava com a Eelsa, sobre as questões da área utilizada para a usina do Apucaraninha, o SPI buscava se defender do processo de reestruturação dos territórios indígenas, proposto pelo Acordo de 1949. Como demonstrado no Volume 2, um desses territórios era justamente o PI Apucarana, reservado em 5 de julho de 1900, por meio do Decreto Estadual n° 6, totalizando uma área com mais de 68 mil hectares de terras.

Embora reservados, os territórios indígenas não haviam sido medidos e demarcados. Assim, em 1949, o Governador do Paraná, Moisés Lupion, acordou com a União, propondo a redução das áreas indígenas. No caso da área do PI Apucarana, a proposta era a redução para 6.300 hectares. Essa reestruturação interferiu nas negociações entre a Eelsa e o SPI, visto que os limites da nova área foram definidos de maneira conflitante e demorada, sem clareza se ficaria em terras utilizadas pela Eelsa, para a construção e instalação da usina do Apucaraninha. Dessa forma, as constantes solicitações da concessionária de energia elétrica, junto ao órgão indigenista, para o envio das plantas das áreas reservadas aos indígenas, tinham a finalidade de saber o grau de impacto do empreendimento hidrelétrico e se necessitaria de um contrato de arrendamento entre a empresa elétrica e o SPI.

A não medição e demarcação da área indígena, após o Decreto em 1900, somada ao avanço das frentes colonizadoras na primeira metade do século XX, levou a inúmeras invasões por intrusos, além dos arrendamentos das terras pertencentes aos indígenas, pelo próprio órgão indigenista. Nesse sentido, a IR7 encaminhou uma sugestão à diretoria do SPI, em 6 de outubro de 1948, por meio do Ofício n° 206.

> Existindo diversas irregularidades limítrofes na área do PI Apucarana e mesmo nos cartórios daquele município existem muitos casos em andamento, sobre pretensos proprietários das terras reservadas aos índios, um topógrafo de nome Fioravante Guglieme, admirador do SPI e da causa indígena, querendo conhecer aquela região, propôs-me proceder à demarcação da referida área indígena, cobrando unicamente as despesas de viagem e de sua manutenção, no montante de Cr$ 10.000,00 (SPI, 06 out. 1948, Filme 73, Fotograma 1701).

Além dessas irregularidades, membros do órgão indigenista pareciam prever o Acordo de 1949, antes mesmo de sua concretização, como demonstra a Correspondência enviada pela IR7 à diretoria do SPI, em 21 de outubro de 1948, em que relatava a existência de *áreas inaproveitadas* dentro dos PIs, "[...] até merecendo a tomada pelo Governo do Estado" (SPI, 21 out. 1948, Filme 69, Fotogramas 2124-2125).

Outrossim, o Acordo de 1949 foi firmado e assinado pelo governo do Paraná e da União em 12 de maio de 1949, recebendo críticas dos oposicionistas ao Governo Lupion no Estado, como revela a reportagem do *Jornal Diário da Tarde*, de 7 de junho de 1949, *Acordo contra os índios*, de autoria do deputado estadual Dr. Oscar Lopes Munhós, crítico das ações de Lupion (SPI, 07 jun. 1949, Filme 69, Fotograma 2278). E, como já abordado, o SPI também se posicionou contra o Acordo, gerando calorosos debates e clima tenso junto ao governo estadual. Entretanto, as relações de Lupion com o Ministério da Agricultura e com a União garantiram, por ora, a execução do Acordo. A IR7, mesmo não satisfeita, enviou o Ofício n° 243, em 30 de setembro de 1949, à diretoria do SPI.

> Dando cumprimento às determinações contidas no vosso telegrama n. 1574, de ontem, informo-vos que estamos somente aguardando a chegada nesta capital, dentro de 3 dias, do governador Moisés Lupion, que se encontra no Rio, para iniciarmos a determinação das áreas que deverão ser medidas e demarcadas pelo Governo do Estado do Paraná, para usofruto dos índios (SPI, 30 set. 1949, Filme 69, Fotograma 2332).

Iniciaria, naquele momento, o processo de negociação do tamanho da área e sua localidade destinada aos indígenas. Primeiramente, dividiu-se em duas áreas distintas, aproveitando a sede do Posto existente e procurando atender a maior concentração dos toldos indígenas. Em um segundo momento, ocorreu a mudança do local da sede do Posto e a proposta de uma área apenas, concentrada mais nas proximidades da usina do Apucaraninha.

2.1 A primeira proposta de reestruturação do PI Apucarana e sua relação com a usina do Apucaraninha

Torna-se mister relatar o desenrolar inicial na demarcação da área aos indígenas do Apucarana, após a assinatura do Acordo de 1949. Essas novas definições da área pertencente aos indígenas ocorrem já com as obras da usina do Apucaraninha em andamento, conforme as informações contidas no relatório do inspetor do SPI, Deocleciano de Sousa Nenê, em 30 de março de 1947, enviado ao chefe da IR7, Paulino de Almeida, trazendo detalhes sobre o local das obras do empreendimento hidrelétrico.

> A usina fica pouco mais de um quilometro acima da barra do rio Apucaraninha no rio Tibagí, tudo lado direito, em terras da reserva indígena como já disse. Notei que não tem embaraçado em nada a marcha dos serviço do Posto, pois, fica distante deste cerca de 25 quilometros. [...] Não obstante ser distante do toldo mais próximo de 12 a 15 Kts. Penso que assim tendo prestado as informações pedidas e prestado esclarecimentos precisos (SPI, 30 mar. 1947, Filme 73, Fotograma 1644).

O inspetor Deocleciano de Souza Nenê enfatizou que as obras em nada prejudicavam o andamento dos serviços do Posto, já que este ficava a aproximadamente 25 km do local das obras da usina do Apucaraninha e que o Toldo indígena mais próximo da hidrelétrica estava de 12 a 15 km de distância. Em outra parte do relatório, o inspetor Nenê evidenciou que o órgão indigenista buscava verificar maiores informações sobre a construção da hidrelétrica.

> Em fins do ano próximo passado, estive duas vezes naquele Posto – em Setembro e Novembro, que fui inspecionar e fazer lançamento dos foreiros ocupantes das terras, vendo mais

ou menos seguinte: Uma ponte feita em base de canoas, sobre o rio Apucaraninha, a uns 20 metros acima da grande queda dágua desse rio, e uma vala grande já começada ao lado direito do mesmo, em terras da reserva indígena, para o encanamento da água, em tubos, indo dar uma altura de mais de 170 metros até chegar onde vae ser assentada a usina, já embaixo da serra, descendo a estrada serpenteada a mencionada serra, indo atingir até a usina com mais de dois quilômetros; vi diversas casas de madeira já prontas, e outras em construção. [...] (SPI, 30 mar. 1947, Filme 73, Fotograma 1644).

O relatório do inspetor Nenê fornece informações detalhadas sobre o local e as obras já realizadas e em andamento da construção da usina. Vale observar que o relatório, enviado no final de março de 1947, foi baseado em duas viagens que Nenê realizou para fazer o lançamento dos arrendamentos em setembro e novembro de 1946 e, que, portanto, as obras já deveriam estar mais adiantadas no momento da emissão do relatório à IR7. Conforme relato, uma ponte já estava pronta, cerca de 20 metros acima do Salto Apucaraninha e as obras para o encanamento da água estavam em andamento, o que resultaria num canal de aproximadamente 170 metros de altura e que lá embaixo da serra, no lado direito do rio Apucaraninha, dentro da área indígena, se localizaria a usina, distante pouco mais de um km da foz daquele afluente no rio Tibagi.

Fotografia 2 – Instalações técnicas, área de residência e duto em construção da usina do Apucaraninha

Fonte: Acervo Museu Histórico de Londrina – UEL.

Fotografia 3 – Construção da barragem do Apucaraninha

Fonte: Acervo Museu Histórico de Londrina – UEL

Fotografia 4 – Caminhões sobre a ponte do rio Apucaraninha

Fonte: Acervo Museu Histórico de Londrina – UEL

O relatório ainda cita uma estrada em construção, que descia serpenteando a serra até chegar no local da hidrelétrica, com mais de dois km, bem como uma grande quantidade de casas de madeira já construídas ou em andamento, evidenciando a presença de muitos trabalhadores para a construção da usina desde o início das obras.

Fotografia 5 – Área de alojamento da construção da usina do Apucaraninha

Fonte: Acervo Museu Histórico de Londrina – UEL

Após a assinatura do acordo, o estado do Paraná e a União, auxiliados pelo SPI, procuraram delimitar a área a ser demarcada definitivamente aos indígenas, conforme ata lavrada em 14 de março de 1950, na sede da IR7, em Curitiba, entre os membros da Comissão do SPI e do representante do estado do Paraná.

> Para desincumbência do que lhes foi designado, respectivamente pelos Snrs. Diretor do SPI e Governador deste Estado, para localização das áreas de terras a serem medidas, demarcadas e tituladas para os índios habitantes dos Postos Indígenas de Apucarana, Queimadas, Faxinal, Ivaí, Rio das

> Cobras e Mangueirinha, de conformidade com a cláusula quarta do termo do acordo assinado entre os Snrs. Ministro da Agricultura e Governador do Paraná (SPI, 14 mar. 1950, Filme 76, Fotogramas 247-248).

Como representante do estado, esteve presente João Vialle, designado pelo Governador Moisés Lupion. Pelo SPI, participaram Paulino de Almeida, Lourival da Mota Cabral e Deocleciano de Souza Nenê, indicados para fazer parte da comissão, conforme Portaria nº 75, de 20 de julho de 1949, emitida pela diretoria do órgão indigenista. Após a reunião, ficou acordado o seguinte:

> Posto Indígena de Apucarana: Os seis mil e trezentos (6.300) hectares a serem medidos e demarcados para os índios e para o Posto, deverão ser em duas glebas: uma de 5.300 hectares à margem esquerda do rio Preto, a começar na confluência deste rio no rio Apucarana Grande, rio Preto acima até abranger a igrejinha do bairro do Rio Preto, onde deverá ser localizado o novo Posto, no lugar denominado "RUA", pouco abaixo da dita igrejinha; outra de 1.000 hectares, à margem direita do rio Apucaraninha, abrangendo a casa situada na Campininha e todas as suas dependências, inclusive invernadas, de conformidade com o croquis anexo, que demonstra, mais ou menos, em sombreado mais escuro, as situações dessas glebas (SPI, 14 mar. 1950, Filme 76, Fotogramas 247-248).

Essa proposta reduzia em mais de 60 mil hectares o território reservado aos indígenas em 1900, delimitando duas áreas distintas, conforme croqui presente na Imagem 1.[12] A menor das áreas, aproveitando a localização da sede do PI Apucarana, construída a partir de 1942, quando da criação do Posto, situava-se na região então denominada de Campininha ou Toldo da Campina. Como se observa no croqui, vários toldos dos indígenas ficariam de fora das áreas demarcadas, principalmente mais próximos da margem esquerda do rio Apucarana, em direção a sua foz no rio Tibagi. Também é notório a quantidade de caminhos/estradas que já cortavam todo o território indígena. Além disso, é possível observar a indicação da localização da usina do Apucaraninha, que, pelo croqui, ficaria fora das áreas delimitadas aos indígenas. Esse fato é essencial para entender a

---

[12] Parte dessa área proposta para reduzir já havia sido perdida antes de 1943, como destacado no volume 2. O próprio croqui em questão revela uma parte da *Área perdida*, entre o rio Apucarana e o rio Preto.

morosidade das negociações entre a Eelsa e o SPI, sobre as terras utilizadas pela usina do Apucaraninha, como a solicitação da Eelsa, em 7 de agosto de 1950, desejando a planta da área de terras pertencentes aos indígenas (SPI, 07 ago. 1950, Filme 70, Fotograma 165).

A ata da reunião de 14 mar. 1950 e o croqui citado foram encaminhados para a diretoria do SPI no dia seguinte, por meio do relatório elaborado pelos representantes da IR7, com as informações e descrições de todos os territórios indígenas reestruturados pelo Acordo de 1949, inclusive as terras do PI Apucarana (SPI, 15 mar. 1950, Filme 76, Fotogramas 243-246).

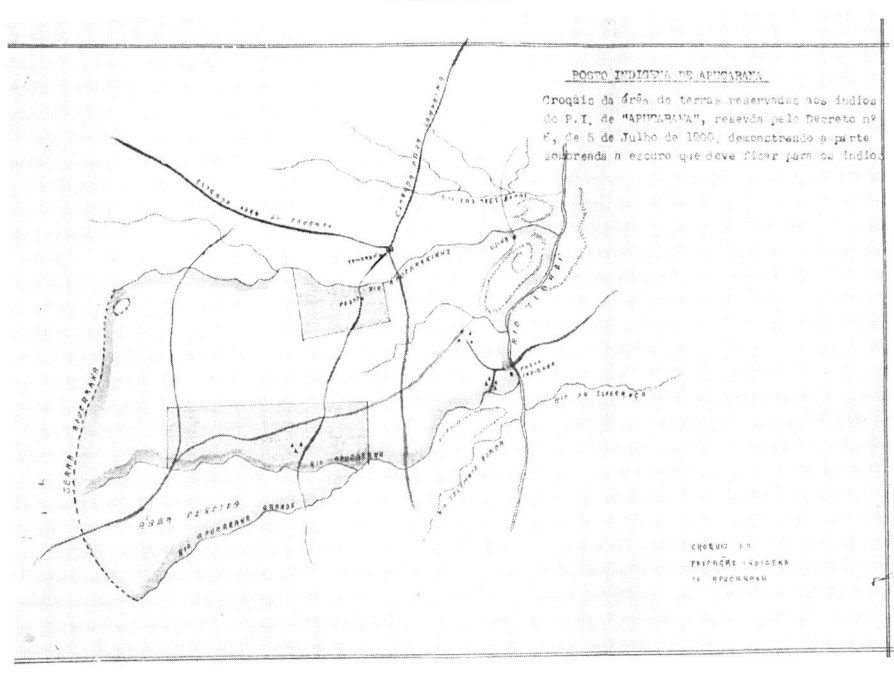

Imagem 1 – Croqui das áreas delimitadas aos indígenas do PI Apucarana em 14 mar. 1950

Fonte: SPI, 14 mar. 1950, Filme 76, Fotograma 251.

Entretanto, uma indicação de erro nos limites da área de 5.300 hectares foi levantada meses depois pela própria IR7. Destarte, em 12 de outubro de 1950, o inspetor Deocleciano de Souza Nenê encaminhou o Ofício n° 26 a Paulino de Almeida e Lourival da Mota Cabral, depois da visita ao PI Apucarana, no mês de agosto, para confirmar o aparente equívoco.

> Pelo presente venho prestar-vos conta da incumbência que me confiaram, para ir até o Posto Indígena de Apucarana e ali verificar in-lóco, se houve ou não engano na discrição de como deve ser tirada a gleba de 5.300 hectares de terras para os índios do rio Preto, cuja forma fui eu quem dei, em falta de melhores esclarecimentos, e que ficou constatada na ata lavrada em 14 de março do ano em curso, e verificação esta, por mim mesmo provocada, em virtude da informação que obtive do agrimensor Snr. Daniel Martins, que fez os levantamentos dos rios, Apucarana Grande, desde sua barra no rio Tibagi, até a barra do rio Preto, e por este acima até sua cabeceira, levantamento este, posterior a data de 14 de março, assim é que, segui em princípio de agosto último para aquele Posto, ali entrando no mato, em companhia do auxiliar de sertão Cezar Martins, e do Snr. Eduardo Stein, velho morador naquela área, tendo sido fiscal desta IR desde 1925, quando estava aquele mesma reserva jurisdicionada a povoação indígena de São Jerônimo, conhecedor perfeito daqueles matos e rios, por onde entrou várias vezes, caçando, e, com esses dois companheiros, percorremos, não só à cavalo, com à pé, a aquela região, me certificando que de fato me enganei no ter prestado informação da forma que ficou descrito, porquanto, a ser da maneira que foi feita, os índios ficarão fora da área (SPI, 12 out. 1950, Filme 76, Fotograma 269).

Portanto, o inspetor Deocleciano de Souza Nenê precisou se deslocar até ao PI Apucarana e constatar que houve falha na delimitação das terras daquele Posto e que, daquela forma, deixaria grande parte dos indígenas de fora da área. O inspetor Nenê informou que até o momento da reunião, de 14 de março de 1950, ainda não havia sido realizado o levantamento dos rios do PI Apucarana, principalmente devido às fortes chuvas que insistiam em acontecer no início daquele ano e a urgência do governo do estado do Paraná em definir imediatamente as áreas a serem demarcadas para os indígenas e as liberadas para a colonização, consideradas como terras devolutas (SPI, 12 out. 1950, Filme 76, Fotograma 269-270). Reconhecendo o erro, o inspetor Nenê afirmou:

> [...] porque eu fui quem errei na informação descrita na Ata, da área a ser tirada para os índios, pelo que venho agora, ainda em tempo solicitar retificação, devendo a parte para os índios, ser da barra do rio Preto para baixo no rio Apuca-

rana, e não para cima, como foi dito, pois, eu calculei que a dita barra do rio Preto no Apucarana, fosse muito abaixo da Igrejinha, quando dita barra é desta bem próxima, o que só depois dos levantamentos dos rios, serviço feito posteriormente pelo Snr. Daniel Martins, é que ficou esclarecido (SPI, 12 out. 1950, Filme 76, Fotograma 270).

Após o reconhecimento do próprio erro, o inspetor Nenê pronunciou quanto aos novos limites da área destinada aos indígenas:

De maneira que muito justamente a área para os índios deve ser da seguinte forma: ao sul, pelo rio Apucarana Grande, sua margem esquerda; ao poente, pelo caminho que indo de Natingui a Tamarana, atravessa a rio Apucarana Grande da direita para esquerda, abaixo da barra do rio Preto, ou podendo também ser pelo arroio denominado Agua da Prata, desde sua confluência no Apucarana Grande, pelo dito arroio até o caminho que foi citado; ao norte pelo mesmo caminho, que vindo dos bairros do rio Preto e Arroio Grande, se dirige ao bairro Fihú e Usina; ao nascente pela Serra que vindo do poente a nascente, contorna-se para rumo sul, paralela com o rio Tibagi, ou também poderá ser pelo arroio do Pereira, uma vez que, dentro dos limites acima, seja suficiente para sair os 5.300 hectares para os índios, de conformidade com o novo croquis que junto a este, destacando-se toda a área, e o sombreado a verde, as duas glebas para os índios, tratando-se o presente, somente da gleba maior, nada alterando a de 1.000 hectares na Campininha, margem esquerda do rio Apucaraninha. Desta forma os dois toldos maiores de índios ficarão dentro da área, evitando-se os inconvenientes, e o que é mais impossível de transferir todos esses índios, ainda que perto como é, relativamente, isso eu o afirmo porque tive ocasião de observar dos índios dali. Diante disto sugiro se convide o Snr. João Vialle, como representante do Governo do Estado, demarcando dia e hora, para reunir-mos, afim de se lavrar uma outra ata em aditamento a que foi dada [...] (SPI, 12 out. 1950, Filme 76, Fotogramas 270-271).

A nova área destinada aos indígenas referenciava os bairros Fihú e a usina como novos limites ao norte. A localidade denominada bairro do Fihú era comumente uma área arrendada para terceiros não indígenas. Essa nova proposta colocava a usina do Apucaraninha dentro do território indígena, ou seja, incorporando a localidade ocupada de arrendatários (Ver Imagem 2). Entretanto, percebe-se que alguns toldos indígenas continuariam fora da nova área a ser demarcada definitivamente como PI Apucarana, bem como a presença dos indígenas nas proximidades da hidrelétrica, não evidenciada no croqui da Imagem 1.[13]

Imagem 2 – Croqui das áreas delimitadas aos indígenas do PI Apucarana em 12 out. 1950

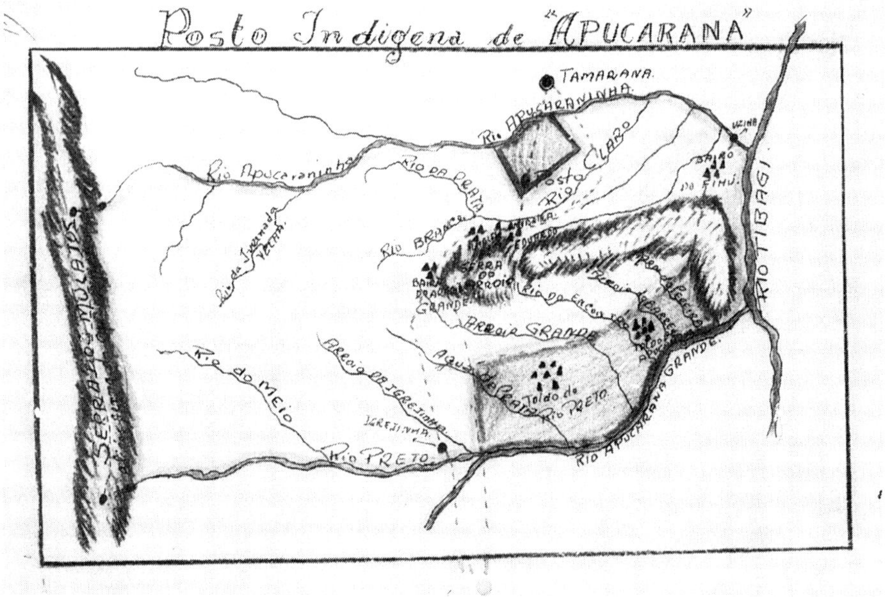

Fonte: SPI, 12 out. 1950, Filme 76, Fotograma 272.

Essa retificação foi relatada pelo inspetor Nenê, quando enviou o Ofício nº 209/34, em 16 de novembro de 1950, para Otacílio Rochedo, representante da IR7, abordando as consequências do Acordo de 1949, no que tange a área de terras do PI Apucarana:

> A qual calculava-se com cerca de 15.000 alqueires, ou sejam 36.300 hectares, mas em face o mencionado acordo vai ficar reduzida em 6.300 hectares para os índios, que, conforme entendimentos posteriores com esta Inspetoria, esses 6.300

---

[13] Essa questão dos toldos dos indígenas será retomada na Parte II para entender seus deslocamentos e sua relação com a usina do Apucaraninha e a reorganização da sede do PI Apucarana.

> hectares deverão serem medidos e demarcados em duas glebas; uma de 1.000 hectares aonde está o atual Posto, e outra de 5.300 hectares à margem esquerda do rio Apucarana Grande, abaixo da barra do rio Preto. De formas que reverterá para o Estado cerca de 30.000 hectares, que, de conformidade com a clausula sétima do referido acordo, o Governo do Estado, se utilizará para fins de colonização, e localização de imigrantes (SPI, 16 nov. 1950, Filme 70, Fotograma 192).

Essa proposta, desenhada no croqui da Imagem 2, foi avaliada em 22 de dezembro de 1950, durante a:

> Reunião dos membros da comissão designada para escolher e localizar as glebas a serem medidas e demarcadas para os índios, dentro das atuais áreas reservadas para os mesmos, abrangidas pelo acordo assinado pelos Snrs. Ministro da Agricultura e o Governador do Paraná, reunião essa para retificação das divisas da gleba de 5.300 hectares a ser medida e demarcada no Posto Indígena Apucarana (SPI, 22 dez. 1950, Filme 48, Fotograma 1468).

A ata dessa reunião evidenciou novamente a presença de João Vialle, representante do estado do Paraná, e os três empregados da IR7 já citados. Durante a reunião, Lourival da Mota Cabral comunicou a Vialle o erro na delimitação da área destinada de 5.300 hectares aos indígenas do PI Apucarana, em 14 de março de 1950. Disse ainda que tal erro havia sido confirmado in loco pelo inspetor Nenê e que se mantivesse daquela forma:

> [...] os índios ficariam fora da terra a ser-lhes demarcada, a qual abrangeria também o bairro da Igrejinha, povoado de sertanejos. Este fato, causaria grandes despesas para o Estado, e para a Inspetoria, e sérios aborrecimentos, devido a dificuldade de mudança dos índios como também dos sertanejos a serem transferidos (SPI, 22 dez. 1950, Filme 48, fotograma 1468).

Essa passagem da ata evidencia novamente que o território, reservado aos indígenas do Apucarana desde 1900, estava povoado com muitos não indígenas, como os sertanejos citados no documento. Os novos limites propostos pelo órgão indigenista foram aceitos pelo representante do governo do Paraná, inclusive os limites ao norte (Bairro Fihú e da usina), sendo elaborada a retificação necessária e o Termo de Aditamento à ata de 14 de março de 1950. Dessa forma, a área indígena reestruturada, devido ao Acordo de 1949, estava dividida em duas localidades: uma na Campininha, onde estava a sede do Posto; e a outra na margem esquerda dos rios Apucarana e Tibagi, até limites com a usina, na margem direita do rio Apucaraninha.

Se, por um lado, o SPI e os Kaingang elaboravam suas estratégias perante a presença da hidrelétrica, por outro, a Eelsa continuava com as obras de construção da hidrelétrica, estando ciente das questões territoriais em andamento, em virtude do Acordo de 1949. Em 6 de abril de 1949, foi inaugurada a primeira turbina da usina, iniciando suas atividades de operação, gerando eletricidade para a área de concessão da Eelsa. Além disso, os engenheiros da empresa elaboravam novos estudos para a ampliação da capacidade geradora, com a instalação de uma segunda turbina.

Esse planejamento pode ser constatado na correspondência datada de 7 de agosto de 1950, enviada por Nelson de Godoy Pereira, diretor da Eelsa, ao chefe da IR7, Lourival Mota Cabral:

> Prezado Senhor: Tendo chegado ao conhecimento desta Empreza que a Repartição dignamente dirigida por V.S. tem um levantamento dos terrenos pertencentes aos índios, à margem direita do ribeirão Apucaraninha, município de Londrina, distrito de Tamarana (antigo São Roque), vimos, pela presente, solicitar de V.S. uma cópia da planta referida. Essa planta muito irá auxiliar no estudo de um melhor aproveitamento do potencial hidráulico do Apucaraninha. Segundo informação que tivemos do Sr. Alcantara, o Sr. Mota, dessa Inspetoria, tem a planta do levantamento aéreo feito nos terrenos em questão. Pedimos também a V.S. que nos mande dizer a importância das despesas para que possamos mandar o numerário necessário pela volta do correio. Certos de merecer, como de costume, a sua atenção, subscrevemo-nos, muito atenciosamente (SPI, 07 ago. 1950, Filme 70, Fotograma 165).

A solicitação da Eelsa pela planta da área pertencente aos indígenas era para auxiliar nos estudos em andamento para o aumento da capacidade geradora da usina do Apucaraninha. Dessa forma, obter do próprio órgão indigenista os mapas da área indígena, especialmente detalhando os limites na margem direita do rio Apucaraninha, onde se encontrava o empreendimento hidrelétrico, era uma maneira de ter conhecimento da área que seria alagada pela ampliação da geração de energia elétrica, já antevendo os acordos e as negociações com o SPI. Por isso, a Eelsa desejava obter uma cópia da planta do território indígena, inclusive do levantamento aéreo realizado naquelas terras, se comprometendo a pagar os custos para a emissão das cópias das plantas solicitadas.

Vale ressaltar que as negociações entre Eelsa e SPI, naquele momento, ainda não estavam finalizadas, mesmo no que tange as áreas utilizadas para a primeira turbina já instalada e em funcionamento desde 6 de abril de 1949. Com a segunda turbina, já encomendada e em fase de estudos, os diálogos entre a empresa de energia elétrica e o órgão indigenista ganharam novos capítulos, deixando claro que o Acordo de 1949 influenciava a celebração do contrato entre a empresa e o órgão indigenista.

Outrossim, os croquis apresentados, bem como as informações descritas, evidenciam que a presença da usina do Apucaraninha foi um fator que influenciou na decisão do órgão indigenista quanto à indicação das áreas de terras aos indígenas do PI Apucarana. Se, no primeiro instante, 1946/1947, a construção da hidrelétrica pareceu ser indiferente ao órgão indigenista, pois a sede do Posto estava distante e não se tinha notícia do Acordo de 1949; num segundo momento, 1949/1950, decorrente do acordo e da própria ação dos Kaingang, evidenciada na Parte II, o órgão indigenista considerou a presença da hidrelétrica, na necessidade de reestruturação da área. E, por último, 1951/1952, o SPI levou a sede do PI Apucarana exatamente ao lado da usina, deixando de lado a região denominada Campininha, onde se encontrava a sede do posto desde sua criação, em 1942.[14]

2.2 Os debates em torno da reestruturação da área indígena e a nova localidade da sede do PI Apucarana

Com a mudança do governo do estado do Paraná, no início de 1951, o SPI procurou reverter o Acordo de 1949, buscando assegurar maior quantidade de terras aos indígenas. Isso fica evidente quando analisado o Ofício nº 112, de 11 de maio de 1951, enviado pela IR7 ao Governador Bento Munhoz da Rocha Neto:

---

[14] A Parte II demonstrará os locais por onde passou a sede do PI Apucarana (Ver Mapa 3).

> Conforme entendimento pessoal que tive a honra de tratar com V. Excia, comunico que estou apenas aguardando autorização da Diretoria deste Serviço, à qual foram prestados todos os informes necessários, para novamente me dirigir à V. Excia, afim de serem iniciadas as démarches para revogação do Acordo sobre as terras dos índios neste Estado e a realização de novo Acordo, com cláusulas mais honrosas e humanas aos índios e civilizados que habitam as reservas indígenas. Valho-me do ensejo para solicitar de V. Excia. a fineza de determinar a anulação do Decreto Estadual nº 13.722, de 19-1-51, medida que solicitei de V. Excia, e que reputo de suma importância para o bom êxito do novo Acordo. Contando com o espírito justiceiro que V. Excia, tem demonstrado em todos os atos tomados à frente do Executivo Estadual, pode V. Excia, acreditar, desde já, na imorredoura gratidão dos selvícolas paranaenses, reconhecimento sincero do Serviço de Proteção aos Índios bem como os nossos apoucados préstimos em colaborar, irrestritamente, com o Governo profícuo e esclarecido de V. Excia. (SPI, 11 maio 1951, Filme 70, Fotograma 279).

Aproveitando do jogo político no Estado, em que Bento Munhoz era oposicionista de Moisés Lupion, o órgão indigenista procurou negociar novamente o tamanho das áreas destinadas aos indígenas, reivindicando a revogação do Acordo de 1949. Um dos motivos argumentado pelo SPI era a questão dos conflitos envolvendo indígenas e não indígenas na reestruturação das áreas, conforme se verifica no Telegrama nº 124, de 22 de junho de 1951, enviado pela IR7 à diretoria do SPI.

> Conhecimento dessa Diretoria comunico ontem novamente mantive entendimento senhor Governador Estado Paraná, ficou estudar caso reconsideração Acordo juntamente Diretor Fundação Colonização e Imigração. Sigo amanhã PI Apucarana apreciar in-loco situação Posto e tomar medidas necessárias evitar se propale aquela área indígena conflitos sangrentos todo norte Estado motivados questão terras. Solicito vossa aprovação (SPI, 22 jun. 1951, Filme 73, Fotograma 1757).

O citado telegrama deixa claro o clima de tensão no PI Apucarana, em virtude da questão territorial. Usando-se desse argumento e adotando diferentes estratégias, os representantes da IR7 procuravam convencer o novo governo estadual a rever o Acordo de 1949. Uma dessas estratégias era contar com o prestígio do Marechal Rondon, conforme revela o Telegrama n° 129, de 23 de junho de 1951, enviado pela IR7 ao SPI no Rio de Janeiro.

> Sou opinião será grande conveniência SPI General Rondon telegrafar Governador deste Estado invocando espírito esclarecido ilustre paranaense anular ou reconsiderar nefando acordo terras índios. Tal medida além tudo servirá alertar entendimentos esta IR (SPI, 23 jun. 1951, Filme 70, Fotograma 290).

Contando com a aparente aliança junto a Bento Munhoz, o órgão indigenista procurou agilizar um novo acordo, assegurando áreas maiores que as propostas por Lupion em 1949. Em se tratando das terras do PI Apucarana, o Ofício n° 214, de 13 de setembro de 1951, enviado pela IR7 ao diretor do SPI, traz importantes informações.

> Da exposição feita pelo nosso Ofício no 173, de 29-8-51, apenso ao processo S.O. no 2.108/49, constou como de 50.000 hectares a área total aproximada do Posto Indígena Apucarana, da qual reivindicamos 12.100 hectares; levantado o perímetro daquela reserva indígena encontrou-se 45.864,92 hectares. Entrando em entendimentos com o Dr. Djalma Rocha Al-Chuyer, Diretor da Fundação Paranaense de Colonização e Imigração (Departamento que ficará de posse das terras ligadas ao Acordo), afim de apressar as démarches levadas a efeito, após consultar por telefone e obter aprovação, esta Inspetoria concordou, em estabelecer uma proporção justa e razoável da área que reivindicamos de 12.100 para 11.100 hectares, o que ficou devidamente assentado. Nestes próximos 3 ou 4 dias serão atacados os serviços da demarcação da área de 11.100 hectares que nos caberá no PI Apucarana e logo a seguir idêntica medida será tomada nos demais Postos atingidos pelo Acordo (SPI, 13 set. 1951, Filme 73, Fotograma 1770).

Entremeio aos debates dos limites e tamanho da área destinada aos indígenas do PI Apucarana, o SPI optava pela mudança da sede do posto, retificando as duas áreas propostas anteriormente, que somavam 6.300 hectares, para uma área somente, com a perspectiva de 11.100 hectares, mudando a sede de localidade. O Ofício n° 216, de 14 de setembro de 1951, enviado pela IR7 à Direção do SPI, sinalizou essa mudança.

> Conforme vos expliquei verbalmente, bem como ao Snr. Assistente Jurídico deste Serviço, esta Inspetoria era de parecer que, para evitar maiores delongas, devia cooperar com o Governo deste Estado para o cabal cumprimento das cláusulas do Acordo que atingiu as terras pertencentes aos índios, responsabilizando-se pela construção das benfeitorias a serem feita no PI Apucarana, o único dos Postos atingidos pelo Acordo que terá de transferir sua sede para outro local, em virtude da nova localização das terras à serem demarcadas para os índios, assunto que, mediante vossa aprovação, ficou devidamente assentado junto à Fundação Paranaense de Colonização e Imigração (SPI, 14 set. 1951, Filme 73, Fotograma 1773).

Na verdade, sob o pretexto de cooperação com o governo estadual, o SPI buscava garantir áreas que contemplassem a maior parte dos toldos dos indígenas, bem como da localidade próximo à usina do Apucaraninha. Além disso, o Processo SPI nº 2.330/48, citado pela IR7, em 24 de setembro de 1951, apontou outros motivos para a mudança da sede do Posto e da área escolhida para o PI Apucarana.

> Senhor Diretor, a área invadida pela firma J. Sguario & Cia, em corte de pinheiros, está localizada na parte que reverterá ao Estado pelo Acordo em efetivação, e atualmente nenhuma providencia requer desta IR. Ao escolher a gleba destinada aos índios, no PI Apucarana, tivemos o máximo cuidado não só em separar zonas de pinhais e ótimas terras para agricultura, como também observar as questões de limites, que em sua maioria, foram feitos por volumosos cursos d´água, o que nos assegurará a maior tranquilidade futuramente (SPI, 24 set. 1951, Filme 73, Fotograma 1777).

As zonas de pinheiros e as terras de boa qualidade para a agricultura eram para garantir o desenvolvimento econômico do PI Apucarana, na perspectiva do órgão indigenista, livrando-se de áreas invadidas por madeireiras, colonos e intrusos, que há anos exploravam e esgotavam os recursos naturais do território indígena Apucarana, sobretudo, a madeira. Sobre essa perspectiva, Alan Cardec, então encarregado do Posto, enviou o Ofício nº 13, em 8 de outubro de 1951, expondo a IR7 as dificuldades financeiras enfrentadas pelo PI Apucarana, após o Acordo de 1949.

> Originadas pelo acordo efetuado entre o Ministério da Agricultura e o Governo do Estado do Paraná, as atividades deste Posto tiveram paralisação quase que completa, principalmente com a extinção se sua maior fonte de renda: cobrança de foro aos intrusos que habitavam a área indígena. [...] São estas as perspectivas que temos de enfrentar ao iniciarmos os trabalhos de reorganização deste Posto, agora em terras definitivamente regularizadas e tituladas e em local previamente estabelecido. Esperamos, dentro de poucos meses estar com todos os serviços concluídos e o Posto em pleno funcionamento, para atender às nossas finalidades neste setor (SPI, 08 out. 1951, Filme 73, Fotograma 1780).

Buscando superar essas dificuldades e entremeio aos debates sobre os limites da área indígena e as negociações com a Eelsa, o SPI iniciou as obras para a construção da nova sede e de uma estrada que a ligasse à usina, conectando com a estrada que vai à cidade de Londrina, conforme Recibo datado em 23 de agosto de 1951, assinado por Roberto (não foi possível decifrar o sobrenome) com o seguinte conteúdo:

> Recebi do Snr. Lourival da Mota Cabral [...] a quantia acima de cincoenta mil cruzeiros (CR$ 50.000,00), proveniente de serviços por mim prestados no Posto Indígena de Apucarana, referente a construção de uma estrada carroçável com 4 metros de leito, ligando o local da nova sede do Posto à estrada geral da uzina que vai à cidade de Londrina, n´uma extensão de cinco mil metros, à razão de dez cruzeiros (CR$ 10,00) cada metro, perfazendo o total acima de CR$ 50.000,00 (SPI, 23 ago. 1951, Filme 73, Fotograma 1768).

O relatório Mensal de Novembro de 1951, elaborado pelo encarregado Alan Cardec Martins Pedrosa, informava sobre a construção iniciada da nova sede e da conclusão da estrada que a ligava ao empreendimento hidrelétrico, reforçando a tese de que a usina do Apucaraninha se tornou referência para o processo de definição da nova sede do Posto e das obras em construção, como as estradas. O relatório indicou também o local da nova sede do Posto, banhada pela Água do Gregório, no Toldo do Capitão Luiz.

Imagem 3 – Relatório mensal de novembro de 1951 do PI Apucarana

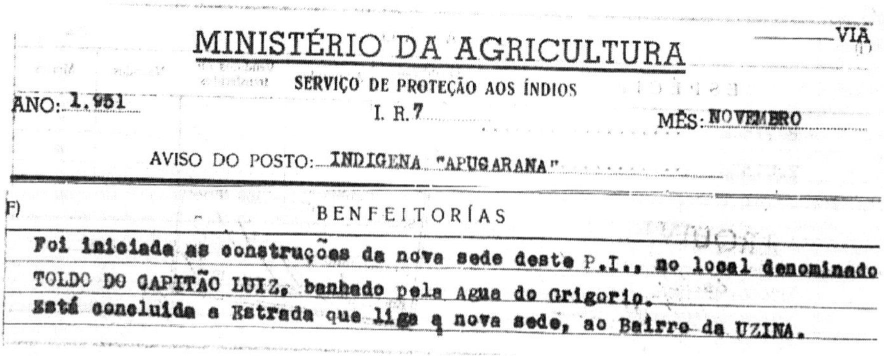

> MINISTÉRIO DA AGRICULTURA — VIA
> ANO: 1.951
> SERVIÇO DE PROTEÇÃO AOS ÍNDIOS
> I. R. 7
> MÊS: NOVEMBRO
> AVISO DO POSTO: INDIGENA "APUCARANA"
>
> F) BENFEITORIAS
> Foi iniciada as construções da nova sede deste P.I., ao local denominado TOLDO DO CAPITÃO LUIZ, banhado pela Agua do Grigorio. Está concluida a Estrada que liga a nova sede, ao Bairro da UZINA.

Fonte: SPI, 30 nov. 1951, Filme 48, Fotogramas 1491-1492.

Entretanto, em pouco tempo, o encarregado Alan Cardec constatou a necessidade de uma nova mudança do local da sede do Posto, agora sim, mais próximo da usina do Apucaraninha. Primeiramente, em 15 de fevereiro de 1952, emitiu um Aviso Interno com o seguinte comunicado:

> Por motivo de irmos dar início na construção da nova Administração do PI Apucarana, a qual será nos limites do Bairro do Fiú com a Empresa Elétrica, avisamos aos Snrs. moradores desta zona, que só poderão permanecerem no referido local, até o dia 30 de junho do corrente (SPI, 15 fev. 1952, Filme 48, Fotograma 1604).

Esse Aviso Interno reforça a ideia da presença dos intrusos e arrendatários na região próxima à hidrelétrica, no Bairro do Fiú, que teriam de sair da localidade, em virtude do novo deslocamento da sede do Posto para aquela região. Qual o principal motivo dessa nova alteração de localidade? Definitivamente a presença da usina do Apucaraninha foi decisiva para aquela tomada de ação. Em 16 de fevereiro de 1952, Alan Cardec, enviou o Ofício n° 3 à IR7, solicitando alteração do local da nova sede do PI, devido aos altos custos para as obras destinadas ao fornecimento de eletricidade.

> Conforme ficou determinado por V.S. no ano próximo passado, o local onde deveria ser instalado a nova sede deste P.I., no local denominado Toldo do Apucarana, a administração deste Posto, dando inicio as determinações desta Chefia, em primeiro lugar, construiu a estrada que liga a Uzina, aquele local, conforme consta em documentos anteriores.

> No entretanto, na época dessas determinações, não fora previsto o montante das despesas no que diz respeito a instalação de Luz e Força, fornecida pela Empreza Elétrica de Londrina, o que; dado a distancia que ficou da Uzina ao referido lugar, de conformidade com o orçamento criterioso que fizemos, vem alcançar a casa de Cr$ 100.000,00 (cem mil cruzeiros). Assim sendo, tomei a liberdade de estudar um outro local mais próximo a citada Empreza, a qual não só vêm reduzir 50% nas despesas de instalação elétrica, como sobretudo, boas aguas potáveis, ótima invernada, e instalação do Posto propriamente dito. Resta-nos Snr. Chefe; a visita de V. S. neste P.I., para que possamos continuar com a marcha de nossos serviços, de conformidade com a aprovação que V. S. julgar (SPI, 16 fev. 1952, Filme 48, Fotograma 1591).

No ofício, Alan Cardec fez referência a estrada construída para ligar a sede do Posto à usina do Apucaraninha. Além disso, deixou evidente que já havia algum acordo com a Eelsa para o fornecimento de energia elétrica ao PI Apucarana, bastando executar as obras para a instalação de eletricidade. Entretanto, os custos seriam muito elevados devido à distância entre a sede do Posto e a hidrelétrica, ultrapassando os Cr$ 100.000,00. Dessa forma, Alan Cardec propôs uma nova alteração no local da sede do PI Apucarana, reduzindo os custos pela metade, enfatizando outros motivos para tal proposta, como a existência de água potável e invernadas de boa qualidade, inclusive, contando com a ida do chefe da IR7 ao local, para corroborar com a mudança sugerida.

A proposta foi aprovada e, em 6 de outubro de 1952, o encarregado encaminhou o Ofício no 24 para Lourival da Mota Cabral, da IR7, apresentando o projeto para organização da nova sede do PI Apucarana e de toda a área definida aos indígenas.

> Tendo em vista a construção deste P.I. está a cargo da minha administração, e em face da mesma, constante de meu ofício nº 9, de 20 de maio do corrente ano, já estar prestes a ser concluída, afim de que este Posto não venha parar a marcha de seus serviços, venho mais uma vês a presença de V. S., por intermédio deste, apresentar um segundo projeto, o qual tem por base, completar a organização desta Reserva, conforme abaixo passo a descrever:
>
> [...]

> Instalação Elétrica: Instalação elétrica nas dependências do Posto, assim discriminadas: em duas casas de trabalhadores, casa de administração, casa escolar, enfermaria, estábulo, galpão, páteo e demais pequenas benfeitorias; inclusive aquisição de um transformador de 15 KVA., para-raios, segurança-fuziveis, fios, bocais, chaves roldanas, rosetas, isoladores, pitos, lâmpadas, postes-farquejados de 8X8 por 9,00 metros de comprimento, bem como, extensão de uma linha, na distancia de 800,00 metros, ligando a Séde do Posto à Uzina elétrica de Apucaraninha, com 11.000 Volts., trifásico, com chaves de inicio e fim de ramal de 12.000 Volts., 3 fases, linha de 3 fios no 6, no valor total, (inclusive mão de obra) de .... Cr$ 102.000,00.
>
> [...]
>
> Em se tratando de benfeitorias indispensáveis a organização deste P.I., aguardo o julgamento criterioso de V. S. no que acabo de expor (SPI, 06 out. 1952, Filme 73, Fotogramas 1808-1810).

O projeto apresentava uma soma total de Cr$ 500.000,00 para execução de obras como estradas de rodagem, construção de invernadas para animais, piquetes, casas para indígenas, casa de diversão e instalação de água, além da instalação de energia elétrica, com uma previsão de custo de Cr$ 102.000,00. Alan Cardec considerava medidas indispensáveis para o funcionamento do PI Apucarana na nova localidade, após a reestruturação do território indígena, em virtude do Acordo de 1949.

No que tange a proposta da energia elétrica, Alan Cardec descreveu as instalações que receberiam eletricidade na sede do PI Apucarana, listando também todos os equipamentos necessários, inclusive a mão de obra e o valor total para fornecimento de energia elétrica ao Posto. Além disso, o encarregado informou a distância entre a sede do Posto e a usina do Apucaraninha: 800 metros, que seria a extensão da rede elétrica.

Ao mesmo tempo que negociava com a Eelsa o fornecimento de energia elétrica, o órgão indigenista continuava o diálogo com o governo do Paraná em relação ao Acordo de 1949. Embora solicitasse a revogação ou pelo menos a revisão do Acordo, o SPI cobrava a cláusula em que o Estado era obrigado a fazer construções nos PIs, como demonstra o Ofício nº 414, de 4 de novembro de 1952, enviado pela IR7 à Fundação Paranaense de Colonização e Imigração.

> Conforme o acordo firmado entre o Serviço de Proteção aos Índios e o Governo do Estado do Paraná, ficou este obrigado a construir nas áreas indígenas abrangidas pelo supra-citado acordo, ficando o SPI, com direito de apresentar a relação das respectivas obras (SPI, 04 nov. 1952, Filme 73, Fotograma 1812).

Após um período de intenso diálogo com o governo Bento Munhoz, finalmente, chegou-se ao consenso em relação às áreas indígenas reestruturadas pelo Acordo de 1949. O Telegrama nº 55, de 20 de maio de 1954, enviado pela IR7 para a diretoria do SPI, apresentou detalhes dessa negociação.

> Tenho grata satisfação comunicar que em data de hontem Excelentissimo Senhor Governador do Estado Paraná, homologou processo doação area de vinte e sete mil e quinze hectares de terras, favoravel SPI Postos Apucarana, Ivaí, Queimadas, Mangueirinha, Rio das Cobras e Faxinal, deste Estado, reivindicação superior ao acordo firmado entre Ministério Agricultura e Governo Paraná ano mil novecentos e quarenta e nove, por cujo acordo Serviço receberia somente vinte e três mil seiscentos e trinta hectares, somando com a doação atual uma area de cincoenta mil seiscentos e quarenta e cinco hectares favor SPI. Resta somente assinatura escrituras definitivas as quais estão sendo providenciadas. Não posso deixar de louvar espírito público Senhor Governador Estado Doutor Bento Munhoz da Rocha Neto e Djalma Rocha Alchueyr, Presidente Fundação Paranaense Colonização e Imigração, os quais tudo fizeram fim ser reconhecido direitos indios aludidos Postos (SPI, 20 maio 1954, Filme 70, Fotograma 630).

Dessa forma, a relação aparentemente amistosa do SPI com o Governo Bento Munhoz garantiu provisoriamente áreas maiores aos seis PIs envolvidos no Acordo de 1949. Em relação ao PI Apucarana, a IR7 desejava assegurar os 11.100 hectares conforme já exposto. Entretanto, alguns incidentes estremeceram a relação amistosa entre o órgão indigenista e o governo do Paraná. A Correspondência da Fundação Paranaense de Colonização e Imigração à diretoria do SPI, em 3 de novembro de 1955, exemplifica um desses incidentes.

> Tem chegado ao conhecimento desta Presidência que o SPI vem procedendo derrubadas de pinheiros em lotes da Colônia Apucaraninha de propriedade desta Fundação, sob a invocação de contrato existentes entre as duas instituições, como ocorre, entre outros com o lote nº 467 da Gleba nº 3 compromissado ao senhor Ermiro Lemes. Como efetivamente não existe nenhum contrato de vendas de pinheiros desta Fundação para o SPI, é o presente para solicitar as urgentes providências de V. Exa., no sentido de mandar suspender imediatamente o corte de pinheiros naquela Colônia (SPI, 03 nov. 1955, Filme 73, Fotograma 1905).

Destarte, os limites territoriais e as atividades em andamento provocavam desentendimentos entre os representantes do governo do Paraná e os agentes do SPI, bem como das madeireiras, colonos, intrusos e também os indígenas ali presentes. A resposta da IR7, ao questionamento acima, ocorreu pelo Ofício nº 262, em 5 de novembro de 1955.

> Não existe qualquer contrato de venda de pinheiros da FPCI ao SPI, mas sim que conforme acordo entre este Serviço e esta Repartição tocou a este, naquela região, uma área de 12.100 ha. para a instalação do Posto Indígena Apucarana, área essa que seria medida e demarcada pela Fundação (SPI, 05 nov. 1955, Filme 73, Fotograma 1907).

O inspetor da IR7, Dival José de Souza, citou a demora na medição e demarcação das terras destinadas aos indígenas, após o acordo entre o SPI e FPCI, onde seria instalada a sede do PI Apucarana, conforme gleba escolhida pelo órgão indigenista, "[...] abrangendo, ainda, a mesma área, os índios ali residentes, para posteriormente, então, ser objeto de um levantamento exato" (SPI, 05 nov. 1955, Filme 73, Fotograma 1907). Durante o período, foi firmado um acordo com a serraria Moacyr Vianna & Cia Ltda para a exploração de pinheiros na área escolhida pelo SPI. Entretanto, com os acertos nas divisas da área pertencente ao Posto, alguns pinheiros ficaram de fora, mas já estavam comprometidos com a empresa citada.

> Nestas condições, acredita esta chefia que face aos presentes esclarecimentos, manterá esta presidência o critério anteriormente adotado, levando ao conhecimento dos compradores de lotes a necessidade de serem respeitados todos os pinheiros marcados pelo SPI, muito embora ditos

lotes não integrem mais a área do PI de Apucarana, agora já delimitada em definitivo (SPI, 05 nov. 1955, Filme 73, Fotograma 1908).

Com o retorno de Moisés Lupion ao governo do Paraná, no início de 1956, as negociações referentes ao Acordo de 1949 foram encerradas, retornando às suas determinações iniciais. Em 21 de fevereiro de 1956, a FPCI enviou uma correspondência a IR7, com o seguinte comunicado:

> Pelo presente solicito que Vossa Senhoria indique um representante do Serviço de Proteção aos Índios para acompanhar e indicar aos funcionários desta Fundação o local, na Colônia Apucaraninha, em que deverá ser demarcada a área de 6.300 hectares constitutiva de reserva indígena, conforme acordo assinado com o Estado do Paraná (SPI, 21 fev. 1956, Filme 73, Fotograma 1910).

Dessa forma, a área de 11.100 hectares, para o PI Apucarana, acertada com o governo anterior, já não era mais cogitada pelos comandados de Lupion. Além disso, a FPCI cobrou a IR7 pela não execução da retirada dos intrusos na área indígena do Apucarana, conforme cláusula do Acordo de 1949. O Ofício nº 265, de 11 de outubro de 1956, enviado pela IR7 à FPCI, respondeu esse questionamento da seguinte forma:

> Quanto à ocorrência no mesmo mencionada, relativa á infiltração de intrusos na área do PI Apucarana, esclareço a V. S.a que tal fato não é, propriamente, o que está sucedendo, pois, um dos maiores cuidados de todos os responsáveis pelas unidades componentes do SPI, é justamente, o de evitar o intrusamento das respectivas áreas. Sucede sim que a gleba do PI apucarana, entregue a este serviço como resultante do Acordo a propósito firmado com este Estado, já tinha em seu meio alguns intrusos, gente de poucos recursos e que dado a isso, não foram dela alijados por uma medida de caráter social e humano, apesar do supracitado Acordo estipular a entrega da área livre e desembaraçada dos mesmos (SPI, 11 out. 1956, Filme 73, Fotograma 1922).

As divergências, as contradições e os litígios permaneceriam constantes na área destinada ao PI Apucarana, bem como no seu entorno, sobretudo, nas terras outrora reservadas aos indígenas. As fronteiras do novo território demorariam para ser fixadas, com intensa resistência dos indígenas, que habitavam seus tradicionais toldos nas mais diferentes localidades daquela região, como será abordado na sequência.[15]

Retomando a questão da eletricidade na sede do PI Apucarana, foi nesse clima de tensão pela definição dos limites da área, que, embora considerada de alto custo, se aprovou a instalação de energia elétrica na sede do Posto, com aval da chefia da IR7 e da diretoria do SPI, conforme demonstra o Recibo dos Serviços para o fornecimento de eletricidade e aquisição dos materiais elétricos, datado em 31 de dezembro de 1954.

> Recebi do Snr. Alan Cardec Martins Pedroza, Encarregado do Posto Indigena Apucarana, do Serviço de Proteção aos Indios, Ministério da Agricultura, a importância supra de oitenta e cinco mil cruzeiros (Cr$ 85.000,00) proveniente das instalações elétricas nas dependências do referido Posto, assim descriminadas. Em duas casas de trabalhadores, casa de Administração, casa Escolar, Enfermaria, Estabulos, galpão, Garage, páteo e demais pequenas benfeitorias, inclusive aquisição de um transformador de 15 KVA, com para-raios, segurança fuzíveis, fios, bocais, chaves, roldanas, rosetas, isoladores, pinos, lâmpadas e postes farquejados, com as dimensões de 8x8 polegadas de grossura, e 9 metros de comprimento, bem como, extensão de uma linha trifásica com 850 mts. ligando a sede do Posto à Uzina Eletrica, com 11.000 voltes, com chaves de inicio e fim de ramal, de 12.000 voltes, 3 fases, mais uma rede de baixa tensão, 4 fios, com 180 mts. Para clareza passe o presente recibo em cinco vias, para um só efeito, sendo a primeira devidamente selada (SPI, 31 dez. 1954, Filme 73, Fotograma 1886).

Houve uma certa demora, pois foram mais de dois anos entre o projeto apresentado pelo encarregado do PI Apucarana, até a finalização das obras para o fornecimento de energia elétrica às instalações da nova sede, descritas no Recibo, que ainda cita a construção da rede de alta tensão de 850 metros de comprimento, ligando a usina à sede do Posto. No verso do Recibo, há o atestado de prestação de conta, assinado por Dival José de Souza, inspetor da IR7, em Curitiba (SPI, 31 dez. 1954, Filme 73, Fotograma 1887).

---

[15] Pelas regras do Acordo de 1949, a área do PI Apucarana teria 6.300 hectares. No Volume 2 demonstrou-se um documento do SPI que aponta esse total em 1967, devidamente medidos e demarcados. Entretanto, atualmente, a terra indígena Apucaraninha tem 5.574 hectares, ou seja, no decorrer das últimas décadas, mais de 700 hectares foram espoliados da comunidade indígena local.

Outra solicitação constante no projeto apresentado por Alan Cardec, em outubro de 1952, tratava-se das estradas no interior da área indígena. Uma dessas estradas era a que ligava a sede do PI com a usina do Apucaraninha, que passou por obras no momento da formalização do acordo entre a Eelsa e o SPI, conforme Recibo assinado por Benedito Ferraz, datado em 4 de outubro de 1954, na localidade de Tamarana, que apresentava os seguintes dizeres:

> Recebi do Sr. Lourival da Mota Cabral [...] a importância de sete mil e oitocentos cruzeiros (Cr$ 7.800,00) provenientes de meus serviços prestados ao Posto Indígena de Apucarana, referente a reconstrução de um trecho da estrada de rodagem que liga a Séde do supra-citado Posto até a estrada que demanda para a Uzina Elétrica, com serviços de alargamento, desmatação, corte, raspagens e nivelação, n´uma extensão de mil e trezentos (1.300) metros, à razão de seis cruzeiros (Cr$ 6,00) cada metro, perfazendo o total acima de Cr$ 7.800,00. Para clareza, passo o presente recibo em quatro vias, para um só efeito, sendo a primeira via, devidamente selada (SPI, 04 out. 1954, Filme 76, Fotograma 1079).

Tais obras nessa estrada de rodagem demonstram a importância da usina para os agentes do órgão indigenista, interessados no fornecimento de energia elétrica para as instalações do PI, como casas, escola, enfermaria, galpões e também suas indústrias, como a citada serraria. Além disso, o interesse nas próprias estruturas físicas, como pontes e estradas, que facilitariam seus deslocamentos até aos núcleos urbanos mais próximos. Era preciso estreitar as relações com os representantes da Eelsa, presentes no empreendimento hidrelétrico, encurtando distâncias e facilitando o acesso, física e pessoalmente. Outrossim, fica evidente a importância da hidrelétrica para o processo de reestruturação do território indígena Apucarana, decorrente do Acordo de 1949, contextualizado por múltiplos sujeitos históricos, com divergências de interesses, movendo as ações e reações dos envolvidos.

Fotografia 6 – Kaingang na barragem da usina do Apucaraninha

Fonte: Acervo Museu Histórico de Londrina – UEL

Fotografia 7 – Ponte do rio Apucaraninha (próximo à barragem do Fihú)

Fonte: Acervo Museu Histórico de Londrina – UEL

CAPÍTULO 3

A CELEBRAÇÃO DO CONTRATO DE ARRENDAMENTO E NOVAS QUESTÕES ENTRE O ÓRGÃO INDIGENISTA E A EMPRESA DE ELETRICIDADE

Se por um lado as negociações entre o SPI e o governo do Paraná, em 1954, ainda não estavam concluídas, quanto ao tamanho da área destinada aos indígenas do Apucarana, por outro, já estava definido que as terras utilizadas pela usina do Apucaraninha compreendiam parte do território pertencente aos Kaingang, inclusive, com a sede do PI Apucarana presente nas proximidades do empreendimento hidrelétrico. Diante disso, procurou-se agilizar as regras do contrato de arrendamento entre o órgão indigenista e a Eelsa.

Com as obras da usina em sua terceira e última fase e com a conclusão da instalação da rede elétrica para o fornecimento de eletricidade à sede do PI Apucarana, finalmente, chegou-se a um consenso entre a Eelsa e o SPI, formalizando o Contrato de Arrendamento das terras da área indígena, utilizadas pelo empreendimento hidrelétrico no Salto Apucaraninha. Em 21 de outubro de 1954, Lourival da Mota Cabral enviou o Ofício nº 265 ao diretor do SPI no Rio de Janeiro, José Maria da Gama Malcher, citando o Contrato de Arrendamento, que acabara de ser acordado com a empresa de eletricidade.

> Junto ao presente, remeto-vos, em duas vias, o contrato que será firmado entre o Serviço de Proteção aos Índios e a Empreza Elétrica de Londrina S.A., referente a concessão de uma área de terras onde foi construída a Uzina Elétrica daquela Empreza, inclusive o alagamento, conforme plantas anexas.
>
> Nestas condições, solicito-vos, a devida autorização afim de ser assinado o referido contrato, bem como ultimar outros detalhes, concernentes ao mesmo.

> Valho-me da oportunidade para vos apresentar os meus protestos de alta estima e distinta consideração (SPI, 21 out. 1954, Filme 70, Fotograma 653).

Após oito anos do início das obras para a construção da usina do Apucaraninha, na margem direita do rio homônimo, dentro do território indígena, o acordo foi assinado pela Eelsa e SPI. Durante o período, duas turbinas já tinham entrado em operação e a obras para a ampliação e a instalação da terceira turbina estavam quase finalizadas, inclusive com a inundação da área necessária, conforme ofício citado. Este deixa claro que o Contrato de Arrendamento deveria ser aprovado pela diretoria do SPI, no Rio de Janeiro, após analisar todos os detalhes e cláusulas constantes no mesmo.

Essa aprovação ocorreu em poucos dias, pois em 6 de novembro de 1954, o Contrato de Arrendamento era devidamente assinado, na cidade de Londrina, PR, pelo gerente da Eelsa, Maurício Soares Botellho, e pelo chefe da IR7, Lourival da Mota Cabral, além de duas testemunhas, Rui Barbosa de Castro e Octavio Battini, com o reconhecimento de firma de todas as assinaturas, realizado pelo Tabelião J. C. Rocha, na mesma data em que foi realizado o acordo. Alguns meses depois, especificamente em 11 de fevereiro de 1955, o Contrato de Arrendamento (Quadro 1) era registrado no Registro de Imóveis da 1ª Circunscrição, do 1º Ofício de Registro de Títulos e Documentos, da Comarca de Curitiba, Paraná, com a Certidão nº 29, no Livro B-12, sob nº 14.252, por meio do Serventuário Ruy Ferreira da Luz. Abaixo segue o Contrato de Arrendamento na íntegra, com suas sete cláusulas.

Primeiramente, devido à política indigenista do período na qual o SPI buscava desenvolver a tutela e ações assistencialistas para com os indígenas, estes não tiveram participação enquanto partes do Contrato de Arrendamento, que foi assinado apenas pelo representante do órgão indigenista e da empresa de eletricidade.[16] O enunciado do Contrato deixa claro que além de tratar do arrendamento de uma área de terras, também estava sendo acordado as regras para o fornecimento de energia elétrica para a sede do PI Apucarana.

---

[16] A política indigenista do período considerava a capacidade civil relativa do indígena. Ver mais detalhes em Souza Lima (1992).

Quadro 1 – Contrato de arrendamento entre a EELSA e o SPI (06 nov. 1954)

Contrato de Arrendamento de uma área de terras e fornecimento de energia elétrica que fazem, de um lado o Serviço de Proteção aos Índios, representado pelo Snr. LOURIVAL DA MOTA CABRAL, brasileiro, maior, casado, Chefe da 7ª Inspetoria Regional do Serviço de Proteção aos Índios – Ministério da Agricultura, e de outro lado a EMPRESA ELÉTRICA LONDRINA S/A., concessionária de serviço público de produção, transmissão e distribuição de energia elétrica, representada pelo seu gerente em Londrina, Snr. MAURÍCIO SOARES BOTELHO, brasileiro, maior, casado, engenheiro.

I – O Serviço de Proteção aos Índios, na qualidade de titular de uma área de terras situadas na margem direita do rio Apucaraninha, no Município de Londrina, Estado do Paraná, área esta, em parte, já ocupada pela Empresa Elétrica de Londrina S/A., em virtude da concessão federal de exploração do serviço público de produção de energia elétrica, no Salto do rio Apucaraninha, objeto do decreto federal nº 20.418, de 17/01/1946, da em arrendamento pelo preço certo e ajustado de Três Mil Cruzeiros (Cr$ 3.000,00) mensais a referida Empresa Elétrica de Londrina S/A a área de terras presentemente ocupada com seus serviços, bem como a área de terras necessárias as obras e serviços de represamento do rio Apucaraninha, no local denominado Santo do Fiú, tendo como limite o termino do refluxo das águas provocado pela construção da barragem, no mencionado local, conforme as folhas nºs. 1 e 2 da planta, tendo somente a ressalvar o que consta da folha nº 3 da mesma planta que a divisa será tirada em linha reta da estaca nº 44 até a estaca nº 61, continuando a área compreendida entre as estacas nºs. 44, 45, 46, 47, 48, 49, 50, 51, 52, 53, 54, 55, 56, 57, 58, 59, 60 e 61, para uso exclusivo dos Serviço de Proteção aos Índios, cuja planta feita em duas vias, assinada por ambas as partes, constitue parte integrante do presente contrato.

II – A Empresa Elétrica de Londrina S/A., por outro lado, se obriga a fornecer para uso exclusivo do Serviço de Proteção aos Índios e seus prepostos, nas terras do Posto Indígena Apucarana, energia elétrica na potência máxima de 120 KVA.

III – O fornecimento será feito na tensão de 11 KV, mediante a tarifa e condições normais existentes para os demais consumidores dessa classe de fornecimento, ficando por conta do Serviço de Proteção aos Índios as despesas de construção da linha necessária, bem como dos transformadores, para-ráios e demais materiais necessários ao fornecimento, ora contratado.

IV – A energia a ser fornecida não poderá ser negociada nem transferida pelo consumidor não podendo também ser utilizada fora da área atual do Serviço de Proteção aos Índios, obedecidas também quanto ao mais as regras e condições existentes para os demais consumidores da fornecedora.

V – Os pagamentos mensais, tanto arrendamento das terras como o do consumo de energia, deverão ser efetuados, nos dez dias seguintes ao mês vencido, na sede da Empresa Elétrica de Londrina S/A. na cidade de Londrina, fazendo-se o encontro de contas, mediante compensação, fornecendo as partes contratantes, uma à outra, recibos assinados por pessoas devidamente credenciadas para isso.

VI – O prazo da duração do presente contrato é o da duração da concessão federal outorgada a Empresa Elétrica de Londrina S/A., prorrogando-se concomitantemente com a mesma.

VII – O presente contrato foi lavrado por estarem as partes justas e acordadas no acima estipulado, pelo que foi este lavrado em duas vias, devidamente assinadas, pelos contratantes e pelas testemunhas abaixo.

O presente contrato está isento do imposto do sêlo, em virtude do disposto no artigo 1º, do decreto lei nº 2.281, de 5 de junho de 1940. Londrina, 6 de novembro de 1954.

Empresa Elétrica de Londrina S/A – Mauricio Soares Botelho (gerente)

Lourival da Mota Cabral

Testemunhas: Rui Barbosa de Castro e Octavio Battini

Fonte: SPI, 11 fev. 1955, Fl. 18-19.

Em sua cláusula I, o contrato definiu o valor mensal – Cr$ 3.000,00 (três mil cruzeiros) – a ser pago pela Eelsa ao SPI, a partir da data de assinatura do acordo, pelas terras que já estavam ocupadas pela empresa, desde o início das obras da hidrelétrica, em 1946, e por aquela área que ainda seria ocupada até finalizar as obras da barragem para o represamento das águas na terceira etapa da usina, que estava em andamento (Barragem do Fihú).

Fotografia 8 – Obras de construção da represa do Fihú no rio Apucaraninha

Fonte: Acervo Museu Histórico de Londrina – UEL

Fotografia 9 – Construção da barragem do Fihú

Fonte: Acervo Museu Histórico de Londrina – UEL

Nota-se ainda, na Cláusula I, que não se firmou um acordo retroativo sobre a utilização das terras na margem direita do rio Apucaraninha, em território indígena, há mais de oito anos com obras para a construção e a instalação do empreendimento hidrelétrico. A ênfase ao Decreto Federal nº 20.418, de 17 de janeiro de 1946, que transferiu a exploração hidráulica do Salto Apucaraninha à Eelsa, reforça o interesse desta empresa em definir a área utilizada como de utilidade pública, para exploração do serviço de produção de eletricidade, conforme legislação do setor elétrico naquele instante, isentando-se de pagamentos de arrendamentos ao SPI. Como é dito no contrato, a Eelsa já ocupava uma área de terras devido à concessão federal, ou seja, não havia o que questionar sobre valores retroativos.

Outra observação em relação a esta Cláusula I é a não delimitação da área arrendada em hectares ou alqueires. O contrato cita apenas a planta da área, inclusive com uma parte no seu interior, que ficaria para uso do SPI, onde estava instalada a serraria citada anteriormente. Define também uma fronteira seca, demarcada com estacas, mas sem citar qual era o tamanho da área.

A II abordou a contrapartida da Eelsa, que além dos Cr$ 3.000,00 mensais, deveria fornecer energia elétrica ao PI Apucarana, em potência máxima de 120 KVA. Entretanto, conforme Cláusula III, o órgão indigenista deveria pagar por esse fornecimento, seguindo as condições tarifárias e classes de consumo, estabelecidas pela legislação do setor elétrico vigente no período e estabelecida pela Eelsa. Além de pagar pelo fornecimento, o SPI tinha que providenciar, por conta própria, a construção da rede elétrica e todos os equipamentos necessários para receber a eletricidade. Ações, contudo, que o órgão indigenista já estava providenciando, conforme já demonstrado.

O Contrato de Arrendamento estabeleceu ainda, em sua cláusula IV, que a energia elétrica fornecida ao PI Apucarana não poderia ser repassada a outros consumidores, nem ser utilizada fora da área pertencente aos indígenas. Além disso, era necessário seguir as regras e normas de fornecimento igualmente aos demais consumidores, estipuladas pela concessionária.

A Cláusula V tratou das regras para o pagamento, tanto do valor do arrendamento, quanto do fornecimento de energia elétrica, definindo que todo dia 10 de cada mês, no escritório da Eelsa, em Londrina, seria realizado o encontro de contas, com emissão e assinatura de recibos pelas duas partes. Como será demonstrado, o valor do arrendamento pago pela concessionária era sempre equivalente ao valor pago pelo órgão indigenista, ou seja, Cr$ 3.000,00, como se não houvesse uma medição da energia elétrica efetivamente consumida, mas simplesmente um acordo entre as partes, que nem repassava entre si o valor em espécie, já que nos balancetes de prestação de contas do PI Apucarana, os três mil cruzeiros que entravam como arrendamento, saíam como pagamento à Eelsa.

Outro ponto importante do Contrato de Arrendamento era a sua duração, que corresponderia ao prazo de concessão do Governo Federal, presente no Decreto nº 20.418, de 1946, que estabelecia um prazo de 30 anos para a concessionária explorar os serviços de produção de energia elétrica, ou seja, a validade do contrato entre Eelsa e SPI seria até o ano de 1976. Contudo, definia que caso ocorresse a prorrogação da concessão, se daria também a prorrogação do Contrato de Arrendamento, conforme sua Cláusula VI.

Por último, conforme Cláusula VII, reafirmou-se o acordo entre as partes e suas assinaturas. Importante relembrar que não houve a participação de nenhum representante indígena, mas apenas do órgão indigenista, considerado o regime tutelar da política indigenista do período.

3.1 As prestações de contas do PI Apucarana e o fornecimento de energia elétrica ao posto

Após a celebração do acordo e assinatura do Contrato de Arrendamento entre a Eelsa e o SPI, iniciava-se os trâmites para os acertos financeiros mensais estabelecidos. O primeiro Recibo emitido pelo PI Apucarana, data de 2 de janeiro de 1955, praticamente dois meses após a assinatura do contrato. Nele consta o pagamento da Eelsa, no total de Cr$ 6.000,00, referente ao arrendamento das terras nos meses de novembro e dezembro de 1954. O recibo, conforme Imagem 4, era assinado pelo encarregado do PI Apucarana, Alan Cardec.

A partir desse primeiro recibo, todo final de mês era emitido um novo, com o valor mensal de Cr$ 3.000,00, como o exemplo da Imagem 5, assinado em 30 de janeiro de 1955.

Semestralmente, o encarregado do PI Apucarana emitia a prestação de contas com as receitas e as despesas do período. Como já mencionado, as prestações de contas do PI Apucarana evidenciam um acordo entre o órgão indigenista e a Eelsa, pois os valores de entrada e de saída, referentes ao arrendamento das terras e ao fornecimento de energia elétrica, eram os mesmos. A exceção encontra-se na prestação de contas do primeiro semestre de 1955, emitida por Alan Cardec, em 30 de junho de 1955, conforme Imagem 6.

Imagem 4 – Recibo de pagamento da EELSA assinado por Alan Cardec em 02 jan. 1955

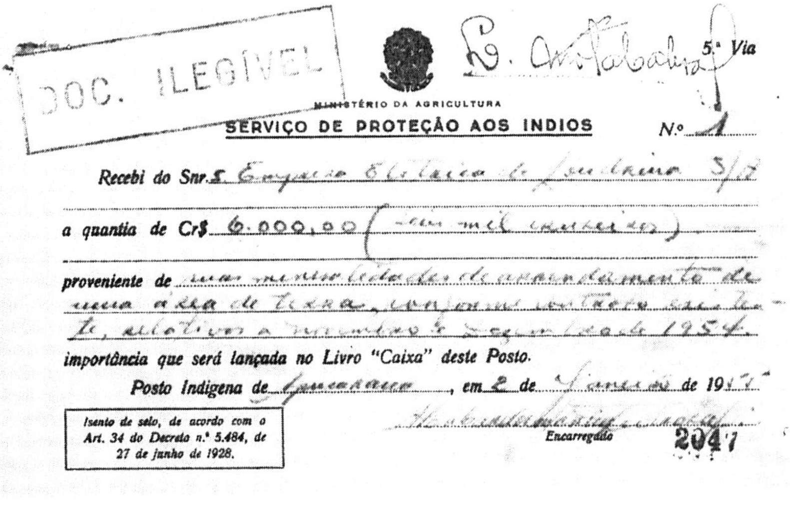
DOC. ILEGÍVEL

5.ª Via

MINISTÉRIO DA AGRICULTURA

SERVIÇO DE PROTEÇÃO AOS INDIOS N.º 1

Recebi do Snr.s Empresa Elétrica de Londrina S/A

a quantia de Cr$ 6.000,00 (seis mil cruzeiros)

proveniente de [illegible]

importância que será lançada no Livro "Caixa" deste Posto.

Posto Indígena de Apucarana, em 2 de janeiro de 1955

Encarregado 2047

Isento de selo, de acordo com o Art. 34 do Decreto n.º 5.484, de 27 de junho de 1928.

Fonte: SPI, 02 jan. 1955, Filme 48, Fotograma 1896.

Imagem 5 – Recibo de pagamento da EELSA assinado por Alan Cardec em 30 jan. 1955

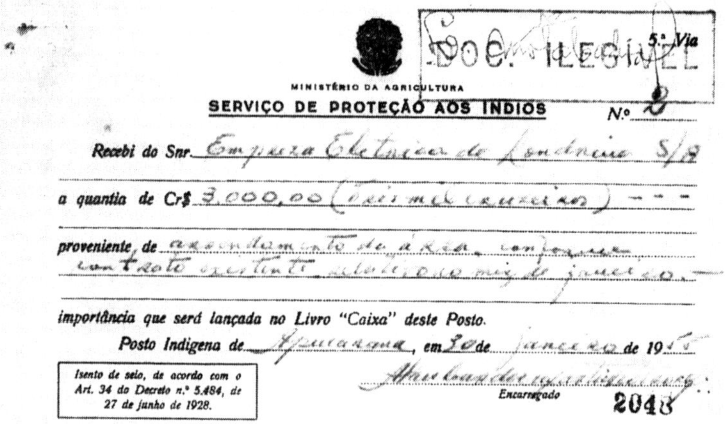

DOC. ILEGÍVEL

5.ª Via

MINISTÉRIO DA AGRICULTURA

SERVIÇO DE PROTEÇÃO AOS ÍNDIOS

Nº 8

Recebi do Snr. Empreza Eletrica de Londrina S/A

a quantia de Cr$ 3.000,00 (três mil cruzeiros) - - -

proveniente de arrendamento da área, conforme contrato existente, relativo ao mês de janeiro. —

importância que será lançada no Livro "Caixa" deste Posto.

Posto Indigena de Apucarana, em 30 de janeiro de 1955

Isento de selo, de acordo com o Art. 34 do Decreto n.º 5.484, de 27 de junho de 1928.

Encarregado

2048

Fonte: SPI, 30 jan. 1955, Filme 48, Fotograma 1896.

O denominado Movimento da Renda Indígena do primeiro semestre de 1955 demonstra sete pagamentos da Eelsa, sendo seis de Cr$ 3.000,00 (janeiro a junho de 1955) e um de Cr$ 6.000,00 (novembro a dezembro de 1954), somando um total de Cr$ 24.000,00, referente ao arrendamento das terras nesse período de oito meses. Entretanto, o valor pago pelo SPI à Eelsa, devido ao fornecimento de energia elétrica, nesse mesmo período, foi de Cr$ 13.649,50. Esta informação está presente tanto no Movimento da Renda Indígena, quanto nos Recibos assinados pelo gerente da Eelsa, em Londrina, Fernando de Barros Pinto.

Imagem 6 – Movimento da renda indígena: primeiro semestre de 1955 (parte I)

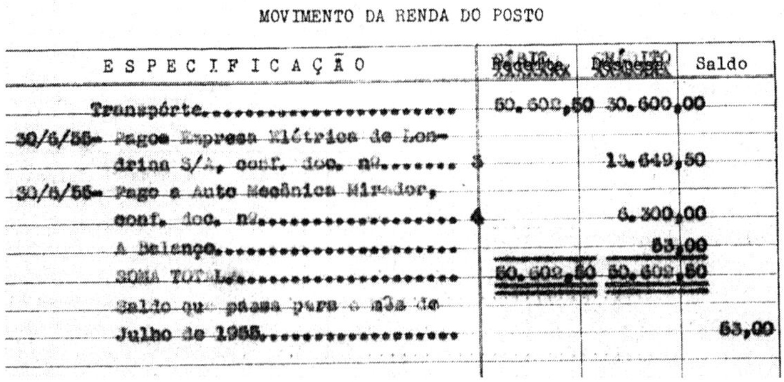

MOVIMENTO DA RENDA DO POSTO

ESPECIFICAÇÃO	Receita	Despesa	Saldo
Transpórte........................	50.602,50	30.600,00	
30/6/55- Pago a Empresa Elétrica de Londrina S/A, conf. doc. nº........ 3		13.649,50	
30/6/55- Pago a Auto Mecânica Mirador, conf. doc. nº.................. 4		6.300,00	
A Balanço........................		53,00	
SOMA TOTAL........................	50.602,50	50.602,50	
Saldo que passa para o mês de Julho de 1955..................			53,00

Fonte: SPI, 30 jun. 1955, Filme 48, Fotograma 1895.

A análise dessa prestação de contas permite afirmar que, em comparação com a receita proveniente do Contrato de Arrendamento com a Eelsa, o PI Apucarana recebeu Cr$ 10.350,50 a mais do que pagou pelo consumo de energia elétrica entre novembro de 1954 a junho de 1955. Como demonstrado nas próximas prestações de contas, esse período foi o único que apresentou essa distinção de valores, pois em todas as demais, as entradas, referentes ao Contrato de Arrendamento das terras pela Eelsa, se equivaleriam às saídas oriundas do pagamento do SPI pelo consumo de eletricidade.

Uma possibilidade foi a não conexão da rede elétrica, construída pelo órgão indigenista, ao sistema elétrico da concessionária, constante na usina do Apucaraninha, no momento da celebração do Contrato de Arrendamento. Pode ser que o fornecimento tenha se estabelecido apenas no decorrer do semestre em questão e a cobrança ter sido proporcional, embora no recibo esteja claro que o valor pago corresponderia ao período de novembro de 1954 a junho de 1955.

Imagem 7 – Movimento da renda indígena: primeiro semestre de 1955 (parte II)

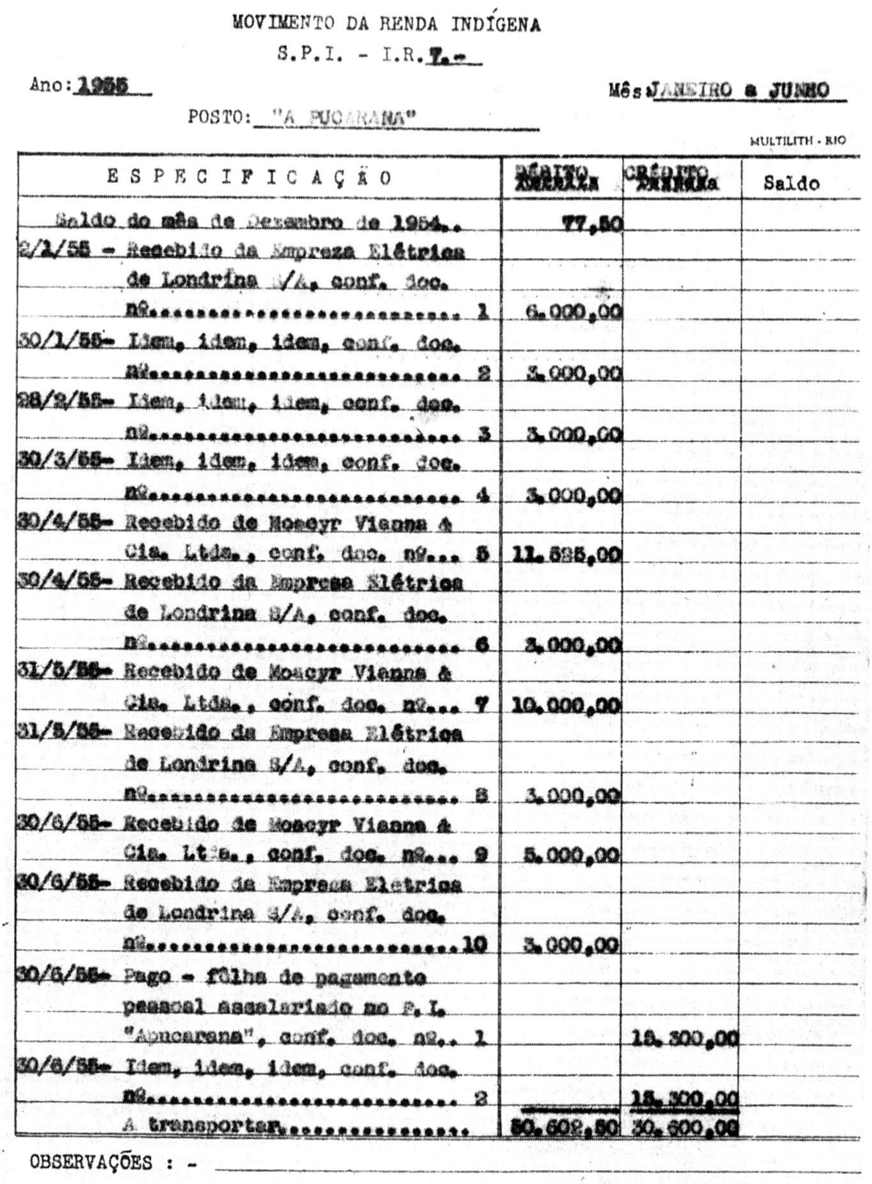

MOVIMENTO DA RENDA INDÍGENA
S.P.I. - I.R.7.-

Ano: **1955** Mês: **JANEIRO a JUNHO**
POSTO: "A PUCARANA"

MULTILITH - RIO

ESPECIFICAÇÃO	Débito	Crédito	Saldo
Saldo do mês de Dezembro de 1954..	77,50		
2/1/55 - Recebido da Empreza Elétrica de Londrina S/A, conf. doc. nº............ 1	6.000,00		
30/1/55- Idem, idem, idem, conf. doc. nº............................ 2	3.000,00		
28/2/55- Idem, idem, idem, conf. doc. nº............................ 3	3.000,00		
30/3/55- Idem, idem, idem, conf. doc. nº............................ 4	3.000,00		
30/4/55- Recebido de Moacyr Vianna & Cia. Ltda., conf. doc. nº... 5	11.525,00		
30/4/55- Recebido da Empresa Elétrica de Londrina S/A, conf. doc. nº............................ 6	3.000,00		
31/5/55- Recebido de Moacyr Vianna & Cia. Ltda., conf. doc. nº... 7	10.000,00		
31/5/55- Recebido da Empresa Elétrica de Londrina S/A, conf. doc. nº............................ 8	3.000,00		
30/6/55- Recebido de Moacyr Vianna & Cia. Ltda., conf. doc. nº... 9	5.000,00		
30/6/55- Recebido da Empresa Elétrica de Londrina S/A, conf. doc. nº............................ 10	3.000,00		
30/6/55- Pago - fôlha de pagamento pessoal assalariado no P.I. "Apucarana", conf. doc. nº.. 1		15.300,00	
30/6/55- Idem, idem, idem, conf. doc. nº............................ 2		15.300,00	
A transportar.................	50.602,50	30.600,00	

OBSERVAÇÕES : -

Fonte: SPI, 30 jun. 1955, Filme 48, Fotograma 1894.

Imagem 8 – Recibo de pagamento do SPI datado em 30 jun. 1955

> Cr$.13.649,50
>
> Recebemos do Sr. DIVAL JOSÉ DE SOUZA, Chefe Substituto da 7a. Inspetoria Regional do Serviço de Proteção aos Índios - Ministério da agricultura, a quantia acima de TREZE MIL, SEISCENTOS E QUARENTA E NOVE CRUZEIROS E CINQUENTA CENTAVOS (Cr$.13.649,50), proveniente do fornecimento que fizemos de energia elétrica ao Posto Indígena "Apucarana", da referida Inspetoria, durante os mêses de Novembro - Dezembro de 1954 e Janeiro - Fevereiro - Março - Abril - Maio e Junho de 1955, conforme contrato firmado com o Serviço de Proteção aos Índios. Para clareza, passamos o presente recibo em cinco (5) vias, para um só efeito, sendo a primeira (la.) via, devidamente selada.-

Fonte: SPI, 30 jun. 1955, Filme 48, Fotograma 1905.

Cumprindo com as determinações da IR7, o encarregado do PI Apucarana, Alan Cardec, emitiu novo Movimento da Renda Indígena, em 31 de dezembro de 1955, referente ao segundo semestre daquele ano. Todo último dia de cada mês do período tem o lançamento do pagamento da Eelsa de Cr$ 3.000,00, referente ao arrendamento das terras para a usina do Apucaraninha, totalizando Cr$ 18.000,00 (SPI, 31 dez. 1955, Filme 48, Fotograma 1910-1911). Exatamente o valor pago à concessionária pelo fornecimento de energia elétrica no semestre, conforme recibo datado em 31 de dezembro de 1955, assinado novamente pelo gerente da Eelsa, Fernando de Barros Pinto.

Imagem 9 – Recibo de pagamento do SPI datado em 31 dez. 1955

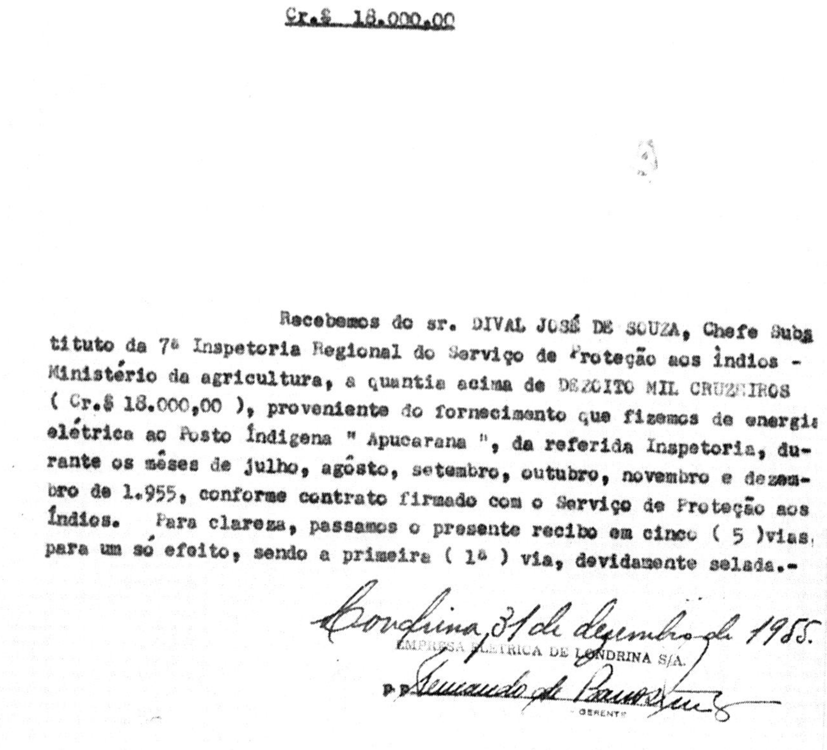

> Cr.$ 18.000,00
>
> Recebemos do sr. DIVAL JOSÉ DE SOUZA, Chefe Substituto da 7ª Inspetoria Regional do Serviço de Proteção aos Índios - Ministério da agricultura, a quantia acima de DEZOITO MIL CRUZEIROS (Cr.$ 18.000,00), proveniente do fornecimento que fizemos de energia elétrica ao Posto Indígena " Apucarana ", da referida Inspetoria, durante os meses de julho, agôsto, setembro, outubro, novembro e dezembro de 1.955, conforme contrato firmado com o Serviço de Proteção aos Índios. Para clareza, passamos o presente recibo em cinco (5)vias, para um só efeito, sendo a primeira (1ª) via, devidamente selada.-
>
> Londrina, 31 de dezembro de 1955.

Fonte: SPI, 31 dez. 1955, Filme 48, Fotograma 1932.

Durante o ano de 1956, continuaram as prestações de contas. Contudo, a primeira somente ocorreu em 30 de setembro daquele ano, quando Alan Cardec preencheu o Movimento da Renda Indígena do PI Apucarana, referente aos nove primeiros meses. Novamente, todo último dia de cada mês havia o lançamento dos Cr$ 3.000,00 pagos pela Eelsa relacionado às terras utilizadas pela usina do Apucaraninha, totalizando Cr$ 27.000,00. Esse mesmo valor foi registrado como despesa, em virtude do consumo de energia elétrica, pago à empresa de eletricidade, referente ao período de janeiro a setembro de 1956 (SPI, 30 set. 1956, Filme 48, Fotograma 1980-1981). O recibo, datado em 29 de setembro de 1956, assinado por Rui Barbosa de Castro, empregado da Eelsa, no escritório em Londrina, comprova esse pagamento (SPI, 29 set. 1956, Filme 73, Fotograma 1920).

Ao final do ano, em 31 de dezembro, Alan Cardec concluiu a prestação de contas de 1956, citando as entradas dos Cr$ 3.000,00, referente ao arrendamento das terras pela Eelsa, nos meses de outubro, novembro e dezembro de 1956 e no mesmo dia foi emitido o recibo de pagamento à Eelsa de Cr$ 9.000,00, referente ao consumo de energia elétrica no PI Apucarana (SPI, 31 dez. 1956, Filme 73, Fotograma 1927).

E assim continuaram os acertos entre o órgão indigenista e a empresa de energia elétrica, expostos de forma sucinta na Tabela 1.

Tabela 1 – Prestações de contas entre a EELSA e o PI Apucarana (1957-1967)

Ano	Mês	Valor pago pela Eelsa	Valor pago pela SPI	Fonte
1957	Jan-Jun	Cr$ 18.000,00	Cr$ 18.000,00	SPI, 30 jun. 1957, Filme 49, Fotogramas 92-93
1957	Jul-Set	Cr$ 9.000,00	Cr$ 9.000,00	SPI, 30 set. 1957, Filme 49, Fotogramas 94-95
1957	Out-Dez	Cr$ 9.000,00	Cr$ 9.000,00	SPI, 31 dez. 1957, Filme 49, Fotogramas 96-97
1958	Jan-Jun	Cr$ 18.000,00	Cr$ 18.000,00	SPI, 30 jun. 1958, Filme 49, Fotogramas 240-241
1958	Jul-Nov	Cr$ 15.000,00	Cr$ 15.000,00	SPI, 30 nov. 1958, Filme 49, Fotogramas 274-297
1958	Dez	Cr$ 3.000,00	Cr$ 3.000,00	SPI, 31 dez. 1958, Filme 49, Fotogramas 373-374
1959	Jan	Cr$ 3.000,00	Cr$ 3.000,00	SPI, 31 jan. 1959, Filme 49, Fotogramas 383-384
1959	Fev-Set	Cr$ 24.000,00	Cr$ 24.000,00	SPI, 30 set. 1959, Filme 49, Fotogramas 352-353
1959	Out-Dez	Cr$ 9.000,00	Cr$ 9.000,00	SPI, 31 dez. 1959, Filme 71, Fotogramas 1574-1575
1960	Jan-Jun	Cr$ 18.000,00	Cr$ 18.000,00	SPI, 30 jun. 1960, Filme 71, Fotogramas 1580-1584
1960	Jul-Ago	Cr$ 6.000,00	Cr$ 6.000,00	SPI, 31 ago. 1960, Filme 71, Fotogramas 1586-1590
1960	Set-Dez	Cr$ 12.000,00	Cr$ 12.000,00	SPI, 31 dez. 1960, Filme 71, Fotogramas 1597-1601

Ano	Mês	Valor pago pela Eelsa	Valor pago pela SPI	Fonte
1961	Jan-Abr	Cr$ 12.000,00	Cr$ 12.000,00	SPI, 30 abr. 1961, Filme 71, Fotogramas 1603-1604
1961	Mai-Jul	Cr$ 9.000,00	Cr$ 9.000,00	SPI, 31 jul. 1961, Filme 71, Fotogramas 1614-1615
1961	Ago-Nov	Cr$ 12.000,00	Cr$ 12.000,00	SPI, 30 nov. 1961, Filme 71, Fotogramas 1620-1621
1961	Dez	Cr$ 3.000,00	Cr$ 3.000,00	SPI, 31 dez. 1961, Filme 71, Fotogramas 1626-1627
1962	Jan-Dez	Cr$ 36.000,00	Cr$ 36.000,00	SPI, 1962, Filme 71, Fotogramas 1632-1685
1963	Jan-Dez	Cr$ 36.000,00	Cr$ 36.000,00	SPI, 1963, Filme 68, Fotogramas 2112-2126
1964	Jan-Dez	Cr$ 36.000,00	Cr$ 36.000,00	SPI, 1964, Filme 68, Fotogramas 2199-2223
1965	Jan-Dez	Cr$ 36.000,00	Cr$ 36.000,00	SPI, 1965, Filme 68, Fotogramas 2330-2361
1966	Jan-Jun	Cr$ 18.000,00	Cr$ 18.000,00	SPI, 30 jun. 1966, Filme 69, Fotogramas 110-143
1966	Jul-Dez	NCr$ 18,00	NCr$ 18,00	SPI, 31 dez. 1966, Filme 69, Fotogramas 268-269
1967	Jan-Jun	NCr$ 18,00	NCr$ 18,00	SPI, 30 jun. 1967, Filme 69, Fotogramas 270-271
1967	Jul-Dez	NCr$ 18,00	NCr$ 18,00	SPI, 31 dez. 1967, Filme 69, Fotograma 272; Filme 71, Fotograma 1722

Fonte: elaborada pelo autor após análise da documentação do SPI.

Outrossim, visivelmente não se cumpria uma das cláusulas do Contrato de Arrendamento, pois diversas vezes não ocorria o pagamento mensal, ou o acerto de contas todo mês, acumulando alguns meses, tanto nos pagamentos da Eelsa pelas terras arrendadas, quanto nos pagamentos do SPI, pela energia elétrica consumida no PI Apucarana. Os recibos, assinados pelas partes, comprovam que ambos os pagamentos entre o órgão indigenista e a empresa de eletricidade não ocorriam de forma mensal.

Exemplificando, em 1964, os recibos emitidos e assinados pelo representante da concessionária e pelo recém nomeado encarregado do PI Apucarana, João Garcia de Lima, evidenciam um longo período sem a realização do encontro de contas em questão, sendo realizado apenas ao final daquele ano. Em outros anos, isso também acabou ocorrendo. Destaca-se a mudança política no Brasil, após o Golpe de 1964, que promoveu alterações no comando do SPI e consequentemente nos próprios PIs, como foi o caso do PI Apucarana. Como demonstra Souza Lima (1992), era uma forma do Governo Federal buscar uma visibilidade positiva dos aparelhos de Estado no Brasil, desejando assegurar financiamentos externos, expansão econômica e avanço das fronteiras agrícolas no país.

Como será demonstrado, o órgão indigenista passou a ver com mais detalhes o Contrato de Arrendamento junto a Eelsa, buscando levantar informações mais detalhadas, para encaminhar novas negociações. Em 31 de dezembro de 1964, o encarregado do PI Apucarana, João Garcia de Lima, enviou o Ofício nº 3, ao chefe da IR7, em Curitiba, que, entre outras informações, comunicava a emissão da "[...] prestação de contas, referente arrendamento de terras, conforme contrato existente entre o SPI e a Empresa Elétrica de Londrina" (SPI, 31 dez. 1964, Filme 68, Fotograma 2226).

Imagem 10 – Recibo de pagamento da EELSA (julho/1966 a junho/1967)

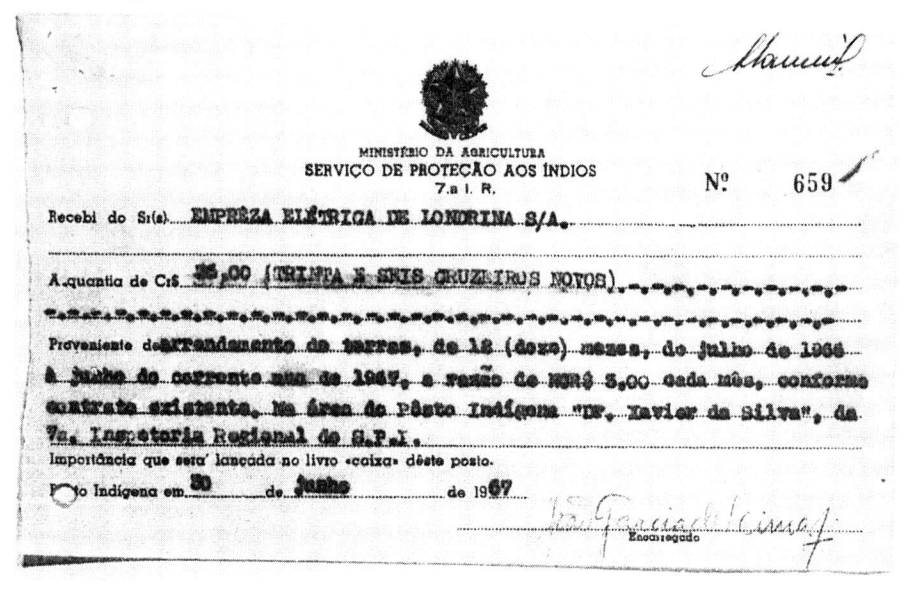

Fonte: SPI, 30 jun. 1967, Filme 69, Fotograma 268.

A partir do segundo semestre de 1966, ocorreu uma mudança na moeda, passando a ser o Cruzeiro Novo (NCr$), exemplificado pelo Recibo de Pagamento da Eelsa, constante na Imagem 10, referente ao arrendamento de terras pela usina do Apucaraninha, no período de julho de 1966 a junho de 1967. Apesar das mudanças na estrutura administrativa do órgão indigenista, permanecia inalterado o encontro de contras entre a Eelsa e o PI Apucarana, que pagava NCr$ 3,00 mensais a empresa de eletricidade, devido ao fornecimento de energia elétrica a sede do Posto. O Recibo de Pagamento do SPI, datado em 31 de dezembro de 1967 (Imagem 11), assinado pelo chefe de escritório da Eelsa, em Londrina, Rui Barbosa de Castro, exemplifica o valor mensal, totalizando NCr$ 6,00, referente aos meses de novembro e dezembro de 1967.

Imagem 11 – Recibo de pagamento do SPI em 31 dez. 1967

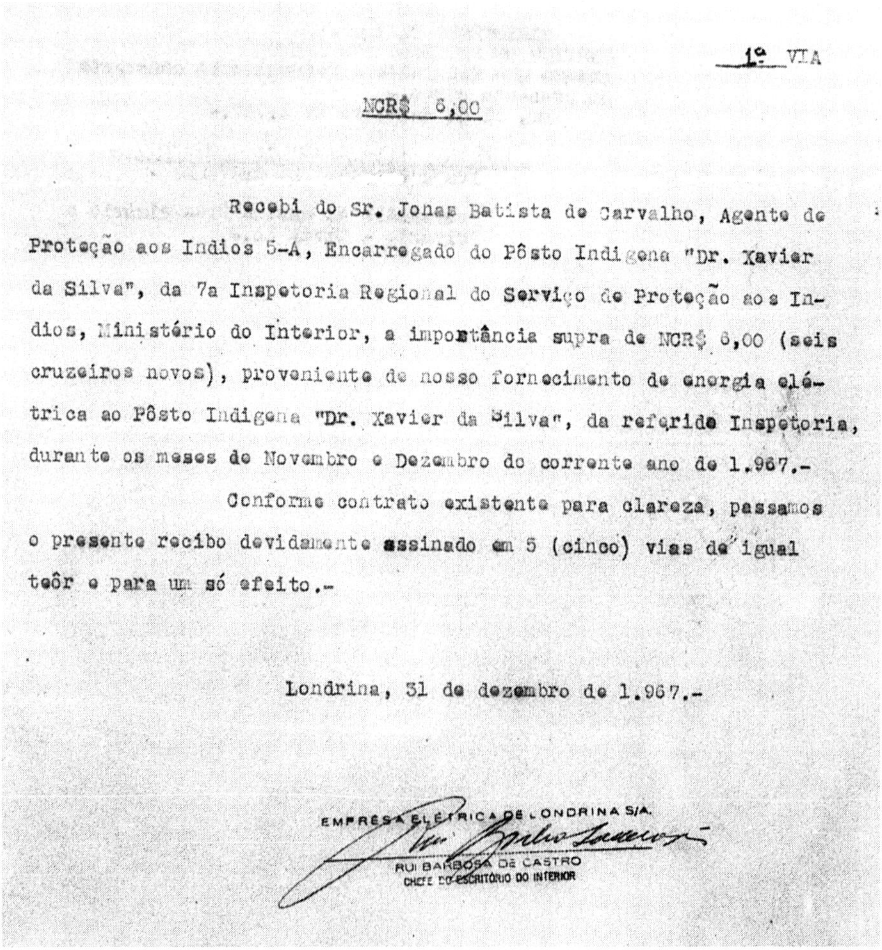

1ª VIA

NCR$ 6,00

Recebi do Sr. Jonas Batista de Carvalho, Agente de Proteção aos Indios 5-A, Encarregado do Pôsto Indigena "Dr. Xavier da Silva", da 7a Inspetoria Regional do Serviço de Proteção aos Indios, Ministério do Interior, a importância supra de NCR$ 6,00 (seis cruzeiros novos), proveniente de nosso fornecimento de energia elétrica ao Pôsto Indigena "Dr. Xavier da Silva", da referida Inspetoria, durante os meses de Novembro e Dezembro do corrente ano de 1.967.-

Conforme contrato existente para clareza, passamos o presente recibo devidamente assinado em 5 (cinco) vias de igual teôr e para um só efeito.-

Londrina, 31 de dezembro de 1.967.-

EMPRESA ELÉTRICA DE LONDRINA S/A.
RUI BARBOSA DE CASTRO
CHEFE DO ESCRITÓRIO DO INTERIOR

Fonte: SPI, 31 dez. 1967, Filme 71, Fotograma 1722.

Da mesma forma, em 31 de dezembro de 1967, a Eelsa pagou ao órgão indigenista NCr$ 6,00, referente ao arrendamento das terras pela empresa, nos meses de novembro a dezembro daquele ano, conforme recibo abaixo, assinado pelo encarregado do PI Apucarana, Jonas Batista de Carvalho. Naquele momento, as mudanças no contexto político nacional, bem como a extinção do SPI e a criação da Funai, promoveram alterações na composição do órgão indigenista, destacando a mudança na chefia da IR7, que estava nas mãos de Sebastião Lucena da Silva.[17]

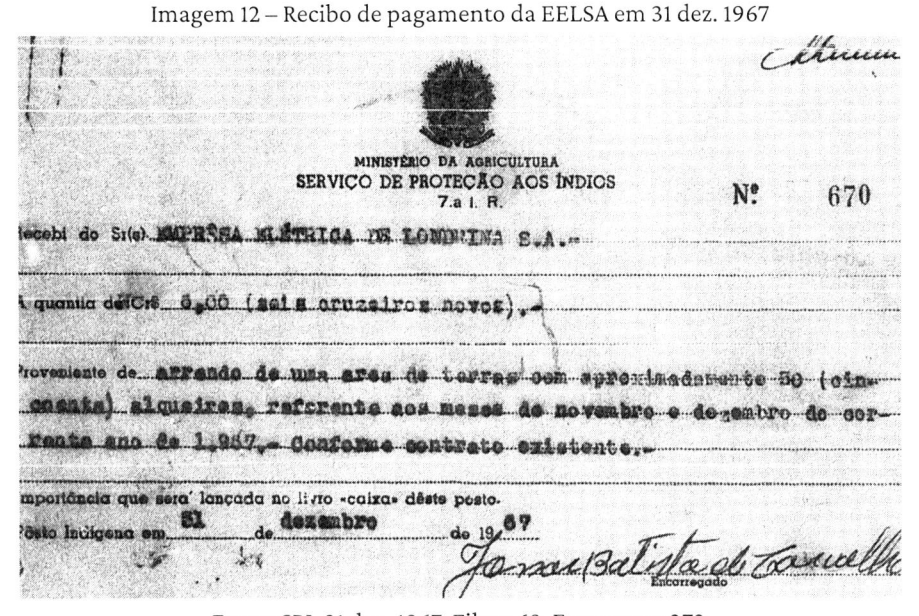

Imagem 12 – Recibo de pagamento da EELSA em 31 dez. 1967

Fonte: SPI, 31 dez. 1967, Filme 69, Fotograma 272.

Esses últimos recibos, novamente revelam o acordo entre o órgão indigenista e a empresa de energia elétrica, na realização apenas do encontro de contas. Como destacado, quando da análise do Contrato de Arrendamento, nem sequer o tamanho da área utilizada pela usina do Apucaraninha foi mencionado, como se não houvesse preocupação com tal informação. Entretanto, a situação se modificaria com o passar dos anos, sobretudo, com a vertiginosa valorização das terras em toda região norte do estado do Paraná, somado ao fato que, desde a elaboração do

---

[17] Na verdade, com a criação da Funai, as Inspetorias Regionais (IRs) passaram a se chamar Delegacias Regionais (DRs). Ver mais detalhes em: Oliveira; Freire (2006).

Contrato de Arrendamento, não havia ocorrido nenhum acréscimo ao valor pago pela Eelsa ao órgão indigenista, além das demandas de eletricidade do PI Apucarana, não atendidas totalmente pela concessionária de energia elétrica.

3.2 Questionamentos sobre o contrato de arrendamento entre Eelsa e SPI

No contexto de múltiplos sujeitos envolvidos, a convergência de interesses não foi a única relação existente entre os agentes do órgão indigenista e da concessionária, além, é claro, da própria comunidade indígena. Em muitos momentos, prevaleceram as divergências de interesses, resultando em questionamentos calorosos, debates tensos e clima de instabilidade. Dentro do próprio SPI, os contratos de arrendamento eram um assunto considerado polêmico e que acirrou ainda mais com as denúncias de irregularidades e favorecimentos ilícitos. Essa questão somada a precariedade do fornecimento de energia elétrica no PI Apucarana, bem como novas demandas por eletricidade e encarecimento vertiginoso das terras daquela região, onde se assentou a usina do Apucaraninha, provocaram novos olhares ao Contrato de Arrendamento entre a Eelsa e o SPI.

Os arrendamentos eram muito comuns entre o SPI e terceiros, tanto de área de terras para lavoura, quanto para extração de madeiras e demais recursos naturais. O contrato celebrado com a Eelsa era mais um acordo entre o órgão indigenista e um elemento externo (não indígena), embora tenha sido o primeiro dessa natureza (empreendimento hidráulico), em que uma parte das terras oficialmente destinada aos indígenas, fosse arrendada para a construção e instalação de uma hidrelétrica.

Destarte, esses contratos eram motivos de muitos debates entre os representantes do SPI e de todo o Ministério da Agricultura, devido as irregularidades presentes nos arrendamentos, as suspeitas de desvio de verbas, privilégios para alguns arrendatários, prejuízo aos indígenas, entre outros. A Portaria nº 450, de 24 de abril de 1956, revela essas tensões, ao decidir pela proibição da exploração de madeiras e outras riquezas naturais em terras pertencentes ao órgão indigenista. Assinado pelo então Ministro da Agricultura, Ernesto Dornelles, a portaria assim determinava:

> [...] Considerando que constitui dever do Serviço de Proteção aos Índios (SPI), como órgão tutelar do índio, nos

> termos da legislação específica que rege o assunto, prestar-lhe proteção e assistência, resguardando-o da opressão e espoliação da sua propriedade; Considerando que [...] a exploração da riquezas naturais existentes nas áreas indígenas, das indústrias extrativistas, inclusive madeiras, ou de quaisquer outras fontes de rendimento relacionadas com o patrimônio indígena, constitui atribuição do próprio serviço, em colaboração com os órgãos técnicos do Ministério; Considerando que [...] não se justifica que o serviço contrate com terceiros a exploração dessas riquezas, em detrimento do índio seu legítimo proprietário e que, por isso mesmo, deve ele mesmo, com a assistência direta dos órgãos competentes deste Ministério, se encarregar dessa exploração, para que as rendas apuradas possam reverter em seu próprio benefício; Considerando, enfim, os grandes inconvenientes decorrentes do regime de contratos com estranhos para exploração dessas riquezas, não só no que diz respeito aos prejuízos de ordem material, mas, sobretudo, de ordem moral, em consequência dos abusos praticado contra o índio indefeso, resolve: A) Proibir terminantemente a celebração de novos contratos para exploração de madeiras e outra riquezas naturais por ventura existentes nas áreas que integram o patrimônio indígena, respeitados os celebrados até a presente data, que serão considerados caducos, desde que os concessionários respectivos deixem de cumprir quaisquer das suas cláusulas; B) Determinar que o próprio Serviço, em colaboração com órgãos técnicos do Ministério, se encarregue dessa exploração, na qual serão utilizado preferencialmente o elemento indígena, em cujo benefício deverá reverter a renda decorrente dessa exploração (SPI, 24 abr. 1956, Filme 74, Fotograma 1424).

A proibição determinada por essa portaria evidencia as irregularidades e graves problemas decorrentes dos contratos de arrendamento celebrados pelo SPI com terceiros, na exploração dos recursos naturais existentes nos territórios pertencentes aos indígenas, com prejuízos para estes e ao órgão tutelar, destacando ainda os abusos contra os indígenas, desde a exploração da sua mão de obra, aos atos de violência e perseguição no interior das suas terras. Determinou-se ainda que o próprio SPI, auxiliado por demais órgãos técnicos do Ministério da Agricultura, realizasse diretamente os serviços de exploração, sem envolvimento de terceiros. Dessa forma, ao estipular a utilização do sujeito indígena, nas atividades de exploração dos recursos naturais, pregava o pagamento justo da sua mão de obra. Como demonstrado, esse era justamente o principal objetivo da política indigenista da época: integrar o indígena na sociedade nacional, por meio principalmente do trabalho.

Essa foi a justificativa, por exemplo, do órgão indigenista quando do relatório de Deocleciano de Souza Nenê, após sua visita às obras da usina do Apucaraninha, em 1947. A presença de mão de obra indígena na construção da hidrelétrica foi citada pelo inspetor Nenê, como forma de concordar com a continuação das obras, pois corroborava com a política indigenista de assimilação e a visão integracionista do SPI naquele momento.[18] Embora a Portaria nº 450 não tenha definido pormenores sobre a exploração de quedas d'água, não dá para negar sua relação direta também com esse recurso natural. Contudo, não se tratava de uma atividade ao alcance do órgão indigenista, sem contar que a Eelsa, enquanto concessionária, tinha respaldo do Governo Federal e de toda a política do setor elétrico. Vale relembrar que tanto a Divisão de Águas, quanto o SPI, estavam lotados no Ministério da Agricultura. Esta organização administrativa mudou após a criação do Ministério de Minas e Energia (MME).

Exatamente um mês após a publicação da Portaria nº 450, o chefe substituto da IR7, Dival José de Souza, por meio da Circular nº 66, enviou para todos os PIs da sua jurisdição, o Memorando nº 159, elaborado por Lincoln Allison Pope, chefe da Seção de Orientação e Assistência (SOA) do SPI, que mencionava os cuidados para a interpretação da citada Portaria, "[...] evitando, assim, equivocas interpretações por parte dos servidores responsáveis" (SPI, 24 maio 1957, Filme 76, Fotograma 1817), acrescentando o seguinte:

> Fica proibida a celebração de novos contratos para:
>
> a) a exploração de madeira, compreendendo cortes, derrubadas, desdobramentos e outra qualquer atividade, no ramo da indústria madeireira;
>
> b) a exploração de minérios, sob qualquer espécie de etapa da indústria extrativa mineral;
>
> c) a exploração de culturas agrícolas, em sentido geral;
>
> d) o arrendamento de terras para cultura agrícola, ou outro fim qualquer;

---

[18] Essa questão sobre o trabalho com mão de obra indígena na construção da usina do Apucaraninha será melhor tratada na Parte II.

e) enfim, a exploração de qualquer bem ou riqueza natural, pertencente ao patrimônio indígena (SPI, 24 maio 1957, Filme 76, Fotograma 1817).

Dessa forma, o órgão indigenista, que vinha sofrendo graves críticas em sua atuação, procurava enrijecer a política dos arrendamentos, concentrando a exploração dos recursos naturais dentro do próprio SPI, contando com apoio técnico do pessoal lotado no Ministério da Agricultura. Novamente, não se faz presente menção direta à exploração de quedas d'água e a área de terras utilizadas por empreendimentos hidráulicos em território indígena. Como já descrito, a legislação do setor elétrico e a própria Constituição Federal do período não abordavam ainda a questão *hidrelétricas e povos indígenas*. Esse debate apenas se deu a partir de meados da década 1970. Entretanto, o contrato celebrado com a Eelsa poderia se enquadrar na letra *e* do Memorando acima exposto, que ainda dizia:

> Serão respeitados, porém os contratos já existentes, celebrados em época anterior à Portaria Ministerial, com a ressalva de que terão sua vigência anulada ou rescindida, desde que os concessionários respectivos deixem de cumprir quaisquer das duas cláusulas (SPI, 24 maio 1957, Filme 76, Fotograma 1817).

Essas novas diretrizes obrigaram os representantes do SPI a olhar com mais atenção para o Contrato de Arrendamento celebrado com a Eelsa. Soma-se a isso, outro fator preponderante para o desenvolvimento das atividades do PI Apucarana: o fornecimento de energia elétrica, bastante precário e insuficiente.

O relatório mensal de dezembro de 1960, enviado pelo encarregado Alan Cardec ao chefe da IR7, Dival José de Souza, informou a presença de uma população de 224 indígenas, bem como prestou detalhes da produção de leite e milho, além da criação de animais e uma área de roçada para o plantio de batata doce, mandioca e cana de açúcar, destinada aos indígenas. No que tange ao tema eletricidade, o relatório mencionava "[...] a reforma da rede elétrica de baixa tensão, com substituição de todos os postes, num total de nove (9), e outros reparos mais que se apresentaram nessa oportunidade" (SPI, 31 dez. 1960, Filme 68, Fotogramas 1955-1956). Outrossim, a mesma rede construída logo após a reorganização da sede do Posto nas proximidades da usina e que entrou em funcionamento no momento da assinatura do Contrato de Arrendamento, em 1954, passava por uma reforma, após seis anos, com a troca dos postes.

Embora essa obra de manutenção na rede de baixa tensão tenha sido executada, o fornecimento de energia elétrica no PI Apucarana parecia bastante precário, sendo pontual em escassas instalações, não atendendo nem mesmo a estrutura do órgão indigenista no local, como demonstra o Memorando nº 15, de 24 de maio de 1963, enviado pelo chefe da IR7, Dival José de Souza, ao encarregado Alan Cardec, com os seguintes dizeres:

> Solicito vosso máximo empenho em manter a estação de rádio desse Posto, funcionando regularmente, a fim de manter contato diário e normal com a estação central desta Repartição. Prende-se tal solicitação, tendo em vista, que com a criação da Delegacia Federal do Ministério da Agricultura, neste Estado e com sede nesta capital, esta chefia tem encontrado dificuldades em responder de imediato as solicitações sobre atividades em geral de cada Posto Indígena e que são feitas pela referida Delegacia. Apesar de reconhecer a deficiência do nosso Serviço, no que tange aos recursos necessários para manutenção e recuperação, tanto dos motores que geram energia, como dos aparelhos transceptores, assim mesmo, acredito, que com a iniciativa que por certo não vos faltará, no sentido de sanar tal deficiência, d'oravante será restabelecido o serviço de rádio deste Posto, o que virá contribuir para maior rendimento de nossos trabalhos e sentido de melhor organização do serviço (SPI, 24 maio 1963, Filme 71, Fotograma 1686).

É interessante observar que passados quase nove anos após a assinatura do Contrato de Arrendamento com a Eelsa, o PI Apucarana ainda permanecia sem energia elétrica para alimentar a estação de rádio, utilizando-se de precários motores, provavelmente a diesel, para obter eletricidade, que pelo jeito, deixavam de mãos amarradas o encarregado do Posto, que, muitas vezes, não se comunicava com a IR7. A criação da Delegacia Federal do Ministério da Agricultura, com sede em Curitiba, foi fruto da investida de denúncias e irregularidades, que promoveram o estabelecimento de normas mais rígidas sobre as atividades do órgão indigenista, principalmente sobre os contratos de arrendamentos com terceiros, conforme exposto anteriormente. Concomitantemente, o SPI passou a ver com mais atenção a usina do Apucaraninha e a questão do acordo celebrado com a concessionária de energia elétrica, já que estava tendo dificuldades com a falta de eletricidade, mesmo tão próximo de uma hidrelétrica, construída dentro do território indígena, somado ao contexto de pressões e fiscalização intensa sobre as atividades nos PIs, sobremaneira, os arrendamentos.

Como citado, o fornecimento de energia elétrica no PI Apucarana dependia ainda da geração própria, como demonstra o inventário dos bens móveis, preenchido por Alan Cardec, em 28 de junho de 1963, que cita uma "[...] turbina de ferro, completo, para produção de energia elétrica, medindo 0,72X0,72m., no valor de Cr$ 6.000,00" (SPI, 28 jun. 1963, Filme 68, Fotograma 2136). Além disso, um "[...] gerador de 6 volts, marca Windorfer, no valor de Cr$ 2.736,00" (SPI, 28 jun. 1963, Filme 68, Fotograma 2136). Resumindo, a energia fornecida pela Eelsa era reduzida, insuficiente e precária.

Soma-se a tais condições o fato do incêndio de grandes proporções, ocorrido em muitas regiões do Paraná, em 1963, ter afetado vários pontos do PI Apucarana, inclusive, as instalações da usina do Apucaraninha e a rede que abastecia à sede do posto, como demonstra o Ofício n° 5, enviado por Alan Cardec à IR7, em 13 de setembro de 1963.

> [...] Venho mais uma vez por intermédio do presente [...] apresentar um relato final dos danos causados pelos incêndios em nossa área indígena, visto tudo nos parecer, ter voltado a reinar em nosso PI, a paz e tranquilidade. Procurando integralizar-me-nos detalhadamente de todos os factos ocorridos, em termo dos acontecimentos, verificamos o seguinte:
>
> [...]
>
> e) Zona Apucaraninha, onde fica instalada a sede deste PI e a Uzina da E. E. de Londrina, tivemos nossas invernadas incendiadas, inclusive, mil e duzentos metros de cerca queimada (SPI, 13 set. 1963, Filme 68, Fotogramas 2165-2166).

É notório a relação do PI Apucarana com a presença da usina do Apucaraninha. Exemplificando, em 5 de março de 1962, Alan Cardec preencheu um relatório sobre o posto, encaminhando-o para a IR7, no qual informava dados gerais do posto, como endereço, roteiro e duração de viagem para quem saísse de Curitiba, citando as empresas de ônibus, descrevendo todas as benfeitorias existentes, dados sobre a escola, a enfermaria, os equipamentos, a produção agropecuária e informação sobre a população do local que era de 290 indígenas Kaingang. Outra informação a enfatizar é que as terras estavam sendo medidas para demarcação, após as negociações referentes ao Acordo de 1949, para depois ser expedido o título de posse definitiva aos indígenas (SPI, 05 mar. 1962, Filme 68, Fotogramas 2049-2050).

Imagem 13 – Croqui com o desenho do mapa da área indígena do PI Apucarana em 1962

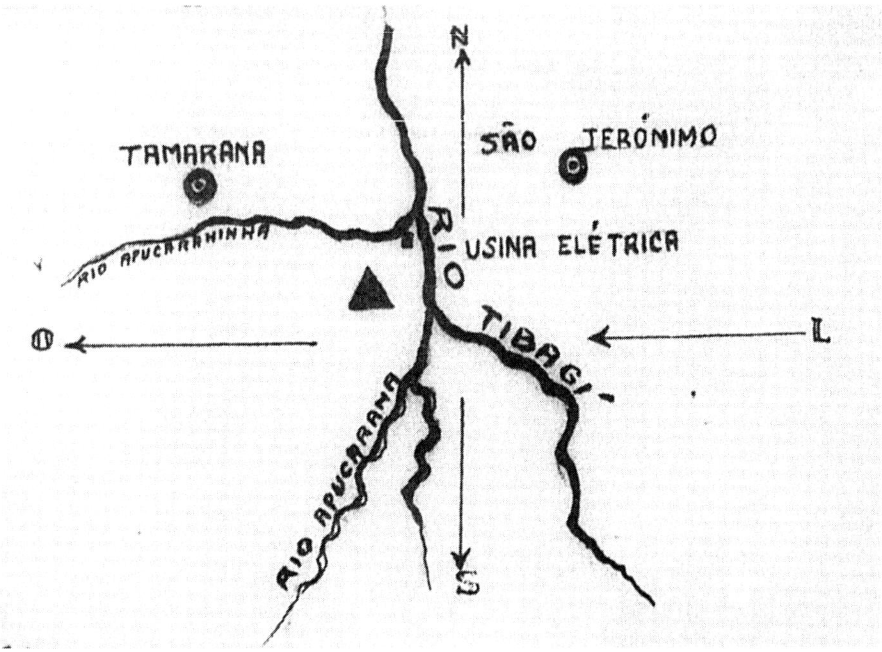

Fonte: SPI, 05 mar. 1962, Filme 68, Fotograma 2049.

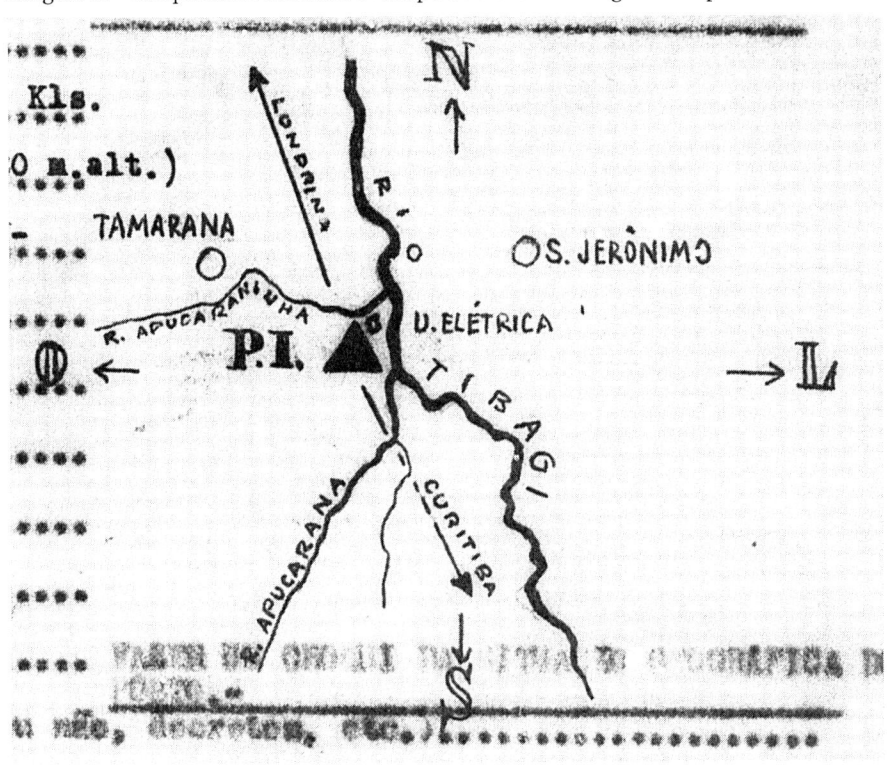

Imagem 14 – Croqui com o desenho do mapa do território indígena de Apucarana em 1962

Fonte: SPI, 05 mar. 1962, Filme 68, Fotograma 2051.

Além disso, o relatório possuía o campo *Acidentes Geográficos*, contendo a informação da existência do Salto Apucaraninha, com 120 metros de altura, distante a 2 km da sede do PI Apucarana (SPI, 05 mar. 1962, Filme 68, Fotograma 2051). E, por último, trazia ainda dois croquis com o desenho do mapa, onde estava a área indígena, destacando a existência da usina do Apucaraninha, conforme Imagens 13 e 14.

Em 8 de março de 1962, Alan Cardec enviou o Ofício n° 2 ao chefe da IR7, em que repassava novas informações gerais sobre o PI Apucarana. Na descrição das benfeitorias existentes, destacou, entre outras coisas:

> Uma rede elétrica de 11.000 volts, transformada para 110 e 220 volts. Um transformador de 15 KVA. [...] Existe instalada e funcionando, na área deste Posto, com aproveitamento hidráulico do Salto Apucaraninha, a Uzina que fornece energia para o município, conforme contrato entre a Empresa

Elétrica de Londrina e este Serviço (SPI, 08 mar. 1962, Filme 68, Fotograma 2053).

Evidentemente, o tema energia elétrica marcava presença nas correspondências das diferentes instâncias do SPI. No caso do PI Apucarana, a usina do Apucaraninha era uma importante referência para os representantes do órgão indigenista, destacada nos mapas, croquis e nos relatórios censais e anuais, demonstrando o local do Salto Apucaraninha, as estradas, as terras de particulares, a sede do PI, a área represada pela barragem da usina, entre outras informações.

Soma-se a isso o fato da escassez de energia elétrica nas instalações da sede do posto, como já citado, permitindo novas ideias e negociações com a Eelsa, para tratar novamente o Contrato de Arrendamento. Isso fica claro na leitura do Ofício nº 9, encaminhado por Alan Cardec, ao chefe da IR7, em 14 de novembro de 1962, em resposta ao Memorando nº 80, anteriormente emitido por Dival José de Souza, ao encarregado do PI Apucarana.

> Sr. Chefe, conforme recebimento do vosso memorando n. 80, passo a responder o seguinte.
>
> a) Área arrendada deste P.I. – oitenta (80) alqs. aproximadamente.
>
> b) Prazo indeterminado.
>
> c) Preço estipulado – Cr$ 3.000,00 (três mil cruzeiros) mensal.
>
> d) Um arrendatário – Empresa Elétrica de Londrina S/A.
>
> A administração deste P.I. deixa de fornecer maiores detalhes em torno do presente arrendamento, visto o contrato existente não se encontrar em seus arquivos, acreditando achar-se o referido contrato nessa I.R., ou Diretoria. Cordiais saudações (SPI, 14 nov. 1962, Filme 68, Fotograma 2062).

É mister observar, primeiramente, a cobrança da IR7, por meio do Memorando nº 80, em que Dival José de Souza solicitou informações sobre a usina do Apucaraninha, com detalhes do Contrato de Arrendamento celebrado com a Eelsa, como o tamanho da área arrendada, qual prazo e valor. A resposta do encarregado do PI Apucarana indica uma área de 80 alqueires, citando um prazo indeterminado do arrendamento, que na verdade, era o prazo da concessão da hidrelétrica à Eelsa (prazo de 30 anos a partir de 1946). Além disso, o ofício apontou o valor de Cr$ 3.000,00 mensais, pagos pela concessionária ao SPI, devido à área de terras utilizadas pela usina, o mesmo valor desde a celebração do contrato há mais de oito anos.

Alan Cardec indicou que a IR7 gostaria de mais informações sobre o arrendamento, mas não foi possível dar maiores esclarecimentos, em virtude de não encontrar o contrato na sede do PI Apucarana, sugerindo que poderia estar em Curitiba, na sede da IR7, ou mesmo na diretoria do SPI, no Rio de Janeiro.

Essas Correspondências foram encaminhadas à diretoria do SPI, mas não convenceram a alta direção do órgão indigenista, que meses após, solicitaram a IR7, que exigisse do encarregado do PI Apucarana a medição da área de terras utilizadas pela Eelsa, conforme Telegrama nº 621, de 21 de junho de 1963, exposto na Imagem 15.

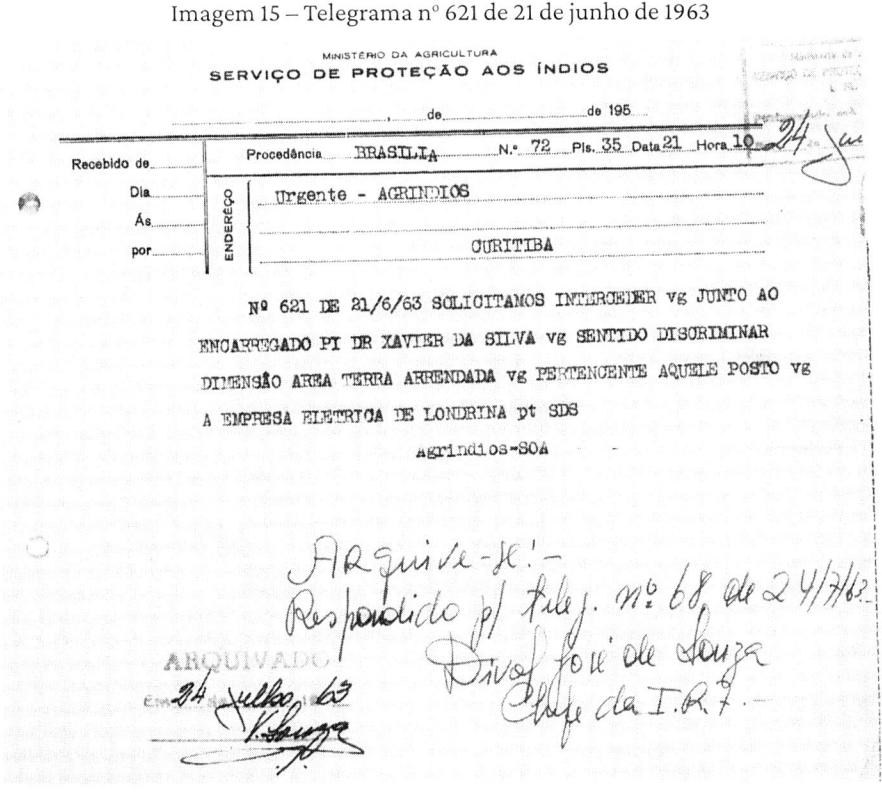

Imagem 15 – Telegrama nº 621 de 21 de junho de 1963

Fonte: SPI, 21 jun. 1963, Filme 74, Fotograma 1939.

Imagem 16 – Telegrama nº 759 de 24 de julho de 1963

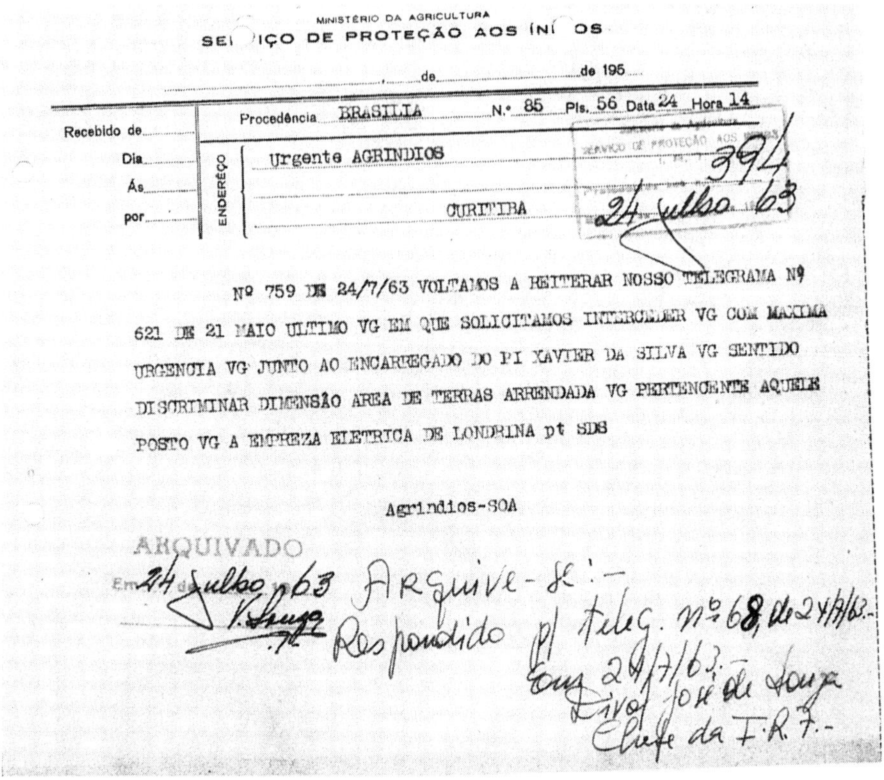
MINISTÉRIO DA AGRICULTURA
SERVIÇO DE PROTEÇÃO AOS ÍNDIOS

....., de ..... de 195...

Recebido de ..... Dia ..... Às ..... por .....

Procedência BRASILIA N.º 85 Pls. 56 Data 24 Hora 14

ENDEREÇO: Urgente AGRINDIOS
CURITIBA

394
24 julho 63

Nº 759 DE 24/7/63 VOLTAMOS A REITERAR NOSSO TELEGRAMA Nº 621 DE 21 MAIO ULTIMO VG EM QUE SOLICITAMOS INTERCEDER VG COM MAXIMA URGENCIA VG JUNTO AO ENCARREGADO DO PI XAVIER DA SILVA VG SENTIDO DISCRIMINAR DIMENSÃO AREA DE TERRAS ARRENDADA VG PERTENCENTE AQUELE POSTO VG A EMPREZA ELETRICA DE LONDRINA pt SDS

Agrindios-SOA

ARQUIVADO
Em 24 julho 63
V. Souza

Arquive-se.-
Respondido p/ teleg. nº 68, de 24/7/63.-
Em 24/7/63.
Dival José de Souza
Chefe da I.R.7.-

Fonte: SPI, 21 jun. 1963, Filme 74, Fotograma 1941.

O pedido de urgência descrito no Telegrama nº 621, pela instância máxima do SPI, somente foi respondido por Dival José de Souza, após um mês da solicitação. A resposta se deu pelo Telegrama nº 68, conforme anotações manual do chefe da IR7, em 24 de julho de 1963, constantes no documento. Destarte, essa resposta ocorreu no mesmo dia em que a diretoria do órgão indigenista cobrava a resposta solicitada há mais de um mês, conforme o novo Telegrama nº 759, demonstrado na Imagem 16.

Entretanto, essas correspondências trocadas pelas instâncias do órgão indigenista não resultaram em modificações nas cláusulas do Contrato de Arrendamento com a Eelsa, até a extinção do SPI. Como demonstrado, até o final de 1967, o PI Apucarana continuou recebendo o mesmo valor acordado no contrato inicial (Cr$ 3.000,00). Ao mesmo tempo, repassava idêntico valor a Eelsa, por meio de um encontro de contas, pelo fornecimento da energia elétrica às suas instalações na sede do posto.

Obviamente, essas informações não podem ser desconectadas das mudanças no regime político brasileiro, em 1964, acrescidas das denúncias e crises do SPI, que promoveram sua extinção em 1967 e a criação da Fundação Nacional do Índio (Funai). Soma-se a isso, o processo de estatização do setor elétrico, por todo o país, que levaram à incorporação da Eelsa pela Copel, em 1974. Esse contexto acabou retardando as novas negociações entre o órgão indigenista e a empresa de eletricidade, embora o PI Apucarana continuasse com suas dificuldades financeiras e com o fornecimento de eletricidade aquém de suas demandas.

o inventário dos bens do PI Apucarana, preenchido por João Garcia de Lima, em 28 de junho de 1967, comunicou a existência de "[...] uma rede elétrica de alta tensão, com 11.000 volts, equipada com um transformador de 13 KVA, a qual distribui uma corrente elétrica de 110 e 220 volts" (SPI, 28 jun. 1967, Filme 69, Fotograma 282), mas ao mesmo tempo também "[...] um motor elétrico trifásico, marca HUFALOE, tipo 7,5 AB4, nr. A253761, 7,5 HP, 220/369 volts." (SPI, 28 jun. 1967, Filme 69, Fotograma 285), que era utilizado para gerar eletricidade para as atividades do órgão indigenista. Ou seja, no ano da extinção do SPI e criação da Funai, continuava a precariedade do fornecimento de energia elétrica, por parte da Eelsa, não atendendo as necessidades do PI Apucarana, bem como não se obteve a revisão dos valores do Contrato de Arrendamento, em virtude da área utilizada pela usina do Apucaraninha.

O documento constante na Imagem 17 demonstra uma relação dos contratos de arrendamentos existentes no PI Apucarana, ao final da administração do SPI. Por um lado, nem cita o contrato com a Eelsa e, por outro, deixa claro que o alqueire de terra estava sendo negociado (biênio 1965-1967) entre NCr$ 15,00 a NCr$ 20,00 anual, enquanto a Eelsa pagava NCr$ 3,00 mensais, por toda a área destinada à usina do Apucaraninha, com o encontro de contas com o mesmo valor pago pelo órgão indigenista, em virtude do consumo de eletricidade, insuficiente às demandas do posto.

As irregularidades nos contratos de arrendamentos permaneceram após a criação da Funai, como demonstra a correspondência enviada pelo advogado do órgão indigenista, Irnério Rubens de Vasconcellos, em 12 de fevereiro de 1969, ao chefe da ajudância em Curitiba.

> [...] Convém, s. mj. que V. S. também fizesse referências ao constante no Proc. n° FNI/BSB/1.496/68, que trata de possíveis irregularidades havidas no Posto Indígena de Dr. Xavier

da Silva no recebimento de arrendamentos, na gestão do Sr. Jonas Batista de Carvalho, atual requerente neste Processo. O Processo neste item referido, está sendo encaminhado a V.S. na mesma data e mesma remessa (Funai, 12 fev. 1969, Filme 70, Fotograma 1534).

Imagem 17 – Relação dos contratos de arrendamentos do PI Apucarana em 1967

PÔSTO INDÍGENA : "Dr. XAVIER DA SILVA" - Londrina -Pr.

RELAÇÃO DOS CONTRATOS EXISTENTES:-

Nº	DATA	NOME	DURAÇÃO anos	Nº de ALQUEIRES.-	VALÔR NCr$.
1	1º-06-65	TEODOMIRO MENDES SOBRINHO,......	2	1	15,00
2	1º-06-65	JOSÉ RODRIGUES VIEIRA,..........	2	1,5	22,50
3	1º-06-65	SEBASTIÃO RODRIGUES MARCONDES,...	2	5	75,00
4	1º-06-65	HENRIQUE LEDIS,.................	2	2	30,00
5	1º-08-65	WILLY JOSÉ STEIN,...............	2	10	150,00
6	1º-08-65	ANTONIO PATROCÍNIO,.............	2	7	105,00
7	1º-08-65	TIBURCIO RODRIGUES VIEIRA,......	2	1	15,00
8	1º-08-65	FRANCISCO RODRIGUES,............	2	4,5	67,50
9					
10	1º-09-65	AGNELLO ANTONIO PEREIRA,........	2	10	150,00
11	1º-09-65	LAZARO AFONSO DOMINGUES,........	2	4	60,00
12	1º-09-65	OLAVO PERICLES CARNEIRO,........	2	7	105,00
13	03-11-65	SALVADOR PEREIRA CALOMENO,......	2	25	---
14	06-11-65	MARIO DE OLIVEIRA,..............	2	1	20,00
15	06-11-65	ABDON XAVIER DOS SANTOS,........	2	5	---
16	04-04-66	DOMINGOS PEDROSO,...............	2	5	100,00
17	20-04-66	BENEDITO CARLOTA DE SOUZA,......	2	6	120,00
		T o t a l ,....................		93	1.035,00

Obs.- A cópia do contrato de nº 9, não se encontra nesta Regional.

Fonte: SPI, 1967, Filme 77, Fotograma 703.

É notório o jogo de interesses entre os representantes do órgão indigenista, em suas várias instâncias, acrescido das mudanças políticas, bem como suas negociações com a concessionária de eletricidade, sobre a UHE do Apucaraninha. A Eelsa queria maior geração de energia elétrica, para obter lucros com sua venda aos moradores de sua zona de concessão, com o menor custo possível, incluindo valores reduzidos para o arrendamento das terras no interior do território pertencente aos indígenas, enquanto o SPI buscava se beneficiar com a presença da usina, buscando lucrar com a prática arrendatária, além de receber parte do consumo para suas próprias instalações no PI Apucarana.

Como se viu, com o passar dos anos, o valor do arrendamento pago pela Eelsa ficou irrisório, devido ao aumento dos preços das terras em toda a região, bem como o fornecimento de energia elétrica aquém das necessidades do PI Apucarana. Iniciaria um longo processo de negociação, a partir da criação da Funai, intensificado a partir da incorporação da Eelsa pela Copel e com maior fundamentação após as discussões em torno da temática *Hidrelétricas e povos indígenas*, em virtude das grandes usinas construídas a partir de meados da década de 1970.

Já na existência da Funai, em 4 de abril de 1968, o gerente da Eelsa no escritório de Londrina, Fernando de Barros Pinto, enviou uma correspondência ao encarregado do PI Apucarana, dizendo o seguinte:

> Prezado Senhor: com a presente segue, por cópia, uma via da certidão do contrato firmado entre o Serviço de Proteção aos Índios e esta Empresa. Segue também, um jogo de nosso desenho n° 367 e um jogo do desenho no 392. O primeiro é que faz parte do contrato. O segundo, o n° 392, nada mais é que o primeiro, apenas feito com mais detalhes e incluindo as curvas de nível. No mesmo, colorimos as áreas inundadas e secas, para maior facilidade de observação. Sem mais, subscrevemo-nos, apresentando-lhe nossas cordiais saudações (Eelsa, 04 abr. 1968, Caixa N30711, Fl. 17).

Primeiramente, vale destacar a cobrança do PI Apucarana pelas plantas da área utilizada pela Eelsa para a instalação e operação da usina do Apucaraninha, bem como da cópia do Contrato de Arrendamento, já que não havia sido encontrado na sede do posto. Essa cobrança se associava ao desejo do órgão indigenista de rever o acordo entre a Eelsa e o SPI, celebrado em 1954, que não especificou a área utilizada pelo empreendimento hidrelétrico e suas instalações, portanto, sem as suas delimitações.

As plantas foram enviadas ao órgão indigenista pelo gerente da Eelsa e estão presentes na Imagem 18. São 3 plantas que demonstram qual era a área utilizada pela usina em 1968. A Tabela 2 evidencia esta área com um total de 2.767.300 m². A imagem orbital obtida pelo Satélite Landsat-5, adquirida Instituto Nacional de Pesquisas Especiais (INPE), em 2008, permite uma melhor visualização das represas e do local da aldeia sede da terra indígena Apucaraninha, conforme Imagem 19.

Tabela 2 – Total da área indígena utilizada pela usina do Apucaraninha

Descrição	Área alagada	Área seca	Total
Planta 1	52.800 m²	991.300 m²	1.044.100 m²
Planta 2 Jusante Fiú	40.000 m²	463.000 m²	503.000 m²
Planta 2 Montante	748.400 m²	-	748.400 m²
Planta 3	471.800 m²	-	471.800 m²
	TOTAL GERAL		2.767.300 m²

Fonte: EELSA, 04 abr. 1968, Caixa N30711, Fl. 24 (elaborada pelo autor).

Imagem 18 – Plantas da área utilizada pela usina do Apucaraninha (1968)

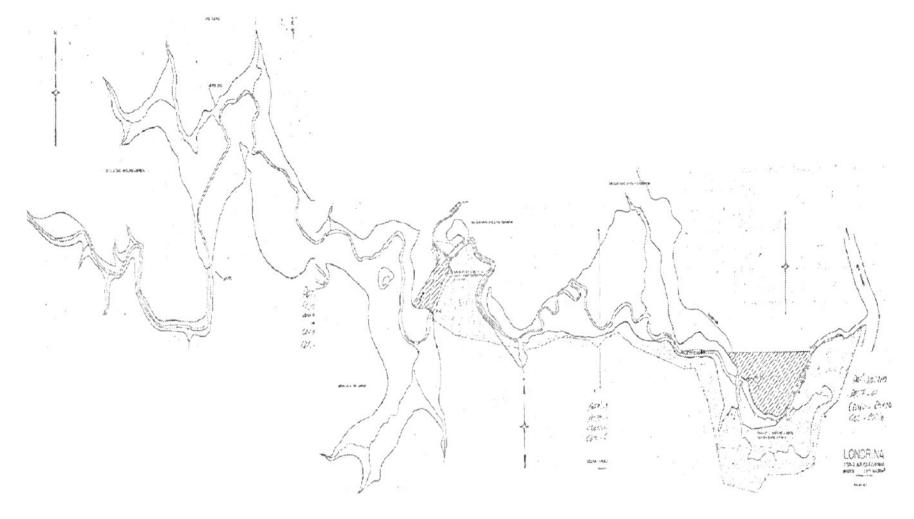

Fonte: EELSA, 04 abr. 1968, Caixa N30711, Fls. 21-23.

Imagem 19 - Imagem orbital das represas da usina e aldeia sede da TI Apucaraninha (2008)

Legenda
1 - Aldeia Sede
2 - Salto e Represa do Apucaraninha
3 - Represa do Fihú
4 - Limite territorial leste da TI Apucaraninha

Fonte: Vẽnh Kar, 2010, p. 24.

Dessa forma, a área total utilizada pela usina era equivalente a 114,35 alqueires ou 276,73 hectares. Outrossim, tratava-se, então, de uma área maior que a informada por Alan Cardec no Ofício n° 9, de 14 de novembro de 1962, quando respondeu à IR7, que era um total de aproximadamente 80 alqueires. Se um hectare estava sendo arrendado pela Funai no preço de NCr$ 15,00 a NCr$ 20,00 anual, toda essa área arrendada para a Eelsa por apenas NCr$ 3,00 mensais, totalizando NCr$ 36,00 anualmente. Ou seja, se fosse equiparar esses valores, mesmo atribuindo o valor de NCr$ 15,00 o hectare, daria um total de mais de NCr$ 4.150,00 por ano, o custo do arrendamento das terras pertencente aos indígenas, utilizadas pela Eelsa.

Não obstante, além do limitado fornecimento de energia elétrica ao PI Apucarana, os agentes do órgão indigenista passaram a criticar o valor pago pela Eelsa, devido ao encarecimento das terras e à própria escassez de energia elétrica destinada à sede do posto. Esses fatores levaram a constantes reivindicações da Funai junto a concessionária para a revisão dos valores e do Contrato de Arrendamento celebrado em 1954.

3.3 As negociações entre Copel e Funai: apontamentos para novos estudos

Não se pretende aqui aprofundar as relações entre a Copel e a Funai, no que tange as negociações referentes a presença da usina do Apucaraninha em território indígena. Apenas sinalizar alguns debates em torno do Contrato de Arrendamento celebrado pela Eelsa e SPI, em 1954, já que continuou vigente até 12 de setembro de 1979. Debates que colaboram na compreensão de algumas questões presentes durante a gestão da Eelsa, antes de sua incorporação pela Copel, em 1974. Além disso, indicar caminhos para novas pesquisas, visando compreender as sucessivas negociações entre a Copel, a Funai e a comunidade indígena, presentes ainda na atualidade.

Primeiramente, o Ofício n° 3223/75, enviado pelo 4° delegado regional da Funai, Francisco Neves Brasileiro, para o presidente da Copel, Arturo Andreoli, no dia 15 de dezembro de 1975, tratando da revisão do Contrato de Arrendamento das terras do PI Apucarana, com os seguintes dizeres:

> Senhor Presidente, de ordem, sirvo-me do presente para submeter à alta apreciação de V. Sª proposta de revisão do contrato de arrendamento de área de terras e fornecimento de energia elétrica firmado em 06 de novembro de 1954, entre o então Serviço de Proteção aos Índios, a que sucedeu esta Fundação, e a Empresa Elétrica de Londrina S.A., ora incorporada a essa Companhia. De conformidade com esse contrato, o extinto SPI deu em arrendamento, pelo preço de três mil cruzeiros (Cr$ 3.000,00), hoje três cruzeiros (Cr$ 3,00), por mês, área constituída de terras do Posto Indígena Apucarana, no Distrito de Tamarana, Município de Londrina, e ocupadas pelos serviços e necessárias à obras e serviços de represamento do rio Apucaraninha, no local 'Santo do Fiú' obrigando-se, de sua parte, a arrendatária Empresa Elétrica de Londrina S.A. a fornecer, para uso exclusivo do citado Posto Indígena, energia elétrica na potência máxima de 120 Kva, na tensão de 11 Kv, mediante o pagamento da tarifa normal, fazendo-se compensação dos créditos mediante encontro de contas mensal. Vê-se do exposto que, enquanto o aluguel de vasta área de terras se manteve imutável ao longo de mais de vinte (20) anos, reduzindo-se hoje à irrisória quantia de Cr$ 3,00 (Três cruzeiros), as tarifas de energia elétrica, mercê da política

> realista em execução, majoraram-se substancialmente, o que explica a apresentação, por essa companhia, de contas mensais de fornecimento de energia elétrica ao referido Posto Indígena, em valor oscilante entre Cr$ 700,00 e Cr$ 1.000,00 (Funai, 15 dez. 1975, Caixa N30711, Fl. 49).

As reivindicações do órgão indigenista junto à concessionária de energia elétrica, expressas no ofício, demonstram uma tentativa de negociação para a revisão de um contrato inicial que estava com valores obsoletos e que colocavam o PI Apucarana em extrema desvantagem, pois já não conseguia mais pagar pelo fornecimento de eletricidade, enquanto recebia da Eelsa e, depois da incorporação, da Copel, valor insignificante da área de terras arrendada para a usina do Apucaraninha. Francisco Neves justifica as dificuldades para pagamento do consumo de energia elétrica da seguinte forma:

> Em outros termos, o extinto SPI e, posteriormente, a FUNAI, apesar de explorarem serraria naquela área indígena nada ficavam a dever à Empresa Elétrica de Londrina S.A. até pouco tempo, ao passo que atualmente, paralisada a atividade madeireira, a conta mensal se apresenta em montante superior aos recursos financeiros postos à disposição da chefia do Posto Indígena, para manutenção dos serviços, inclusive de transporte e atendimento médico dos silvícolas, e na importância mensal de Cr$ 400,00 (quatrocentos cruzeiros). (Funai, 15 dez. 1975, Caixa N30711, Fl. 49).

O delegado deixa claro que a verba mensal do PI Apucarana era inferior ao custo do fornecimento de energia elétrica, sobretudo, após o fim da exploração da madeira e inativada a serraria ali presente, enfatizando a necessidade de atender as demandas dos indígenas com a citada verba. Francisco Neves encerra seu ofício com tom de ameaças a Copel, citando o Estatuto do Índio, de 1973, que proibia e tornava nulo qualquer arrendamento de terras de posse indígena. Entretanto, colocava o exemplo do PI Xapecó, como forma de rever o contrato inicial, tornando-o mais vantajoso ao PI Apucarana, reivindicando o consumo gratuito de energia elétrica, citando ainda o encarecimento das terras daquela região, que deixava ainda mais injusto o Contrato de Arrendamento em vigor.

> Enquanto isso, entrou em vigor a Lei n° 6001, de 19.12.73 (Estatuto do Índio) que, interpretando preceito constitu-

cional, dispõe, no artigo 18, que as terras indígenas não poderão ser objeto de arrendamento ou de qualquer ato ou negócio jurídico que restrinja o pleno exercício da posse direta pela comunidade indígena ou pelos silvícolas, declarando outrossim, no artigo 62, a nulidade e a extinção dos efeitos jurídicos dos atos de qualquer natureza que tenham por objeto o domínio, a posse ou a ocupação das terras habitadas pelos índios ou comunidades indígenas. Urge, por conseguinte, a revisão do contrato em referência, mormente em se considerando que o Posto Indígena Xapecó, em Xanxerê (SC), em compensação por simples permissão de represamento do rio que serve de linha divisória da área e, pois, sem ocupação de terras indígenas, recebe gratuitamente energia elétrica na potência de 85 Kva, com a qual faz funcionar serraria, granja, etc., com direito ao pagamento do consumo excedente à base da tarifa estipulada para órgão público. No caso do Posto Indígena Apucarana, solvido o problema da proibição do arrendamento, seria justo assegurar-se à FUNAI o direito ao consumo gratuito de energia elétrica em potência substancialmente superior a 120 Kva, tendo-se em conta a extraordinária elevação do valor de aquisição e arrendamento de terras no derradeiro decênio (Funai, 15 dez. 1975, Caixa N30711, Fl. 49).

Vale ressaltar, que aquele era o momento também de renovação da concessão da usina do Apucaraninha, que havia sido autorizada pelo Governo Federal, em 1946, cujo prazo era de 30 anos. Esse fator, somado às contínuas reivindicações do órgão indigenista, fez com que a Copel aumentasse o limite de consumo de energia elétrica a que tinha direito o PI Apucarana. Primeiramente, em 14 de maio de 1976, e após, em 27 de outubro do mesmo ano, em que foi ampliado para 4.000 Kwh/mês tal limite de consumo, conforme demonstrou a correspondência do diretor presidente da Copel, Arturo Andreoli, enviado ao delegado regional da Funai, em Curitiba, Francisco Neves Brasileiro (Copel, 27 out. 1976, Caixa N30711, Fl. 12).

Outra questão eram os limites da área utilizada pelas instalações da hidrelétrica. Tais limites acordados nem sempre eram respeitados pela concessionária de energia elétrica, como mostra o relatório de Viagem do técnico Telmir Alberti, realizada entre os dias 21 a 23 de dezembro de 1976, para verificação das divisas na usina do Apucaraninha, evidenciando o avanço das instalações da hidrelétrica, além da área destinada para a empresa de eletricidade.

> [...] Mantivemos contato também com o Engº Fernando de B. Pinto (SRL), pois como ex-gerente da ex-EELSA poderia nos fornecer alguns dados. À usina Apucaraninha fomos acompanhado pelo Sr. Angelin (encarregado da usina) e outros funcionários mais antigos que acompanharam o levantamento. Baseado em todas as informações e dados que obtivemos temos a considerar o seguinte:
>
> Baseado no que consta na "Planta Geral da Us. APC" de nº 392 Fl. 1 e que é citada como parte integrante do acordo, e em medição por nós efetuada no local, e ainda, confirmada por funcionários e ex-funcionários (aposentados) da usina, a linha de divisa passa na frente da casa do Sr. Joaquim Pires, ou seja, exatamente onde estão colocados os piquetes de nºs 08, 09, 10, 11, e 12 do levantamento onde está projetada a vila. Neste caso o Centro Recreativo, parte do arruamento, parte de uma residência (32) e uma residência (40) estariam fora dos limites de divisa. [...] Neste caso, toda a vila projetada estaria aquém da divisa, pois inclusive um ribeirão passa a 26,00 m da estaca 12 do levantamento, atrás da casa do Sr. Joaquim Pires (Funai, 27 dez. 1976, Caixa N30711, Fls. 10-11).

Assinado também pelo engenheiro da Copel, Odin Amaral Filho, o relatório de Viagem deixa claro que ainda durante a administração da Eelsa, os limites acordados na celebração do contrato com o SPI foram desrespeitados, porque parte das instalações da vila dos empregados da concessionária estava além dos marcos divisórios definidos no contrato. Essa afirmação é sustentada pela consulta e participação da visita ao local da usina, tanto por Fernando de Barros Pinto, ex-gerente da Eelsa, que passou a fazer parte do quadro de empregados da Copel, após o processo de incorporação, e de outros empregados mais antigos, que também passaram a integrar a lista de copelianos ou já aposentados.

É notório que ainda na gestão da Eelsa, devido à construção da vila para os empregados e seus familiares, e demais instalações, como campos, quadra, igreja, espaço para plantio de horta, criação de gado etc. ocorreu a ultrapassagem dos limites acordados inicialmente. Sem contar, que a ideia da Copel, após o processo de incorporação, era a construção de uma nova vila para seus empregados, que trabalhavam na usina do Apucaraninha, e seus familiares, trazendo novos questionamentos, pelo fato de estar projetada totalmente fora da área destinada à empresa de eletricidade.

Essas questões sobre os problemas de limites da área de terras do PI Apucarana, usadas pela usina, continuaram gerando tensões entre os envolvidos. A Copel se via pressionada a dar tratativa em relação ao arrendamento das terras utilizadas pelo empreendimento hidrelétrico no Salto Apucaraninha, como demonstra o Memorando Interno, enviado por Fernando de Barros Pinto (engenheiro), em 11 de fevereiro de 1976, ao advogado Carlos C. M., com o assunto *Terreno dos índios: usina Apucaraninha* (Copel, 11 fev. 1976, Caixa N30711, Fl. 13).[19]

Outro documento da Funai, elaborado após o processo de incorporação da Eelsa, mas que traz relevantes informações sobre o período aqui estudado, trata-se do Parecer nº 3, referente ao Processo Funai/BSB/291/78, feito pelo procurador geral do órgão indigenista Gdálio de Barros Barreto, em 19 de dezembro de 1978. Este Parecer aborda a presença de representantes da Copel e seus familiares, no interior da área indígena Apucarana. Primeiramente, aponta um histórico das negociações entre o órgão indigenista e a concessionária de energia elétrica:

> De acordo com o contrato firmado entre o então SPI e a Empresa da qual a COPEL é sucessora, ficaram estabelecidas obrigações recíprocas, conforme se vê no doc. de fls. 9 do Processo no FUNAI/BSB/291/78. Posteriormente, precisamente na data de 09.02.055, o pré-dito contrato original, foi objeto de alteração, devidamente registrada em Cartório, conforme nos dá notícia o documento fls. 37 do Processo FUNAI/BSB/0103/78. Em referidos instrumentos, houveram sido estabelecidos, no primeiro, a concessão de área pelo SPI, indispensáveis aos serviços e instalação da produção de energia elétrica, no Salto do Rio Apucaraninha, com arrimo no Decreto Federal nº 20.418, de 17.01.46. Em contraprestação, a empresa se obriga a fornecer energia elétrica ao Posto Indígena, na potência máxima de 120 Kva. No segundo, foi estabelecido um preço pela utilização das terras do Posto Indígena cujo pagamento seria objeto de confronto de contas com o limite de energia consumida pelo Posto. Posteriormente a esses instrumentos, foram acordados, mediante expedientes entre as partes e não mais através de contrato em cartório, aumento de potência em favor da FUNAI, no consumo de energia (fls. 38 e 39 do processo FUNAI/BSB/0103/78). Referidos expedientes

---

[19] O desrespeito às marcas divisórias durante a gestão da Eelsa geraria uma série de tensões entre a Funai, a Copel e a comunidade indígena, que serão abordadas posteriormente, em outros estudos.

datam de 14.05.76 e 27.10.76 (Funai, 19 dez. 1978, Caixa N30711, Fl. 39).

Outrossim, as descrições de Gdálio de Barros Barreto apresentam, de forma sucinta, o histórico do acordo e das revisões entre o órgão indigenista e a concessionária de energia elétrica. O procurador geral continuou seu parecer concordando com o encontro de contas. Entretanto, uma questão importante está presente na sequência do seu relato.

> Contudo, merece relevo no presente, o exame em questão, para o futuro. Os processo atinentes ao caso, nos dão notícia da existência de inúmeras pessoas quer vinculadas ou não a empresa, que de muito se estabeleceram na área indígena. Evidencia-se, com isso, restrição à posse indígena, que não podemos deixar de repudiar, à luz dos dispositivos assecuratórios da posse plena do índio em suas terras. Vê-se que o Decreto que autorizou o cerceamento à posse indígena foi desobedecido, situação essa a merecer restauração. Com efeito, impõe-se seja admitida a presença de pessoas, unicamente, sob condição de prepostos da COPEL, pessoas essas que, inclusive não terão direito à utilização das terras indígenas. Somente de aceitar-se como limite de cerceamento à posse indígena, o estritamente indispensável aos serviços e instalações da produtora de energia. Sobre o consumo de energia, que seja devidamente compensada a FUNAI, na potência de seus interesses e na medida do quantum de terras indígenas, não disponíveis, em razão da instalação referida. Assim, que seja remetido o processo ao ilustre Delegado Alvaro Vilas Boas, que, com suas sempre ciosas colocações, saberá conduzir o presente problema, com os parâmetros aqui estabelecidos, não sendo de admitir-se arrendamento, conforme Art. 18 da lei 6.001/73 (Funai, 19 dez. 1978, Caixa N30711, Fl. 39).

Como se vê, outras pessoas viviam na área indígena, além dos empregados da concessionária e seus familiares, e de longa data afirma o documento, podendo afirmar que muitas famílias estavam instaladas nas terras do PI Apucarana, ainda durante a gestão da Eelsa. A aparente preocupação do parecerista é quanto à não desobediência do acordo em relação ao cerceamento da posse indígena, ao acerto do valor do arrendamento referente às terras ocupadas pela usina e ao valor do consumo de energia, sem permitir novos arrendamentos para terceiros e sem a presença de pessoas que não sejam prepostas da Copel.

Em 6 de novembro de 1978, o engenheiro da Copel, Estácio Gavinho, elaborou um relatório intitulado *Terreno da usina de Apucaraninha: problemas com a Funai*, no qual remonta ao período da construção do empreendimento hidrelétrico, com informações que auxiliam na compreensão das relações entre órgão indigenista, empresa elétrica e comunidade indígena. Destaca-se abaixo algumas passagens desse documento:

> Quando da incorporação da EELSA em 30 de maio de 1974, esta companhia assumiu os direitos e obrigações da incorporação relativos às terras onde está situada a Usina supra citada. Esclarecemos que parte do terreno era de propriedade da EELSA, porém as terras onde se localizam as construções (casas de moradia, casas de máquina, etc) eram utilizadas mediante Contrato de Arrendamento, devidamente averbado no Registro de Imóveis em 09.02.55 (Copel, 06 nov. 1978, Caixa N30712, Fl. 7).

O engenheiro Gavinho ainda fez menção à solicitação da Funai atendida pela Copel, em 27 de outubro de 1976, autorizando o consumo de 4.000 KWh/mês pelo PI Apucarana. Além disso, citou a reclamação do chefe do Posto, Carlos Severo, denunciando que a Copel ultrapassou as divisas da área arrendada, ao projetar e executar as obras de construção da nova vila residencial aos seus empregados, durante o ano de 1977, bem como críticas devido a "[...] proibição de pesca e trânsito, falta de atendimento, mau fornecimento de energia e outros" (Copel, 06 nov. 1978, Caixa N30712, Fl. 8).

É notória também a preocupação do engenheiro da Copel em resolver as pendências com a Funai, no que tange à usina do Apucaraninha, como se não deixasse questões para serem tratadas no futuro:

> Para evitar posteriores reclamações por parte da FUNAI, temos procurado nos manter informados sobre o andamento da questão, tendo nos comunicado que estavam sanadas as ocorrências causadoras da manifestação da Fundação. Recentemente estivemos no local e na falta do Chefe do Posto Indígena, conversamos com a sua esposa que nos informou estar tudo em ordem, e que realmente tinham sido atendidas as exigências formuladas (Copel, 06 nov. 1978, Caixa N30712, Fl. 8).

Além disso, Gavinho citou a realização de uma reunião com o assessor jurídico da Funai de Brasília, advogado Rogério Cordeiro Tavares, demonstrando interesse de enviar um representante da Copel até a capital federal, "[...] para resolver o assunto" (Copel, 06 nov. 1978, Caixa N30712, Fl. 9). Entretanto, nem tudo foi dado um ponto final, quando diz que:

> O advogado mencionado, de posse das cópias que lhe entregamos, ficou de pesquisar em Brasília, para ficar em condições de elaborar um parecer sobre o processo, cujas conclusões nos comunicaria posteriormente. Nos esclareceu, ainda, que segundo sua opinião, o contrato de arrendamento teria se tornado nulo, de acordo com o artigo 62 da Lei 6001 de 19.12.73. Ficou de estudar também este ponto mais detalhadamente, e que possivelmente a solução seria a emissão de novo decreto que ratificasse o acordo já existente. Mas qualquer que fosse a conclusão, nos comunicaria no devido tempo (Copel, 06 nov. 1978, Caixa N30712, Fls. 9-10).

Essas negociações levaram a um novo acordo entre Funai e Copel, ocorrido somente em 12 de setembro de 1979, por meio do Termo Aditivo nº 001/79, alterando o valor mensal do arrendamento das terras utilizadas pela usina do Apucaraninha, que passou a ser de Cr$ 350.000,00. Obviamente, esse não seria o capítulo final das negociações entre o órgão indigenista, a comunidade indígena e a concessionária de energia elétrica, que durante toda a década de 1980 e 1990 travaram momentos de tensão, conflitos e acordos que culminaram nos TACs assinados em 2002 e 2006.

As negociações entre Eelsa e SPI, iniciadas durante a fase de construção da usina do Apucaraninha, acordadas no Contrato de Arrendamento de 1954, bem como as incertezas, desavenças e tensões por desrespeito aos limites territoriais arrendados, além do fornecimento precário e insuficiente de energia elétrica, promoveram momentos de acirramento nas relações entre o órgão indigenista e a empresa de eletricidade, ainda na fase do SPI e Eelsa, mas também desta com a Funai e que perduraram (e ainda perduram) após o processo de incorporação pela Copel em 1974. Toda esta história ficaria incompleta se não evidenciasse os interesses e a participação dos Kaingang do território indígena Apucarana, abordados na sequência, na Parte II.

PARTE II

O PROTAGONISMO INDÍGENA DIANTE DA PRESENÇA DA USINA DO APUCARANINHA E DO PROCESSO DE REESTRUTURAÇÃO DOS SEUS TERRITÓRIOS

Os breves estudos sobre a história da usina do Apucaraninha, já realizados, não demonstraram a participação dos indígenas durante o processo de construção e de instalação do empreendimento hidrelétrico em território reservado aos Kaingang do Apucarana. Primeiramente, algumas exaltações foram elaboradas ao projeto hidrelétrico no Salto Apucaraninha, omitindo qualquer informação sobre os indígenas da localidade, destacando apenas as ações da Eelsa e da Copel, como as exemplificadas no Volume 1.

Em segundo, as discussões em torno da questão *Hidrelétricas e povos indígenas,* a partir de meados da década de 1970, promoveram alguns estudos e a produção de laudos e relatórios, na perspectiva de criticar a construção e a presença da usina do Apucaraninha, mantendo uma visão essencialista sobre a história e a cultura da comunidade indígena local, reproduzindo uma análise dicotômica de todo o processo e vitimizadora, na qual os indígenas perderam suas terras, seus costumes, suas rendas, seus alimentos etc. e não estabeleceram estratégias políticas frente àquele contexto.

> Um Decreto, assinado em 1949, determinou a redução, no Paraná, das áreas de terras ocupadas por grupos Kaingang e guarani. Um acordo formalizado entre o Ministério da Agricultura/SPI e a Fundação de Terras e Colonização do Estado do Paraná, reduziu drasticamente as reservas indígenas. Uma parte significativa da Terra Apucarana em que viviam os Kaingang que habitavam o local da Fundação Velha foi retaliada e os índios transferidos e assentados, junto ao rio Apucaraninha, nas proximidades da usina,

sendo que os pioneiros passaram a explorar as terras que foram retiradas dos Kaingang (Helm, 2005, p. 7).

A abordagem de Helm (2005) não denota qualquer protagonismo aos Kaingang do Apucarana, que parecem não agir para a defesa dos seus interesses. Além disso, reforça o dualismo indígenas e não indígenas quando diz:

> Os Kaingang não foram consultados sobre a implantação da UHE Apucaraninha, instalada no rio Apucaraninha, que corre em suas terras e sobre a exploração do Salto localizado na entrada da Terra Indígena. A usina criou impactos para os Kaingang [...], gerou atritos interétnicos, devido ao uso de uma parte das terras indígenas e quanto ao pagamento da área "arrendada". A atualização anual dos valores a serem pagos e a proibição do uso pelos índios da parte "arrendada" pela COPEL, são fatos que criaram atritos, que são visíveis nas relações conflituosas que opõem índios e brancos, caracterizadas pela situação de contato (Helm, 2005, p. 4).

Helm (2005) afirma que as frentes colonizadoras atingiram os territórios Kaingang, no Norte do Paraná, a partir da década de 1930, demonstrando de forma simplista que os indígenas, "[...] na década seguinte, foram transferidos do local em que estava erguida a maioria de suas aldeias, para junto do Salto Apucaraninha" (Helm, 2005, p. 8). Segundo a autora, em virtude dos projetos de colonização "[...] os Kaingang foram transferidos desse local e assentados junto ao rio Apucaraninha, nas proximidades da usina, construída em 1946" (Helm, 2005, p. 10).[20]

Por último, alguns pesquisadores têm se interessado por questões atuais da TI Apucaraninha, fazendo breves menções sobre o período de construção e de instalação da usina do Apucaraninha, sem pormenorizar a relação da comunidade indígena local com os representantes do empreendimento hidrelétrico. São pesquisas que apresentam brevemente o histórico dos Kaingang do Apucarana e acabam dando informações avulsas sobre a usina do Apucaraninha, a Eelsa e a Copel.[21]

---

[20] Sobre essa abordagem dualista e vitimizadora dos Kaingang do Apucarana, ver também: Helm (2003); (2001); (1998); (1977).

[21] Os conflitos entre a comunidade indígena e a Copel, sobretudo a partir do final dos anos 1990 e início do século XXI, repercutidos pela mídia local, que levaram as assinaturas dos TACs em 2002 e 2006, despertaram o interesse de alguns pesquisadores em estudar a TI Apucaraninha em diversas áreas. Entre esses estudos mais recentes estão: Stefanes (2016); Andrade (2015); Biasetto (2014); Cimbaluk (2013); Ramos (2008); Rodrigues (2008); Duarte (2004).

Outrossim, tanto as abordagens apologéticas em relação à usina do Apucaraninha, que destacam sua importância para a região Norte do Paraná, quanto às versões essencialistas e vitimizadoras, expressas em relatórios e em laudos ou pequenos textos, não colocam os indígenas enquanto sujeitos históricos, em sua relação com a construção e a instalação da UHE, a partir de meados do século XX; muito menos contextualizam aquele acontecimento com a política de reestruturação dos territórios indígenas, vivenciada, inclusive, pelo território indígena Apucarana. São análises que acabam omitindo ou reduzindo consideravelmente a participação da comunidade indígena local em todo o processo histórico estudado. É como enfatiza Almeida (2010), os povos indígenas ainda seguem demonstrados apenas nos bastidores da história, distantes dos palcos e das cenas principais.

Não se trata de negar os interesses da concessionária de energia elétrica, do governo do Paraná, das frentes colonizadoras e do órgão indigenista. Nem tampouco recusar os danos provocados pela usina do Apucaraninha e por todo o processo de esbulho do território indígena Apucarana. Entre os documentos presentes na Biblioteca da Copel, encontra-se um Laudo de Averiguação, datado em 2 de abril de 2003, que traz entrevistas com alguns pesquisadores, membros da comunidade indígena, empregados da concessionária de energia elétrica, representantes do órgão indigenista, entre outros. Nas falas da antropóloga Kimiye Tommasino, fica evidente a preocupação com o fim do modelo tradicional de vida indígena, devido à instalação da usina na margem direita do rio Apucaraninha.

> Considerando que os índios, sob o ponto de vista econômico, valem-se de método não capitalista de sobrevivência, a construção da usina hidrelétrica alterou significativamente a economia deles, afetando, principalmente, um de seus fundamentais meios de subsistência, que é a pesca, pois, os dois lagos construídos (Represa do Fiú e Reservatório 2) impedem a reprodução natural dos peixes maiores e de maior significância econômica, destacando-se as várias espécies de cascudos, pintado, piapara e surubim. Ademais a construção dos lagos eliminou cinco grandes "paris" (armadilhas utilizadas para a captura de peixes, instaladas em queda d´água). Cada "pari" pertencia a uma família, que se compunha de, aproximadamente, 40 (quarenta) pessoas. A perda de um "pari", além da perda de uma fonte de sobrevivência, determina prejuízo moral, dado que o

prestígio dos líderes é determinada pela generosidade deles, expressada na disponibilização, por eles, de comida para as respectivas famílias e para os demais integrantes da comunidade indígena (Moralmente quem mais distribui terá mais prestígio). Com a reserva mantida e explorada segundo os costumes e tradições indígenas (sem a usina) os índios tiravam da natureza todos os recursos necessários à sobrevivência (alimentação, remédios) o que lhes garantia melhor qualidade de vida (destacando-se a saúde), tinham supridas todas as suas necessidades (Copel, 02 abr. 2003, Fls. 89-90).[22]

Destarte, não se pode omitir os impactos da usina do Apucaraninha na forma de vida dos indígenas da localidade, mas de historicizar a sua presença, demonstrando as relações entre a concessionária de energia elétrica, o órgão indigenista e a comunidade indígena, tratando todos os envolvidos enquanto protagonistas, que elaboraram suas estratégias perante o novo contexto histórico, promovido pela presença do empreendimento hidrelétrico, sem perder de vistas a conexão desse acontecimento com o processo de esbulho das terras indígenas, em virtude do Acordo de 1949, decorrente do avanço das frentes colonizadoras. Como afirmou a própria Tommasino em seus estudos sobre os Kaingang do Tibagi:

> Interessa-nos apreender esta dinâmica sociocultural que a história Kaingang percorreu da conquista aos dias atuais. Tiveram de adotar padrões de subsistência alienígenas e se subordinaram ao mercado regional. Mesmo adotando padrões ocidentais, estes foram reinterpretados segundo seus objetivos e necessidades. Nos conflitos sociais, ficou claro que o passado continua um elemento ativo na produção cultural do presente. No processo permanente de produção de novos significados e valores, os Kaingang, conscientemente, recriaram o passado para afirmarem a sua identidade indígena e assim reivindicarem os seus direitos constitucionais (Tommasino, 2002, p. 19).

Dessa forma, a proposta é superar as abordagens essencialistas e apresentar as ações estratégicas dos Kaingang do Apucarana, no decorrer da construção e da instalação da usina do Apucaraninha, para assegurar

---

[22] Uma definição de pari é encontrada em Mota; Noelli; Silva (1996, p. 435): "Armadilhas de pesca constituídas por duas paredes de pedra instaladas para afunilar trechos rasos de rios, conduzindo os peixes para cestos elaborados com taquara ou galhos".

parte dos seus territórios, estabelecendo relações com os representantes e os empregados da usina. Esse jogo de interesses precisa ser considerado ao analisar as afirmações contidas nos documentos e nas entrevistas, suas intenções e propósitos, convergências e contradições.

Não obstante, este Parte II demonstra os indígenas estabelecendo ações e relações diante da presença da usina no Salto Apucaraninha, considerado o primeiro empreendimento hidrelétrico, no país, situado em território oficialmente reservado a um povo indígena. Após evidenciados os objetivos da Eelsa com a usina do Apucaraninha e demonstradas as possibilidades e os interesses vislumbrados pelo órgão indigenista com a existência da usina em terras pertencentes ao patrimônio indígena, bem como suas relações com o processo de reestruturação do território estabelecida pelo Acordo de 1949, torna-se primordial expor as estratégias da comunidade indígena do Apucarana: qual foi a leitura realizada pelos Kaingang daquele contexto? Quais suas ações perante a presença da usina e seus representantes? E suas articulações em virtude do processo de reestruturação dos seus territórios e do avanço das frentes colonizadoras, somado ao fato da construção do empreendimento hidrelétrico? E suas relações com os empregados da usina?

As respostas a esses questionamentos revelam um intercruzamento de ações da comunidade indígena local, superando a visão polarizada da história, que coloca de um lado os indígenas e do outro os não indígenas, bem como as interpretações vitimizadoras, que tratam a história como uma via de mão única, não compreendendo as estratégias políticas dos povos indígenas. O emaranhado de ações e os múltiplos interesses entre os sujeitos envolvidos no processo de construção e instalação da UHE Apucaraninha, durante a gestão da Eelsa, demonstra uma história como via de mão dupla, que se cruza, com rupturas, alianças, traições, com relações complexas e dinâmicas, caracterizando o que Balandier (1972) chamou de *situação colonial*.

Como abordado no Volume 2, os indígenas do Tibagi tinham o conhecimento do território e vinham mantendo diferentes formas de relação com os não indígenas: desde os séculos XVI e XVII, com os viajantes europeus, padres jesuítas, bandeirantes; com os descobridores de ouro e de diamantes nas margens do rio Tibagi no século XVIII; com missionários nos aldeamentos e os primeiros fazendeiros do século XIX; com o órgão indigenista, arrendatários, camponeses, imigrantes e demais sujeitos históricos presentes na primeira metade do século XX, fruto do avanço das frentes colonizadoras em ambas as margens do rio Tibagi. Outrossim, essa historicidade é essencial para a compreensão da chegada de um novo sujeito social no interior da área indígena do Apucarana: os representantes da Eelsa que construíram a UHE, aproveitando a queda d´água do Salto Apucaraninha. Dessa forma, compreender como os Kaingang se relacionaram com esse novo sujeito.

> Buscar compreender melhor [...] as motivações e significados das ações realizadas por indígenas implica lançar outra luz sobre eventos e personagens da história nacional. As repercussões disso frequentemente vão muito além da temática indígena e dos objetos usuais da etnologia (Oliveira, 2016, p. 8).

Esse protagonismo indígena será revelado na análise sustentada pela etno-história, que o revela tanto na documentação escrita analisada, quanto pelas entrevistas com os próprios indígenas, coletados in loco, valorizando seus conhecimentos, suas tradições e sua memória (Mota, 2014a). Essas fontes tornaram concreta a hipótese de participação dos Kaingang em todo o processo de construção e instalação da usina do Apucaraninha, revelando suas estratégias na reestruturação do seu território. Ao considerar a presença do empreendimento hidrelétrico, os indígenas construíram suas relações sociais com os representantes e os empregados da Eelsa e da usina do Apucaraninha, travando uma luta histórica de resistência e de reivindicações junto ao órgão indigenista e à concessionária de energia elétrica. Esta luta despertou nos indígenas o sentimento de apropriação da usina, movimentando suas ações no presente.

CAPÍTULO 4

O PROCESSO DE REESTRUTURAÇÃO DO TERRITÓRIO INDÍGENA APUCARANA: A USINA DO APUCARANINHA E OS DESLOCAMENTOS DOS KAINGANG

É mister retomar as negociações para a reestruturação do território indígena Apucarana, em virtude do Acordo de 1949, pois, como abordado, se a presença da usina acabou promovendo que os representantes do órgão indigenista tomassem a decisão de mudar a sede do PI Apucarana para perto do Salto Apucaraninha, essa decisão também foi influenciada pela ação indígena, pois algumas famílias Kaingang se deslocaram para as proximidades do empreendimento hidrelétrico, imediatamente após o início das obras.

As ações dos indígenas, quanto ao processo de territorialização da área indígena do Apucarana e sua relação com a usina do Apucaraninha, estão presentes na documentação escrita analisada, como também na própria memória da comunidade local, expressa nas entrevistas coletadas em pesquisa de campo.

4.1 O que dizem os documentos?

Primeiramente, se faz necessário retomar o relatório de Viagem elaborado pelo inspetor Deocleciano de Souza Nenê, em março de 1947, após suas idas ao PI Apucarana em setembro e novembro de 1946.

> A usina fica pouco mais de um quilometro acima da barra do rio Apucaraninha no rio Tibagí, tudo lado direito, em terras da reserva indígena como já disse. Notei que não tem embaraçado em nada a marcha dos serviços do Posto, pois, fica distante deste cerca de 25 quilometros [...] Não obstante ser distante do toldo mais próximo de 12 a 15 Kts. Penso que assim tendo prestado as informações pedidas e prestado esclarecimentos precisos (SPI, 30 mar. 1947, Filme 73, Fotograma 1644).

Conforme o relatório, o Salto Apucaraninha, local aproveitado para a execução do empreendimento hidráulico, ficava de 12 a 15 km do toldo indígena mais próximo. Certamente, essas distâncias não consideravam os deslocamentos constantes dos indígenas que habitavam historicamente aquela região, sua forma de vida diferenciada, sua relação com a natureza, seus ranchos temporários de caça, coleta, pesca etc. e que possibilitava a passagem de indígenas no local das obras da usina. Entretanto, é nítido o não reconhecimento pelo órgão indigenista, da presença indígena nas proximidades do local onde se encontrava a grande queda d'água, pelo menos em seus formatos tradicionais de toldos.

Quando o SPI passou a cumprir, as determinações do Acordo de 1949 consideraram as informações dos relatórios dos inspetores da IR7 e do encarregado do PI Apucarana. Situados os toldos dos indígenas naquela área, elaboraram a proposta inicial, dividindo o território em duas áreas, conforme croqui da Imagem 20, de 14 de março de 1950.

Este croqui demonstra os toldos indígenas espalhados pela área, conforme levantamentos anteriores realizados pelos agentes do SPI. Nota-se uma concentração de toldos próxima da confluência do rio Apucarana com o rio Tibagi e na margem esquerda do rio Tibagi, que ficariam de fora das áreas reservadas. Mas não há toldos nas proximidades do Salto Apucaraninha, onde estava em andamento as obras da usina.

Imagem 20 – Croqui dos toldos e das áreas propostas ao PI Apucarana em 14 mar. 1950

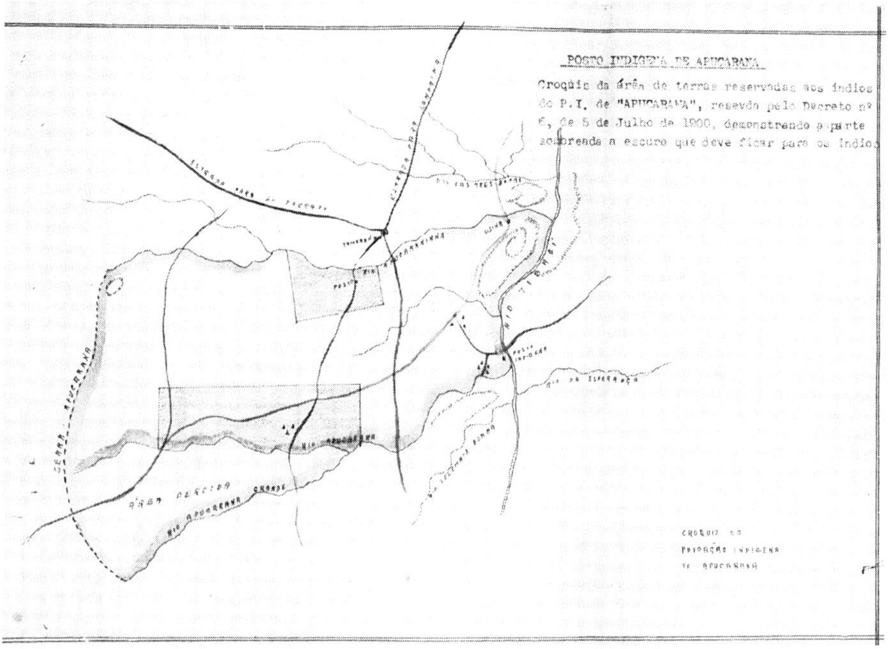

Fonte: SPI, 14 mar. 1950, Filme 76, Fotograma 251.

É importante relembrar os limites dessas áreas representadas no croqui acima:

> Posto Indígena de Apucarana: Os seis mil e trezentos (6.300) hectares a serem medidos e demarcados para os índios e para o Posto, deverão ser em duas glebas: uma de 5.300 hectares à margem esquerda do rio Preto, a começar na confluência deste rio no rio Apucarana Grande, rio Preto acima até abranger a igrejinha do bairro do Rio Preto, onde deverá ser localizado o novo Posto, no lugar denominado "RUA", pouco abaixo da dita igrejinha; outra de 1.000 hectares, à margem direita do rio Apucaraninha, abrangendo a casa situada na Campininha e todas as suas dependências, inclusive invernadas, de conformidade com o croquis anexo, que demonstra, mais ou menos, em sombreado mais escuro, as situações dessas glebas (SPI, 14 mar. 1950, Filme 76, Fotogramas 247-248).

Entretanto, como visto, poucos meses após, o órgão indigenista reconheceu o erro nas delimitações de uma das áreas e propôs a revisão dos limites. Isto se deu após nova visita do inspetor Deocleciano de Souza Nenê ao PI Apucarana, no início de outubro de 1950, que em seu relatório afirmou "[...] certificando que de fato me enganei no ter prestado informação da forma que ficou descrito, porquanto, a ser da maneira que foi feita, os índios ficarão fora da área" (SPI, 12 out. 1950, Filme 76, Fotograma 269).

Isso gerou preocupações ao órgão indigenista, que tratou de convocar os representantes do governo do Paraná, para nova reunião, conforme já exposto, revendo o limite de uma das áreas. Novamente, vale relembrar os novos limites propostos:

> De maneira que muito justamente a área para os índios deve ser da seguinte forma: ao sul, pelo rio Apucarana Grande, sua margem esquerda; ao poente, pelo caminho que indo de Natingui a Tamarana, atravessa a rio Apucarana Grande da direita para esquerda, abaixo da barra do rio Preto, ou podendo também ser pelo arroio denominado Agua da Prata, desde sua confluência no Apucarana Grande, pelo dito arroio até o caminho que foi citado; ao norte pelo mesmo caminho, que vindo dos bairros do rio Preto e Arroio Grande, se dirige ao bairro Fihú e Usina; ao nascente pela Serra que vindo do poente a nascente, contorna-se para rumo sul, paralela com o rio Tibagi, ou também poderá ser pelo arroio do Pereira, uma vez que, dentro dos limites acima, seja suficiente para sair os 5.300 hectares para os índios, de conformidade com o novo croquis que junto a este, destacando-se toda a área, e o sombreado a verde, as duas glebas para os índios, tratando-se o presente, somente da gleba maior, nada alterando a de 1.000 hectares na Campininha, margem esquerda do rio Apucaraninha (SPI, 12 out. 1950, Filme 76, Fotogramas 270-271).

Mas qual o principal motivo dessa revisão? E por que a referência agora ao bairro Fihú e usina nos novos limites da área destinada aos indígenas? O inspetor Deocleciano de Souza Nenê apresentou respostas a tais questões, quando assumiu o erro na definição da área de 5.300 hectares, expondo a localização da nova área.

> Desta forma os dois toldos maiores de índios ficarão dentro da área, evitando-se os inconvenientes, e o que é mais

> impossível de transferir todos esses índios, ainda que perto como é, relativamente, isso eu o afirmo porque tive ocasião de observar dos índios dali. Diante disto sugiro se convide o Snr. João Vialle, como representante do Governo do Estado, demarcando dia e hora, para reunir-mos, afim de se lavrar uma outra ata em aditamento a que foi dada [...] (SPI, 12 out. 1950, Filme 76, Fotograma 270-271).

Destarte, o inspetor deixa evidente a resistência dos indígenas em sair dos seus territórios tradicionalmente ocupados, sendo praticamente impossível transferi-los para outros locais. Essa afirmação destaca mais uma vez a articulação dos indígenas, suas estratégias políticas e sua luta frente ao processo de expropriação das suas terras. Essa ideia se confirma com o trecho abaixo retirado da ata de reunião dos membros do SPI e do governo do Paraná, que acertou os novos limites da área de 5.300 hectares do PI Apucarana.

> [...] os índios ficariam fora da terra a ser-lhes demarcada, a qual abrangeria também o bairro da Igrejinha, povoado de sertanejos. Este fato, causaria grandes despesas para o Estado, e para a Inspetoria, e sérios aborrecimentos, devido a dificuldade de mudança dos índios como também dos sertanejos a serem transferidos (SPI, 22 dez. 1950, Filme 48, fotograma 1468).

Outrossim, o órgão indigenista tinha experiências frustrantes na tentativa de deslocar os Kaingang para outros locais, com extrema dificuldade de retirá-los dos seus toldos tradicionais. Na verdade, os indígenas continuavam com suas moradas mesmo em áreas não reservadas a eles, como destacado anteriormente. A viagem de Deocleciano de Souza Nenê ao PI Apucarana, em outubro de 1950, possibilitou a confecção de um novo croqui com os toldos dos indígenas daquela localidade. Este revela o porquê dos novos limites da área de 5.300 hectares destinada aos indígenas incluir as referências ao bairro do Fihú e à usina. Como se vê na Imagem 21, uma parte dos indígenas tinha se deslocado para as proximidades da usina em construção, embora tantos outros toldos ainda permanecessem espalhados por toda a área reservada em 1900.

Imagem 21 – Croqui dos toldos e das áreas propostas ao PI Apucarana em 12 out. 1950

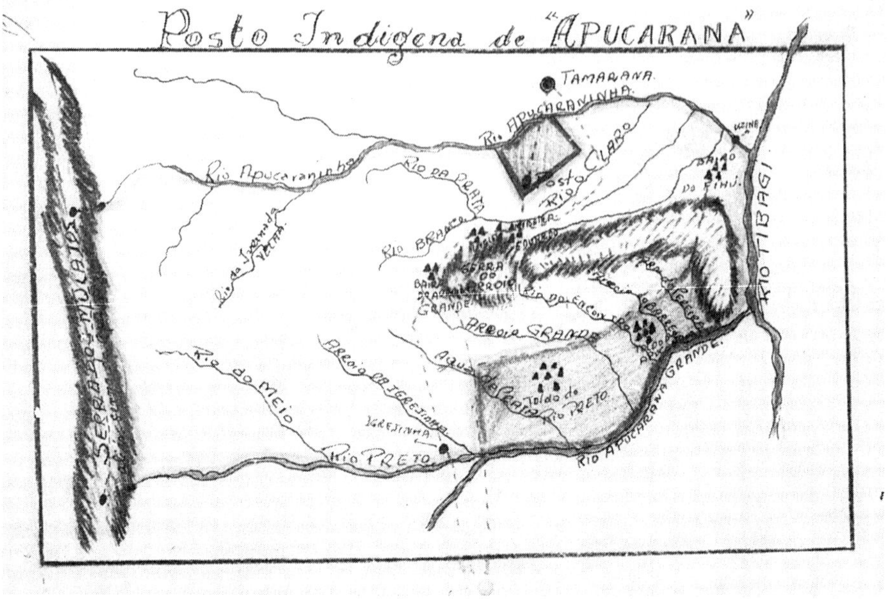

Fonte: SPI, 12 out. 1950, Filme 76, Fotograma 272.

A ação dos Kaingang revela uma estratégia de assegurar seus toldos tradicionais, mas também estabelecer moradas em outros locais, com alguns membros do grupo, movidos por outros interesses. Apesar dos agentes do SPI afirmarem que era muito difícil a locomoção dos indígenas para novos locais, alguns indígenas procuraram se fixar nas proximidades da usina em construção, local até então apontado pelo órgão indigenista como área arrendada a terceiros e sem toldos indígenas até aquele momento.[23]

Torna-se mister afirmar que essa ação indígena influenciou de forma direta a decisão do SPI em definir os novos limites da área a ser destinada aos Kaingang do Apucarana, decorrentes do Acordo de 1949. Dessa forma, se o órgão indigenista optou em se aproximar da usina, devido aos interesses já mencionados, concomitantemente, algumas famílias indígenas também se deslocaram e concentraram seus toldos próximos à usina, como revelou a análise dos croquis. Esse deslocamento e fixação de moradias

---

[23] Havia um Toldo na margem esquerda do rio Apucaraninha, em 1910, mais próximo de sua confluência com o rio Tibagi, conforme apontado pelo estudo de Mota (2014b). Entretanto, como será demonstrado pelas entrevistas com os indígenas, na década de 1930, esse local não estava mais habitado pelos Kaingang. Quanto à margem direita do rio Apucaraninha, próximo ao Salto, não existiam moradias indígenas até o início das obras da usina.

no local perto do empreendimento hidrelétrico devem ser compreendidos como ação estratégica dos indígenas daquela área, que perceberam a possibilidade de obter algum ganho e vantagens, nas relações com os representantes da Eelsa e os operários que construíam a usina. Lembrando que o Acordo de 1949 ainda estava em processo de negociação entre o governo do Paraná e o SPI, ou seja, antes mesmo da definição da área (ou das áreas) destinada aos indígenas, estes já haviam se deslocado para as proximidades das obras do empreendimento hidrelétrico.

Como será demonstrado, com mais detalhes, possibilidades de trabalho, de trocas comerciais, de novas relações sociais, bem como o aproveitamento da estrutura edificada em torno da usina e na nova sede do posto, como estradas e pontes, mas também casas, escola, postinho de saúde, inclusive, instalações com energia elétrica fornecida pela usina, despertaram o interesse dos indígenas, que viram a possibilidade de obter determinadas vantagens, além de facilitar seus deslocamentos e seu cotidiano por toda aquela região.

É importante enfatizar, que essa concentração de toldos nas proximidades da usina, não apenas influenciou a decisão do órgão indigenista na revisão dos limites de uma das áreas destinada aos indígenas, como também a decisão do SPI em abandonar a sede do PI Apucarana na região denominada Campininha, deslocando-a, incialmente, em 1951, para próximo do Posto Velho e, na sequência, em 1952, para junto do empreendimento hidrelétrico. Além dos interesses do órgão indigenista, em sua relação com a Eelsa e com a usina, não se pode negar a ação dos próprios Kaingang, que também tinham seus interesses e que interferiram no processo de negociação da área de terras a ser demarcada como território indígena Apucarana, em decorrência do Acordo de 1949.

Foram duas décadas de acertos e desacertos, após 1949, para a definição dos 6.300 hectares destinados aos indígenas do Apucarana, com grande resistência desses em deixar os seus toldos tradicionais, como a própria memória indígena revela, por meio das suas entrevistas, analisadas na sequência. Não resta dúvida sobre a participação dos Kaingang neste processo de definição do território indígena Apucarana, assim como, categoricamente, se pode afirmar que a concentração de toldos na região próxima a usina foi decisiva para o seu processo de territorialização. E, como evidenciado ao final desta Parte II, essa ação indígena acabou se tornando primordial para as relações e negociações da comunidade indígena com as concessionárias de energia elétrica, seus representantes e seus empregados: primeiramente com a Eelsa, até 1974; após isso, com a Copel, permanecendo até hoje. Além disso, permitiu o despertar, entre os Kaingang, da ideia de apropriação da usina, pois está localizada em território indígena, desde o início de sua construção. Essa ideia vem alimentando as exigências e reivindicações da comunidade indígena junto à Copel, à Funai e ao MPF.

4.2 A memória e os relatos dos indígenas

Como já afirmado, se por um lado, houve o deslocamento de alguns indígenas do Apucarana para próximo da usina em construção, fixando toldos naquela região, por outro lado, os indígenas não abandonaram os seus toldos de outrora, estabelecendo suas políticas para fazer frente ao novo processo de esbulho dos seus territórios, em virtude do Acordo de 1949 e do avanço das frentes colonizadoras. As ações dos Kaingang, o jogo de interesses, as alianças, os conflitos, suas lutas, suas conquistas e suas perdas estão presentes na memória da comunidade, que conta suas histórias para as novas gerações, contemplando sentimentos diversos: indignação pela perda substancial das terras; saudosismo dos seus locais antigos de moradias, de rituais e de festas; tristeza pela morte de parentes e de amigos; mas também sentimentos de força pela histórica luta do seu povo, de esperança em obter novamente seus territórios perdidos e de luta pela melhoria da qualidade de vida da comunidade, mantendo-se enquanto população de cultura diferenciada, que prima por suas origens e suas raízes, mas que se reinterpreta, em virtude dos novos contextos históricos e das relações com os não indígenas, seguindo a perspectiva de *fronteiras étnicas* e de *relações interétnicas* apresentadas por Barth (1976).

Tudo isso foi percebido nas entrevistas realizadas com alguns membros da comunidade indígena do Apucaraninha, durante os trabalhos da pesquisa etnográfica.[24] Esses relatos foram realizados no campo, a céu aberto, visitando os locais de outrora ocupados pelos Kaingang, como seus cemitérios antigos, os locais de encontro para festas e para rituais, proporcionando momentos especiais para a equipe de pesquisadores e para os próprios indígenas, considerando a orientação da *observação parti-*

---

[24] Optou-se por não elaborar um item para tratar de História Oral. A fundamentação teórica e metodológica para a realização das entrevistas está constante no decorrer da análise das entrevistas, quando considerada necessária e pertinente. Alguns teóricos e seus debates sobre História Oral fundamentaram a realização das entrevistas presentes neste estudo. Obras como as de Amado e Ferreira (2005), Alberti (2005), Thompson (1992) e Oliveira (2006) foram essenciais para o planejamento, execução e análise das entrevistas.

cipante, constante em Oliveira (2006), que dá encaminhamentos de como o pesquisador deve olhar, ouvir e escrever, durante a elaboração do seu trabalho, verificando "[...] as questões epistemológicas que condicionam a investigação empírica tanto quanto a construção do texto, resultante da pesquisa" (Oliveira, 2006, p. 18).

No que tange ao objeto deste estudo, as falas dos indígenas entrevistados evidenciam a sua resistência e dos seus ancestrais em deixar seus toldos tradicionais e que determinados interesses acabavam promovendo as mudanças dos seus locais de outrora. É importante relembrar que a fase inicial da concentração de toldos perto da usina ocorreu entre 1946 a 1950, antes mesmo das definições do Acordo de 1949, ou seja, não podem ser tratados meramente como deslocamentos impostos pelas frentes colonizadoras ou por determinações do órgão indigenista. É mister destacar as ações e os interesses de algumas famílias indígenas no deslocamento para próximo da usina do Apucaraninha.

Durante a pesquisa de campo alguns membros da comunidade fizeram o papel de guia, conduzindo aos locais de suas antigas moradias e outros pontos de interesse para esta narrativa, como cemitérios, igreja, locais de encontros, entre outros. Além disso, conduziram a equipe de pesquisa até as casas dos indígenas que foram entrevistados. Os próprios guias também deram suas informações enquanto ocorriam os deslocamentos para a realização da pesquisa de campo e ainda exerceram o papel de tradutores, nos casos em que os entrevistados não falavam o português, mas apenas a língua materna, o Kaingang.[25] Novamente, se recorre aos fundamentos de Oliveira (2006), quando explica o *olhar etnográfico* do pesquisador, que vem previamente definido sobre seu objeto de pesquisa, devido à leitura de outras fontes e bibliografias sobre o tema, e que, portanto, compreender os locais e tudo aquilo que se vê durante os trabalhos de campo exige que o pesquisador ouça os seus entrevistados. Dessa forma, olhar e ouvir não podem ser tomados como algo independente da investigação empírica, porque não se dissociam, mas conectam-se. Além disso, Oliveira (2006) ressalta a dificuldade dos *idiomas culturais*, que são os diferentes mundos do entrevistador e do entrevistado. É, neste último mundo, que o pesquisador deseja entrar, destaca o autor, mas sua compreensão está limitada pelas categorias explicativas ocidentais que ele tem em sua formação.

---

[25] A escolha dos membros da comunidade indígena que seriam entrevistados partiu da experiência com outros trabalhos realizados na TI Apucaraninha, buscando os mais antigos moradores e as principais lideranças.

Identificando os indígenas entrevistados

Um dos guias foi o Sr. João Krág Mág Cardoso Neto, Kaingang, nascido em 3 de março de 1954, no Toldo Apucarana, mais conhecido como Posto Velho. Este local, até recentemente contemplava algumas famílias indígenas moradoras, pois ficou dentro da atual TI Apucaraninha. O Sr. João Cardoso descreveu fatos de sua infância e das histórias que seu pai lhe contava, importantes para compreender a constituição do território indígena Apucarana e a instalação da nova sede do posto próxima à usina, no início da década de 1950. Ele foi guia e conduziu a equipe de pesquisa até aos antigos toldos Campininha, dos Moreiras e do Inglês, além de demonstrar o local da antiga sede do PI Apucarana e conduzir a equipe de pesquisa até a residência do Sr. Raul Pereira.

O Sr. João Cardoso também foi o tradutor da conversa realizada com o Sr. Raul Pereira, um dos Kaingang mais antigo da TI Apucaraninha, com 87 anos de idade, que praticamente não fala a língua portuguesa, fazendo seu relato em Kaingang. As perguntas do entrevistador e as respostas do entrevistado eram traduzidas pelo Sr. João Cardoso. O Sr. Raul Pereira nasceu no Toldo dos Moreiras e durante o processo de reorganização da sede do PI Apucarana, nos anos 1950, acabou se mudando para perto da usina do Apucaraninha, onde se edificava a nova sede do Posto. Suas falas foram essenciais para entender o processo de territorialização da comunidade indígena do Apucarana durante as negociações do Acordo de 1949 e diante da presença da usina.

Outro integrante da TI Apucaraninha entrevistado foi o Sr. João Maria Rodrigues Tapixi, de 75 anos de idade. Apesar de ser morador recente do Apucaraninha o Sr. Tapixi é experiente, sendo uma liderança de destaque do movimento indígena, com várias ações na segunda metade do século XX, especialmente dos Kaingang que viveram/vivem nos territórios da bacia hidrográfica do rio Tibagi. Cacique, durante muitos anos da terra indígena Barão de Antonina, o Sr. Tapixi deu grandes contribuições para compreender o contexto de construção da usina do Apucaraninha e suas relações com a comunidade indígena local.[26]

---

[26] O Sr. Tapixi realizou um depoimento para a Comissão Estadual da Verdade do Paraná, em 2014, na Câmara Municipal de Vereadores de Maringá – PR, para o Eixo *Graves violações contra povos indígenas*, testemunhando muitos casos de violência contra os Kaingang do Tibagi, pelos agentes do SPI, Funai, entre outros.

O Sr. José Ekór Bonifácio também realizou o papel de guia da equipe de pesquisa, prestando informações ao longo dos deslocamentos por toda a área do antigo território indígena Apucarana. Com mais de 60 anos de idade o Sr. José Bonifácio nasceu no Toldo Apucarana (Posto Velho), viveu a infância próximo às margens do rio Apucarana e aos 14 anos de idade sua família foi para a sede do Posto, próximo à usina do Apucaraninha. Ele demonstrou onde eram muitos toldos dos Kaingang, não apenas os indicados pelo órgão indigenista, inclusive, apontando locais de moradias de famílias indígenas fora da área reservada aos indígenas em 1900.

Dona Gilda Kuitá também acompanhou os deslocamentos na companhia do Sr. José Bonifácio, fazendo seus comentários e observações. Nascida no estado de Santa Catarina, pertencente a etnia Xokleng, Dona Gilda chegou no território indígena Apucarana com apenas um ano de idade, junto com sua família. Hoje, aos 61 anos, tem muita história para contar sobre o processo de reestruturação da área reservada aos Kaingang do Apucarana e sobre a presença da usina e as relações entre a comunidade indígena e os empregados da Eelsa.

Outro entrevistado foi o Sr. Elói Zacarias Nogueira Pipir, com 88 anos de idade, sempre morador na região do território indígena Apucarana, passando por diferentes toldos, mas que nasceu próximo ao rio Taquara, que estaria fora da área reservada aos indígenas em 1900. Contou que foi no Toldo Rio Preto, onde passou a maior parte da infância e depois se deslocou para a sede nova do Apucaraninha ainda jovem para trabalhar junto ao encarregado do Posto, Alan Cardec. Primeiramente, o Sr. Elói morou no chamado Posto Velho (Toldo Apucarana) e, em seguida, na nova sede no Apucaraninha.

O último foi entrevistado o Sr. Pedro Kagre Kãg Candido de Almeida, com 61 anos de idade, professor na escola da TI Apucaraninha e que cuida do espaço chamado de Casa do Índio, na cidade de Londrina (PR), ficando a maior parte da semana neste local. O Sr. Pedro de Almeida nasceu próximo ao rio Taquara e com dois anos de idade sua família mudou para a área próxima à usina do Apucaraninha, onde estava situada a nova sede do PI Apucarana.

A memória indígena em relação aos seus antigos toldos

As entrevistas coletadas in loco revelaram o conhecimento dos indígenas em relação aos seus antigos locais de moradia. O Sr. João Cardoso guiou a equipe de pesquisa em parte da área que correspondia ao território indígena Apucarana, como no local do antigo Toldo Campininha e da primeira sede do posto, edificada em 1942. Todos os entrevistados demonstraram saber exatamente onde eram esses locais, revelando a memória e a oralidade presentes na comunidade Kaingang do Apucaraninha, que compreende sua historicidade. As entrevistas corroboram as informações do SPI, que colocam o Toldo Campininha bem próximo da primeira sede do PI Apucarana. São locais distantes da atual TI Apucaraninha.

O Sr. José Bonifácio também realizou o papel de guia e conduziu os pesquisadores até o local da primeira sede do PI Apucarana e do Toldo Campininha, acompanhados da Dona Gilda Kuitá. As localidades são as mesmas apontadas pelo Sr. João Cardoso e corrobora as informações contidas nos documentos do órgão indigenista. No local, foram encontradas algumas construções antigas, que podem ter relações com as estruturas originais do PI Apucarana, construídas a partir de 1942.

Durante os trabalhos de campo, o Sr. João Cardoso levou os pesquisadores até a residência do Sr. Raul Pereira. Este, quando questionado sobre os antigos locais ocupados pelos Kaingang daquela região, respondeu o seguinte:

> Fui nascido aqui, lugar onde era toldo também, lá do Moreira [...] era uma carreira assim, onde era riozinho que desce assim [...] no lado, para cá também tinha, eles fizeram até carreira nos ranchos deles, onde nós viu, onde nós paremo e daí falei pra ele onde a gente mora é aqui, naquele riozinho que desce, que cada lado tinha um [...] É tinha, nessa base, mais ou menos, doze ou vinte casas de índios. Tinha um riozinho que desce, lá onde eu falei pra vocês, quando passemo assim, que não era inglês né. Aquele riozinho que vem de lá [...] Pra cima onde é sede lá, então já tinha assim, a carreira das casas dos índios, os ranchos né (Raul Pereira, 28 mar. 2017).

Fotografia 10 – Antigo local do Toldo Campininha

Fonte: Foto de Lúcio Tadeu Mota

Fotografia 11 – Sr. José Bonifácio apontando o antigo local do Toldo Campininha

Fonte: Foto de Isabel Cristina Rodrigues.

Fotografia 12 – Dona Gilda e Sr. José apontando o antigo local da primeira sede do posto

Fonte: Foto de Isabel Cristina Rodrigues.

Fotografia 13 – Construção no local da primeira sede do PI Apucarana

Fonte: Foto de Isabel Cristina Rodrigues

Fotografia 14 – Raul Pereira (centro), João Cardoso (esquerda) e Éder Novak (direita)

Fonte: Foto de Lúcio Tadeu Mota

Fotografia 15 – Antigo local do Toldo dos Moreiras com João Cardoso e Éder Novak

Fonte: Foto de Lúcio Tadeu Mota

Durante as traduções, o Sr. João Cardoso considerava os deslocamentos já realizados durante a pesquisa de campo e acrescentava algumas informações às falas do Sr. Raul Pereira. Nessa passagem da entrevista, nota-se a citação a dois toldos reconhecidos pelos dados demográficos do órgão indigenista: o dos Moreiras e o do Inglês, ambos em localidades fora da atual TI Apucaraninha. A memória do Sr. Raul Pereira em descrever a localização das casas, citando os rios, a posição dos ranchos, demonstra como os Kaingang tinham (e ainda têm) o conhecimento do seu território outrora ocupado, que passou pelo processo de esbulho, com seu auge, durante as negociações referentes ao Acordo de 1949.

Ao final desse trecho da entrevista, o Sr. Raul afirmou que os toldos dos Moreira e do Inglês eram próximos, *tudo perto* confirmou a tradução do Sr. João Cardoso. Além disso, o Sr. Raul também informou que foi morador, durante pouco tempo, do Toldo Campina (a Campininha), que estava situado mais próximo da primeira sede do PI Apucarana, quando então se deslocou para o local onde se assentou a nova sede do Posto e ali vive até hoje.

Na companhia do Sr. José Bonifácio e Dona Gilda Kuitá, a equipe de pesquisa se deslocou com destino ao antigo local do Toldo Rio Preto, fazendo inúmeras paradas a pedido dos indígenas para demonstrar outros locais e realizar seus relatos. Uma dessas paradas se deu próximo da Serra do Arreio, local de antigas moradias dos Kaingang.

Durante o percurso, o Sr. José Bonifácio demonstrou um novo local de antiga moradia dos Kaingang, conhecido como Toldo do Arroio Grande, afirmando que muitas famílias indígenas viviam naquele local.

Ao completar o percurso, chegou-se ao Toldo Rio Preto, onde está localizada a igrejinha e o cemitério, com muitos indígenas enterrados. Local de muitas lembranças para o Sr. José Bonifácio e Dona Gilda e de muitas histórias para os Kaingang da TI Apucaraninha. Próximo à igrejinha foram encontrados alguns fragmentos de cerâmica, que reforçam a presença de moradias dos indígenas naquele lugar em tempos mais remotos. Esses artefatos despertaram o interesse dos informantes indígenas, promovendo um longo diálogo com a equipe de pesquisa sobre a finalidade das vasilhas cerâmicas, as formas de sua elaboração etc.

Fotografia 16 – Local do antigo Toldo Serra do Arreio

Fonte: Foto de Lúcio Tadeu Mota

Fotografia 17 – Antigo local do Toldo Arroio Grande

Fonte: Foto de Lúcio Tadeu Mota

Fotografia 18 – Cemitério Indígena do Toldo Rio Preto

Fonte: Foto de Lúcio Tadeu Mota.

Fotografia 19 – Igrejinha no local do antigo Toldo Rio Preto

Fonte: Foto de Lúcio Tadeu Mota

Após a visita ao cemitério e a igrejinha do Rio Preto, a equipe se deslocou para as margens do rio Apucarana, onde o Sr. José Bonifácio afirmou que eram moradias dos Kaingang, nas duas margens do rio, desde aquele ponto, até a sua foz no rio Tibagi, contando algumas histórias da sua infância. Toda a margem direita do rio Apucarana não pertence à TI Apucaraninha, enquanto uma grande parte da margem esquerda foi retirada dos Kaingang após as negociações do Acordo de 1949.

O Sr. José Bonifácio também levou a equipe até ao Toldo Apucarana (Posto Velho), muito próximo da Água do Gregório, citada nos documentos como local do PI Apucarana, logo após sua saída de próximo do Toldo Campininha em 1951. Nesse local, muitas famílias indígenas viveram até recentemente. Hoje, porém, há apenas uma casa da neta do antigo Cacique Gregório, muito citado nos relatórios dos encarregados do Posto, nos anos 1940 e 1950. Esse local e o Toldo Barreiro permaneceram na área que constitui a atual TI Apucaraninha.

Todos esses locais apontados pelos entrevistados estavam compreendidos no interior do território indígena reservado aos Kaingang desde 1900. Apenas o Posto Velho e o Toldo Barreiro ficaram no interior das áreas destinadas aos indígenas após as negociações do Acordo de 1949. Entretanto, existiam ainda os toldos fora daquela área, como revelaram o Sr. Elói Zacarias e o Sr. Pedro de Almeida, entre outros entrevistados. O primeiro informou ter nascido na aldeia do rio Taquara (Toldo Barra do Taquara) e que ainda menino foi para o Toldo Rio Preto. O segundo narrou algumas histórias dos Kaingang do Apucarana, iniciando com a de sua família:

> [...] A minha vó, os meus parentes, a minha família é de Taquara, fica ali perto dá, aqui perto de Londrina mesmo. Ali tinha uma área indígena, uma aldeia que os índios moravam ali e minha família são dali mesmo e aí eu nasci, dali mesmo né, aí quando, diz minha vó, falava, quando eu tava com dois anos aí eles, o chefe branco, o chefe do posto pediu pra todos índios morarem lá no Apucaraninha (Pedro Almeida, 30 mar. 2017).

Fotografia 20 – Rio Apucarana e o antigo Toldo Apucarana Grande

Fonte: Foto de Lúcio Tadeu Mota

Fotografia 21 – Residência da neta do antigo Cacique Gregório no Posto Velho

Fonte: Foto de Isabel Cristina Rodrigues

A família de Pedro de Almeida tem suas origens no Toldo Taquara, hoje próximo de onde fica a ponte sobre o rio Taquara, na chamada Estrada Velha que liga Londrina à usina do Apucaraninha, passando pelos distritos de Irerê, Paiquerê e Guairacá. Tanto o Toldo Taquara quanto o lugar de origem da família do Sr. Elói Zacarias não estavam situados no território indígena Apucarana, reservado aos indígenas em 1900. Entretanto, conforme o Sr. Pedro de Almeida, o Toldo Taquara contemplava algumas famílias indígenas ainda na década de 1950. Nascido em 1955, ele revelou que com dois anos de idade, portanto em 1957, sua família mudou-se para o Apucaraninha, seguindo o processo de concentração dos indígenas nas proximidades da nova sede do posto e da usina do Apucaraninha.

Também o Sr. José Bonifácio e a Dona Gilda Kuitá informaram a presença de seus familiares nas margens do rio Taquara na década de 1950. Esses dois indígenas acompanharam a equipe de pesquisa até a ponte da Estrada Velha, sob o citado rio. Ali foi encontrado um antigo *Pari*, armadilha de pesca Kaingang, que segundo o Sr. José Bonifácio pertencia ao indígena Francisco Diogo. O Sr. José Bonifácio disse também que daquele ponto até a foz no rio Tibagi, existiam muitas moradias indígenas, sobretudo, na margem direita do rio Taquara.

Além dos toldos presentes no rio Taquara, os indígenas citaram o antigo toldo na margem esquerda do rio Apucaraninha, do lado oposto onde se assentou a usina, também situado fora do território indígena Apucarana reservado em 1900. Como já descrito, trata-se de uma antiga moradia dos Kaingang, ainda habitada em 1910, conforme os estudos de Mota (2014b), mas que nos anos 1930 já não contava mais com moradores indígenas. A equipe de pesquisa também se deslocou até ao antigo cemitério deste Toldo Apucaraninha, na companhia também do Sr. José Bofinácio e da Dona Gilda Kuitá. Esta apontou o local de uma sepultura, conforme foto abaixo.

As entrevistas e os deslocamentos por todo o território indígena Apucarana, na companhia dos indígenas, permitem afirmar que eram muitos os locais habitados por eles no momento em que se iniciou a construção da usina do Apucaraninha. O Mapa 1 apresenta todos os toldos informados pelos indígenas. Um número muito maior do que simplesmente os seis toldos elencados pelo órgão indigenista, inclusive, com os que estavam fora do território reservado em 1900. Dessa forma, mesmo após meio século, as políticas indigenistas ainda não haviam conseguido concentrar os Kaingang na área a estes destinadas, evidenciando a resistência e as ações dos indígenas em defesa dos seus territórios.

Fotografia 22 – Antigo *Pari* no rio Taquara e Toldo Taquara

Fonte: Foto de Isabel Cristina Rodrigues

Fotografia 23 – Sepultura no cemitério do antigo Toldo Apucaraninha

Fonte: Foto de Isabel Cristina Rodrigues

Mapa 1 – Os toldos do território indígena Apucarana

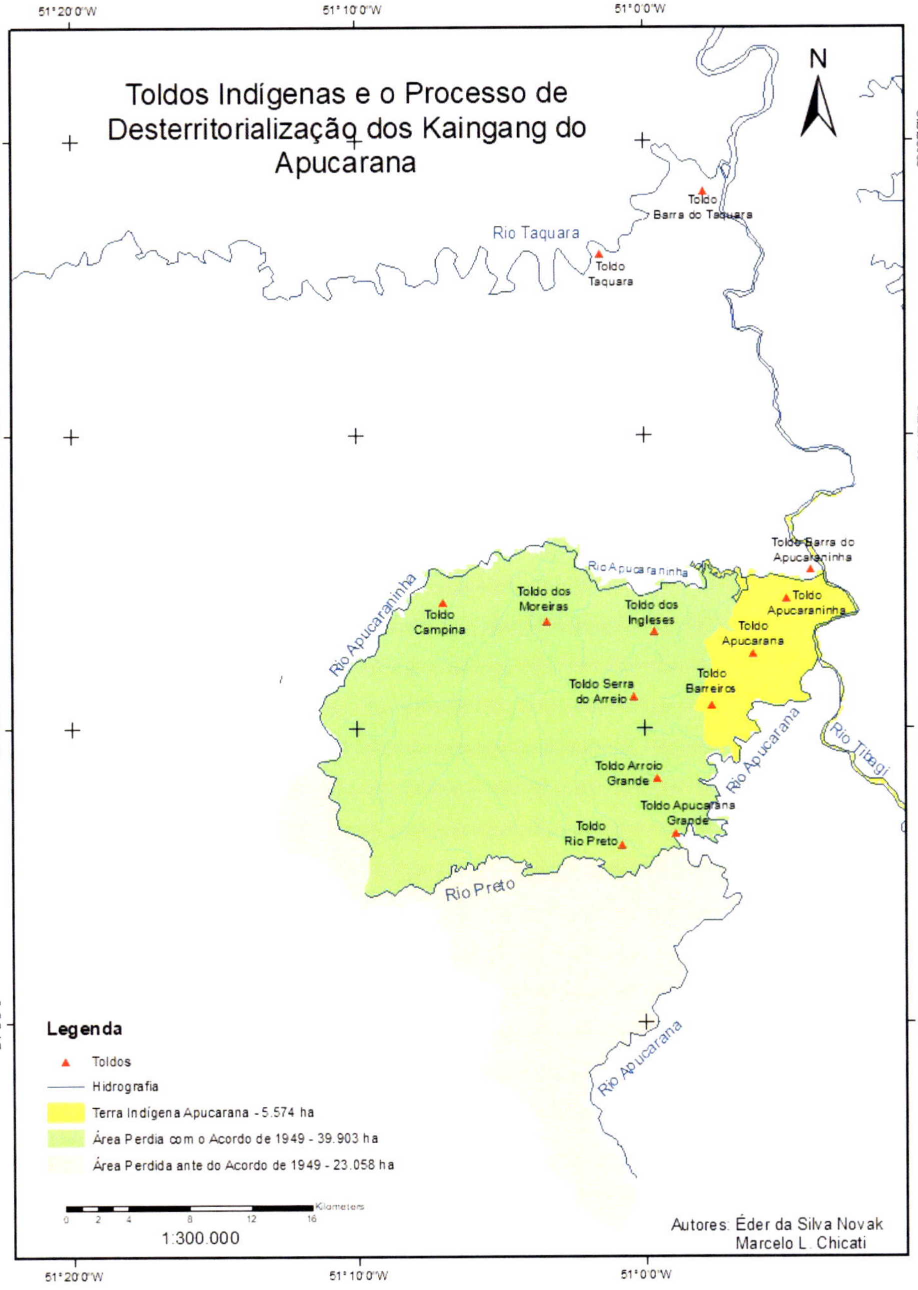

Fonte: Éder da Silva Novak e Marcelo L. Chicati (2017)

As festas e os deslocamentos narrados pelos indígenas

A memória indígena também evidencia os locais de suas festas, encontros, rituais e como ocorriam seus deslocamentos por toda a bacia do rio Tibagi, interligando os Kaingang das duas margens desse grande rio. Os pesquisadores, na companhia do Sr. José Bonifácio e Dona Gilda Kuitá, foram até um pequeno rio, com o nome de Água do Encontro, onde o Sr. José Bonifácio realizou a seguinte fala:

> E o caminho antigo saia ali, ia por aqui, nós cruzava por aqui sabe, então até o rio do Encontro, que os índios que morava no Toldo Velho, aí eles limpava o caminho né, eles encontrava aqui, aqui que morava, na, na, no Rio Preto, eles vinha de lá limpando o caminho e encontrava tudo aqui, encontrava com os de lá pra cá, eles encontrava tudo ali com o pessoal do Toldo tudo ali, sabe, e então, aqui era o encontro deles, aqui eles fazia a dança deles, cantava, sabe. Ficava, aqui eles almoçava, eles fazia a dança deles aqui, então, aqui era rio do Encontro. Nos encontrava tudo aqui no rio, aí eles fazia a dança deles aqui, eles cantava, apresentava a cultura deles, eu vi duas vez. É, por isso que é rio do Encontro. Então, aí, então era tudo, era só um caminho (José Bonifácio, 29 mar. 2017)

A memória da comunidade indígena ainda guarda com saudosismo esses encontros e festas, na época em que o território era extenso e farto de alimentos, frutos, peixes, animais para caça etc. Segundo o Sr. Bonifácio, eles ficavam uns dois dias em festas, celebrando seus rituais, cantando, dançando.

> Tinha comida, peixe, mel, pescava, caçava, aí tinha, aí as mulheres se encontrava tudo ali e fazia, assava carne, os peixes [...] lambari, então, daí eles pescava e comia peixe e carne assada, aquele tempo tinha muito bicho, cateto. O que vinha, os que morava perto ali vinha ajudar eles pra fazer a limpa, limpar o caminho do Toldo velho. Muita gente, era tudo esparramado por aqui assim (José Bonifácio, 29 mar. 2017).

Esses encontros contavam com grande quantidade de indígenas, que vinham de longe para celebrar com seus amigos e parentes. A Dona Gilda conta mais detalhes sobre esses momentos:

> Naqueles tempos eles tinham os costumes de roçar os caminhos, mas hoje eles já desistiram dessa ideia, mas todos os caminhos eles ia limpando, então, tinha época do ano que eles fazia isso, daí aqui era um ponto de encontro deles,

vinha de lá do Rio Preto, do Toldo Velho, da Serra do Arreio, vinha do toldo, vinha lá da Campininha, se encontravam aqui (Gilda Kuitá, 29 mar. 2017).

Fotografia 24 – Água do Encontro

Fonte: Foto de Isabel Cristina Rodrigues

Fotografia 25 – Equipe de pesquisa e os guias indígenas na Água do Encontro

Fonte: Foto de Isabel Cristina Rodrigues

Esse local, Água do Encontro, era um ponto estratégico para unir todos os Kaingang dos diferentes toldos do território indígena Apucarana, pois era centralizado e oferecia diversas opções de alimentos para os participantes daquele momento festivo. O Sr. José Bonifácio relatou que naquela época não se passava fome, "[...] se eu andar hoje o dia inteiro, eu acho que eu vou passar fome. É, não acha o que comer, não tem fruta nenhuma" (José Bonifácio, 29 mar. 2017). Outrossim, encerrou sua fala afirmando que "[...] hoje tem só soja né, inhame, hoje você não vê nenhuma fruta, nem coco não tem pra você fazer um suco, é, nós fazia suco do coco maduro, eles socava no pilão" (José Bonifácio, 29 mar. 2017).[27]

Durante a passagem pelas margens do rio Apucarana, o Sr. José Bonifácio e a Dona Gilda Kuitá também contaram algumas histórias antigas das travessias e idas e vindas dos Kaingang por todo aquele território.

> Esse caminho que entra aqui era um trilho sabe, nós andava a cavalo, por aqui, e saía lá na frente lá, saía lá na frente lá, onde depois nós passa lá eu falo pra vocês onde saía, nós vai passar por lá agora. Então, vai lá até no rio do Encontro, esse caminho aqui, chega lá no rio do Encontro, o pessoal chegava aqui limpava o caminho e se encontrava lá, lá eles fazia a dança deles, canto e tudo, então, lá era o rio do Encontro, então, mas daí eles entrava por aqui e tem outro caminho que sai lá também, eles cruza de a cavalo lá e vai lá no Mococa (José Bonifácio, 29 mar. 2017).

O Sr. Bonifácio explicou com detalhes os caminhos que eram percorridos e que havia três lugares onde passavam os indígenas com seus cavalos, atravessando o rio Apucarana e seguindo em direção à Mococa, atual terra indígena Mococa. As travessias eram próximas aos *Pari* e "[...] aí também tem o acampamento dos índios, quando eles para lá, quando é longe, por lá, eles acampa, aí eles chega nesse rio, rio Igrejinha, parece, não, é rio Rosário" (José Bonifácio, 29 mar. 2017). O nome rio Rosário foi lembrado pela Dona Gilda. O Sr. Bonifácio continuou o relato:

> É o Rosário, na barra daqui, quando eles cai no Tibagi aí os índios tem acampamento que sempre eles vão pra Mococa, eles posa por lá, pesca por lá, fica por lá, passa um dia e depois que eles vão continuar a viagem de novo aí até que

---

[27] Popularmente esse coquinho é conhecido como Macaúba, Macaíba, Macaúva, Coco de Espinho, entre outros. O nome científico é Acrocomia Aculeata, mais encontrado em áreas de Mata Atlântica.

eles chega em Mococa também. Meus parentes, meu avô, sempre andava ali, eu também andei muito ali quando eu era mulequinho, então, sabe, andava com meus avôs, meu pai tudo, né e nós ia pra Mococa de a cavalo, parava lá, nós ficava lá, um dia, dois dias, três pescando, depois nós continuava a viagem nossa até chegar em Mococa (José Bonifácio, 29 mar. 2017).

O relato é marcado pela emoção do Sr. José Bonifácio ao lembrar dos tempos de infância, demonstrando as relações entre os diferentes toldos e seus integrantes, o conhecimento de todo aquele território, as conexões que ultrapassavam as fronteiras da área reservada aos Kaingang, ligando também a Mococa, Queimadas e do outro lado do rio Tibagi, com Barão de Antonina e São Jerônimo, como já evidenciado pela documentação e ratificados pelas entrevistas.

Fotografia 26 – Sr. José Bonifácio contando suas histórias na margem do rio Apucarana

Fonte: Foto de Lúcio Tadeu Mota

O Sr. José Bonifácio afirmou que tudo era moradia dos Kaingang, a partir daquele ponto onde estava, até a foz do rio Apucarana no Tibagi, em suas duas margens. Outrossim, lembrava mais histórias:

> É por que daí eu era um rapaz novo sabe, eu me criei na beira desse rio aqui, me criei na beira desse rio, junto com meu avô, meu pai, armava pari, pegava peixe, chamava ao outros pra vir comer peixe na beira do rio, sabe e quando tava caindo muito peixe no pari, daí eles convida o povo lá pra vir comer os peixe na beira do rio, eles já vinha com a comida deles, é, é bolo azedo, eles trazia tudo, emi, tudo, a comida da gente, trazia milho, sabe. Trazia e nós ficava aí uns par de dia na beira do rio, sempre nós vivia junto, a cultura da gente é viver junto e matar um bichinho, matar um cateto e eles chama os velhinho e come tudo junto na beira do rio, quando eles vão achar, que já tem um índio que já é preparado, sabe, pra, pra ver onde tem o mel, tem a abelha, sabe, e ele já sabia onde tem o mel, ele pegava ali, ia lá furava, pegava mel e trazia, fazia guarapa na beira do rio, depois que eles comia peixe assado, tudo, eles fazia aquelas guarapa de mel tudo e bebia tudo junto ali, esse era a vida deles, sabe, nesse tempo, sabe, e eu fui criado na beira desse rio, quando eu tava com 14 anos aí que eu fui lá para o posto lá na sede do Apucaraninha, daí (José Bonifácio, 29 mar. 2017).

Durante a presença nas margens do rio Apucarana, além de várias histórias da infância, o Sr. José Bonifácio lembrou de algumas músicas que seus avôs cantavam na época.

> Do tempo que a gente andava a pé, ia para Tamarana né, tem vez que eles fazia fogo, fazia comida na beira da estrada, tem vez que eles cantava, [...] daí ficava alegre aí sempre eles cantava daí, eu era mulequinho né eu só escutava eles cantar sabe, daí eu vou cantar uma música, eu vou cantar com a Gilda aqui (José Bonifácio, 29 mar. 2017).

Após cantar, o Sr. José Bonifácio explicava o significado da música, que seu avô gostava da sua avó e esta também cantava porque gostava do seu avô. As entrevistas corroboravam com a ideia de que a história oral e a pesquisa etnográfica/arqueológica apresentam possibilidades de entender um acontecimento histórico, pois como afirma Thompson:

> [...] a natureza da entrevista implica uma ruptura da fronteira entre a instituição educacional e o mundo, e entre o profissional e o público comum. Pois o historiador vem para a entrevista para aprender: sentar-se ao pé de outros que,

> por provierem de classe uma social diferente, ou por serem menos instruídos, ou mais velhos, sabem mais a respeito de alguma coisa. A reconstrução da história, torna-se ela mesma, um processo de colaboração muito mais amplo, em que não profissionais devem desempenhar papel crucial (Thompson, 1992, p. 32-33).

Nessa perspectiva, conforme Oliveira (2006), o entrevistado não pode ser tratado como um mero informante, que responderá perguntas previamente definidas pelo pesquisador. As respostas do entrevistado não podem ser imaginadas como algo pontual e necessário para o objeto de pesquisa, antes mesmo de ocorrer a entrevista. É preciso pensar o entrevistado como um interlocutor, em relação dialógica com o entrevistador, promovendo o *Encontro Etnográfico*, em que "[...] o ouvir ganha em qualidade e altera uma relação, qual estrada de mão única, em uma outra de mão dupla, portanto, uma verdadeira interação" (Oliveira, 2006, p. 24).

Em todos as entrevistas, constatou-se a emoção de relembrar as histórias de outrora e dos seus antigos territórios. Como exemplo, o Sr. Raul Pereira e o Sr. João Cardoso contaram que os Kaingang tinham muito apego aos seus locais de moradias, descrevendo algumas atividades realizadas no dia a dia, como a citada abaixo em relação ao Toldo Barreiro.

> Lá do Barreiro, os índios parava muito, eu lembro [...] aqui tinha um pocinho, diz que é, é lugar onde os anta vai né, descer beber água, cruzava, não sei como que ia, falava barreiro antigamente e já tinha um pocinho lá também, os índios fizeram até a mão lá. Um poço redondo assim (Raul Pereira, 28 mar. 2017).

Este local apontado se situava na Água do Encontro, muito próximo ao Toldo Barreiro. Há informações de que no percurso desse rio tem pontos que contém sal e que os animais vinham comer. Portanto, era um local de caça, facilitando as festas promovidas à beira da Água do Encontro.

O Sr. Tapixi ratifica as festas e os encontros dos Kaingang do rio Tibagi, evidenciando seus deslocamentos e pontos onde cruzavam o rio Tibagi, para rever seus familiares que moravam nos diferentes toldos daquela região. Segundo ele eram 5 pontos de travessia no rio Tibagi: na barra do rio Taquara, para pescar no leito deste rio; num local chamado de riozinho, onde tinha um porto, para acesso ao Toldo Campininha; no barra do rio Apucaraninha, para ida aos toldos dos Moreiras, Inglês, entre outros; na barra do rio Apucarana, em direção ao Posto Velho e ao Toldo Rio Preto; e na barra do rio Rosário, para acesso aos indígenas de Mococa e Queimadas. Desses pontos de travessia apenas dois ficavam no território indígena Apucarana, justamente na barra do rio Apucaraninha e na barra do rio Apucarana.

Além disso, o Sr. Tapixi descreveu a Festa da Piracema, que ocorria todo ano, nos dias 28 a 30 de setembro, no rio chamado Água do Piracema. Segundo ele, muitos indígenas participavam daquele momento, aproveitando e enchendo seus balaios de peixes. Ali mesmo, já comiam uma parte desses peixes e levavam o restante para suas casas, após os três dias de festas.

Durante a estadia nas margens do rio Taquara, o Sr. José Bonifácio também citou uma grandiosa festa no Toldo Barra do Taquara, quando os Kaingang que tinham *Pari* naquele rio e também no rio Tibagi, recebiam seus parentes, para as comemorações, com muitas danças, cantos e rituais.

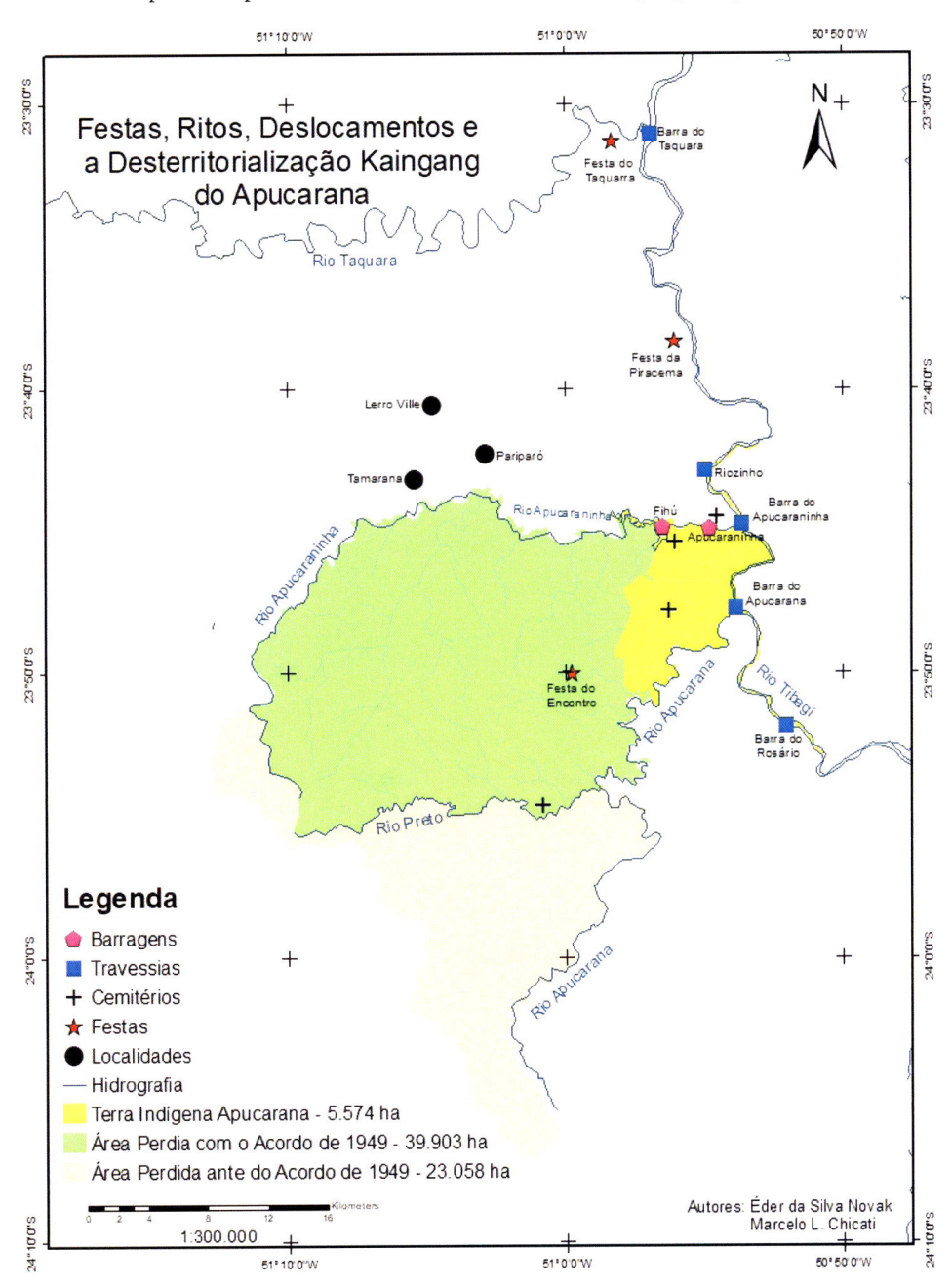

Mapa 2 – Os pontos de travessia e as festas dos Kaingang do Apucarana

Fonte: Éder da Silva Novak e Marcelo L. Chicati (2017)

Diante disso, pode-se afirmar que os Kaingang realizavam suas festas e encontros, mantendo seus relacionamentos com os parentes de outros territórios. Os locais das festas citadas – Barra do Taquara, Água do Piracema e Água do Encontro – não se encontram mais situados na atual TI Apucaraninha, conforme Mapa 2. Na verdade, os dois primeiros locais não estavam presentes nem no território reservado em 1900. Dessa forma, o avanço das frentes colonizadoras, a reestruturação promovida pelo Acordo de 1949, as negociações da área destinadas aos indígenas, influenciada pela própria presença da usina do Apucaraninha, transformaram o modo de vida da comunidade indígena do Apucarana.

As relações com os agentes do SPI: aproximações e tensões

As entrevistas também confirmam muitos fatos apresentados pela documentação do SPI, em torno das relações entre a comunidade indígena e os agentes do órgão indigenista, marcadas por alianças e por conflitos, conforme cada momento histórico. Essas relações precisam ser analisadas para a compreensão das negociações entre o SPI e os Kaingang, no que tange a reestruturação da área destinada aos indígenas, diante do Acordo de 1949 e da presença da usina.

Exemplificando, o Sr. Raul Pereira tem lembranças das atividades corriqueiras da vida indígena nos antigos toldos. Ele lembrou da morte do encarregado Francisco Gracia, que havia sido assassinado, "[...] os brancos mataram ele, o chefe" (Raul Pereira, 28 mar. 2017). Em relação a Alan Cardec, as entrevistas revelam uma certa revolta para com suas ações:

> Agora eu morava aqui, em 63, que o Alan tomava conta, eu morava aqui, só que daí meu pai não gostava do Alan, ninguém daqui gostava daquele lá, ixi, sofreu muito os nossos pais, pagava só depois mixaria pra trabalhar pra ele. Não gostava, daí nós, daí todo mundo ia, aí esparramou né, os índios já foi no outro canto, só que o posto não acabou aqui, sempre teve, ajudando o Alan, esse tal de filho do Gregório que chamava Bernardo, ajudava o chefe, era mais próximo e mais amigo do Alan, trabalhava mais pro Alan (João Cardoso, 28 mar. 2017).

Visivelmente, nota-se um intercruzamento de ações dos Kaingang. A atuação de Alan Cardec, como encarregado do PI Apucarana, ocorreu justamente no contexto de reestruturação daquele Posto, em decorrência do Acordo de 1949, e da continuidade da construção e instalação da usina do Apucaraninha. Dessa forma, a política indigenista buscou agrupar os indígenas nos 6.300 hectares destinados a eles, especialmente na nova sede do posto, nas proximidades da usina. Retirar os Kaingang dos seus toldos antigos não era tarefa fácil para o SPI e seus agentes, como já demonstrado. Alguns indígenas se aproximavam do encarregado e da estrutura do órgão indigenista para obter alguns benefícios e vantagens, como o clã do Cacique Gregório, mas outros acabavam se esparramando, como diz a entrevista, voltando para seus antigos locais ou buscando novos lugares na área delimitada para si ou até mesmo se deslocando para outras áreas indígenas. O valor baixo pago pelo encarregado aos trabalhos dos indígenas reforçava a insatisfação e a busca por outros locais para melhores condições de vida.

Essa situação acabou gerando muitos conflitos entre indígenas e os agentes do órgão indigenista e entre os próprios indígenas, como no caso já evidenciado pela documentação do SPI, envolvendo os indígenas Antônio Candido e José Tavares.[28]

> Eu lembro que no tempo do Alan já foi matado um índio também, por causa do, do Alan. Minha mãe contava, é, não sei o nome dele, era um rapaz novo, que o Alan falou que não, um tal de Antônio Candido, é morava pra lá do Barreiro, em Apucarana, daí não sei que jeito o Antônio Candido queria assim, conversar tudo, fazer tudo certinho e o Alan estava contra, aí não sei que lado que se encontraram aí brigaram. É dois índios brigaram e até o Elói contava tudo certinho também, o Elói também é da mesma idade também, ele mora ali, ele fala muito mais melhor que ele, falo, eu lembro que a mãe contava pra mim que de tarde, ah Zé Tavares que se foi matado, que o Alan falou não, seis vão, vão agora hoje vão matar Cândido, ali naquele lugar que ele mora, aí deu tudo, espingarda, carabina, aí deram pra turma do Gregório, o filho do Gregório que chamava Bernardo né, aí pegaram aí que levaram lá, posaram lá perto, na descida do Apucaraninha, pra lá do barranco, aí dormiu, aí posaram lá, quando daí no outro dia esse Zé Tavares aí falou hoje é dia de morrer, hoje. Aí desceu lá então conversar com ele,

---

[28] Na documentação do SPI, aparece como José Carvalho e não Tavares como informado nas entrevistas. O Volume 2 apresentou maiores detalhes desse acontecimento.

> desceu né, daí quando desceu lá, mas o Antônio Candido já é assim sabido, desconfiava tudo né, eles tava tudo com a espingarda carregadinha, chegou lá aí o Zé Tavares já entrou, conversando, daí de repente a turma descendo, aí a mulher já viu na pressa já, aí disse os homens já estão aqui, aí o Antônio Candido, homem grande, pegou a espingarda dele, aí o Zé Tavares não, não faz isso não, não vamos brigar com você não, que nada, você que tá vindo pra matar eu, então, você que vai morrer, aí carcou fogo, matou na hora (João Cardoso, 28 mar. 2017).

As clivagens internas na própria comunidade indígena, os interesses entre o órgão indigenista e os Kaingang, as estratégias políticas de ambos, suas ações e articulações configuram a ideia de *situação colonial* (Balandier, 1972), complementada pelo conceito de *situação histórica* (Oliveira 1988), refutando as abordagens dualistas entre indígenas e não indígenas e revelando as complexas relações entre os diversos sujeitos presentes em um determinado contexto histórico, colocando os indígenas como portadores de políticas próprias e de uma cultura que se transforma conforme suas historicidades.

No exemplo citado, o grupo aliado à Alan Cardec foi para eliminar Antonio Candido, pois este desobedecia às ordens do encarregado, não se sujeitando a mudar para próximo da usina, onde estava a nova sede do PI Apucarana, e ainda liderava um grupo de indígenas para fazer resistência às ações de Cardec. Nesse caso, quem acabou sendo assassinado foi Zé Tavares, aliado de Alan Cardec, pois Antonio Candido estava ciente do que podia acontecer e foi mais rápido na ação. Para os entrevistados – e aqui precisa-se destacar os interesses constantes nessa afirmação, considerando a ideia de *Discurso* de Foucault (1996), presente em todo o documento, no caso um depoimento – a responsabilidade foi toda do Alan Cardec, "[...] por causa do Alan aconteceu isso aí, os índios se matou, o índio matou, mas por culpa do Alan" (João Cardoso, 28 mar. 2017).

As entrevistas confirmam outras histórias apresentadas pela documentação do órgão indigenista, como a do indígena mordido por um cachorro, que foi levado a Curitiba, recebido pelo inspetor Dival José de Souza.

> Então, eu, no tempo de SPI, esse Dival era de lá de Curitiba né. De Curitiba eu lembro que o cachorro louco mordeu meu irmão e meu pai levou ele lá, meu irmão pra poder cura, o Alan mandou pra lá, meu pai ficou lá 24 dias. E eu com

a minha mãe ficava lá em casa. [...] Ele levou lá, mandou pra Curitiba. [...] Foi mordido por um cachorro louco é, e se salvou. [...] É voltou bem, e daí o cachorro louco mordeu meu irmão, ai foi e sarou né, ai virou quase rapazinho daí que foi faleceu né, na barragem, ele tava pescando, em 65. [...] É ali na barragem (João Cardoso, 28 mar. 2017).

O Sr. Tapixi também lembra dos encarregados do PI Apucarana, como o João Martins, e também dos inspetores da IR7, como o Deocleciano de Souza Nenê e Dival José de Souza. Quando interrogado sobre o Alan Cardec, assim se expressou:

Lembro dele, um chefe ruim, ruim, ruim, ruim (risos). Se eu soubesse onde era a sepultura dele, ia queimar a sepultura dele. Ele ficou um tempão aqui, um tempão, um tempo, tempo, muito tempo. Ele que, que acabou com, com a campina, com Moreira, foi ele que transferiu os índios pra cá, ele e o sogro dele, Benvenutti, o sogro dele. Eles foram vendendo lá e ajeitando, colocando o povo e trazendo os índios pra cá, os índios mais sabidos eles eliminavam. Não podia pintar um índio sabido [...] eu estou vivo, eu sou do tempo do SPI, de Barão de Antonina, lá eles fizeram coisas do arco da veia sabe, eu sou vivo lá, porque eu dei uma de tonto (Tapixi, 28 mar. 2017).

Novamente, a indignação em relação ao encarregado Alan Cardec, por ter sido o responsável pela determinação da nova sede do PI Apucarana. O Sr. Tapixi deixou evidente conhecer a história da TI Apucaraninha e o momento em que os territórios foram reduzidos, perdendo os toldos antigos, como o Campininha e dos Moreiras, citados em sua fala. Da mesma forma, é visível a atuação indígena, tanto ir para um enfrentamento junto ao órgão indigenista, pelo fato de não desejar sair dos antigos territórios e desobedecer a uma ordem do encarregado, o que provocou conflitos e mortes, quanto se submeter intencionalmente aos mandos do chefe, *se fazendo de tonto*, como afirmou o Sr. Tapixi. Este ainda citou mais um exemplo de conflito dos indígenas com o órgão indigenista:

Eu fazia de conta que não via, mas eu via cada coisa errada, assim quando eu era pequeno, eu não tenho estudo, eu nunca estudei na minha vida, mas eu via cada coisa errada, que eu pensava, mas esse negócio não tá certo, mas aí tinha

> um companheiro meu que era um índio mestiço guarani, a mãe era guarani e o pai era carioca, então ele chamava-se Eurides, ele é pai do Elvis aqui, aí o carinha deu uma de esperto, eles mandaram matar ele, mataram o cara (Tapixi, 28 mar. 2017).

Os conflitos, portanto, eram constantes. Como já dito, apesar do SPI existir para proteger os indígenas, acabava favorecendo os interesses das frentes colonizadoras, buscando liberar terras para a colonização, vendendo madeiras, arrendando terras, querendo agrupar os indígenas em áreas mais remotas e cada vez menores. Essa era a política indigenista do SPI, em praticamente todo o Brasil, como demonstrou Oliveira e Freire (2006). Entretanto, essa atitude indigenista sofreria reações da política indígena (Cunha, 1992), pois os indígenas não aceitavam de forma pacífica sair dos seus territórios de outrora ocupados e perdê-los. Essa ação dos indígenas gerava uma reação dos agentes do SPI, conforme descreveu o Sr. Elói Zacarias:

> Trabalhava de Capitão dos índios, fazia, quando os índios fazia erro castigava, certo, mandava castigar e aquele tempo e aquele tempo a usina já tava novo aquele tempo, quando eu era 16 anos parece que a usina já tá com oitenta e poucos anos agora, eu to com oitenta e oito anos eu, índio que tem mais idade aqui é eu, eu que sei tudo, o que que tem acontecido aqui no tempo [...] no tempo do usina eu é que sei tudo (Elói Zacarias, 29 mar. 2017).

Em 2016, a usina completou 70 anos do início de suas obras. Exercendo o papel de liderança da comunidade indígena, o Sr. Elói Zacarias teve contato direto com os agentes do órgão indigenista e também da empresa construtora e operadora da usina, assim como seus empregados. Ele afirmou que Alan Cardec o nomeou enquanto capitão dos indígenas:

> É, ele que me nomeou eu pra trabalhar de cacique, trabalhei cinco anos com ele, depois ele saiu, saiu mas, ele saiu, entrou mais chefe [...] Depois que o Alan saiu entro o, o João Serrano, ele veio lá do Pinhalzinho, lá do Posto dos índios também, lá do outro que era dos índios também, no Pinhalzinho né, ele veio de lá, depois que o Alan saiu, ele morou aí também dois anos. É, depois ele saiu também, daí ele, daí entrou o Jonas [...]. É, ele fez eu de Cacique pros

> índios, ele saiu também, trabalhei com ele dois anos também, depois que ele saiu daí entrou Joãozinho Garcia, ele veio de lá do Marreca, Igarapó, ele veio de lá, veio trabalhar com os índios aqui também, naquele tempo eu era ainda capitão dos índios lá. É, antes da FUNAI, aí depois que o Joãozinho saiu, daí, entrou Capitão, Capitão do Exército diz que foi, aquele tempo foi tirado o SPI, diz que né, daí entraram esse do Exército né, daí esse Capitão do Exército morou comigo também quatro ano (Elói Zacarias, 29 mar. 2017).

O Sr. Elói informou que ficou nessa função em torno de 16 anos, lembrando os nomes dos encarregados do Posto, inclusive, demonstrando conhecimento do processo de extinção do SPI e também do momento em que o governo militar assumiu o país e colocou os seus agentes no órgão indigenista. São breves narrativas que evidenciam as incertezas, as ambiguidades, os interesses convergentes e divergentes e as complexidades nas relações entre os representantes do SPI e os membros da comunidade indígena do Apucarana, muito distantes das visões polarizadas que simplesmente opõem indígenas *versus* não indígenas.

As serrarias e a extração de madeiras

As entrevistas também confirmam a ação indigenista estabelecendo parcerias para a instalação de serrarias no interior do território indígena Apucarana e a extração em larga escala dos pinheirais existentes nas terras dos indígenas. Durante o percurso da viagem, em companhia do Sr. José Bonifácio e Dona Gilda Kuitá, o primeiro solicitou uma parada no local em que era a Serraria do Moacir Vianna, que fez muitos contratos com o PI Apucarana para a compra de madeiras.

O Sr. Raul Pereira, quando citou os nomes dos antigos encarregados do PI Apucarana, ao falar de Alan Cardec, informou "[...] que tempo do Alan é que começou a vender é... os pinheiros. Do João Martins também" (Raul Pereira, 28 mar. 2017). Estas informações corroboram com a documentação analisada, que descreve as vendas dos pinheirais e o assentamento das serrarias e madeireiras, no interior do território indígena Apucarana, desde a gestão do encarregado João Martins Neto (1943-1951). Vendas que se sucederam com Alan Cardec (1951-1964) e continuaram após o Golpe Civil Militar.

Fotografia 27 – Local da antiga Serraria do Moacir Vianna demonstrado pelo Sr. José Bonifácio

Fonte: Foto de Lúcio Tadeu Mota

Fotografia 28 – Antigas instalações da serraria do Moacir Viana

Fonte: Foto de Lúcio Tadeu Mota

Outrossim, o Sr. Elói Zacarias tem em sua memória o momento de transferência da sede do Posto e a presença das serrarias no interior do território indígena Apucarana.

> Foi ele (Alan Cardec) que fez esse posto dos índios aqui e primeiro de tudo, tudo, dos índios antigos era aqui na frente de Tamarana, pro lado de cá de Apucaraninha. Eu morava ali em cima, aqui em cima. Eu era assim ó pequeno, aquele tempo, então, o posto dos índios era pra cá, no tempo que eu era assim. É e aqui era um corturão, madeira, madeira de primeira, agora não tem mais madeira. Tinha sim, a madeira morava no meio dos índios, mas depois quando mudaram o posto aqui, daí, foi sentado bem ali, não sei se o senhor passou ali, tem um cemiteriozinho bem ali, daí sentaram serraria, pra serrar madeira, peroba, cedro, europinha, depois tinha outro serraria lá em cima oh, diz que tinha dois serraria, de um dono só, do Moacir Vianna, depois tinha outro serraria lá perto de Tamarana, pra cá também, eles falavam "serraria do Natim" eles falava né. É certo, depois tinha uma outra serraria pro lado de lá de Apucaraninha, eles falava serraria do Kantor, eles falava (Elói Zacarias, 29 mar. 2017).

O Sr. Elói Zacarias cita várias serrarias que aparecem na documentação do SPI e que exploraram madeiras no interior da área indígena. Evidentemente, o processo de extração de madeiras foi uma das fases da conquista dos territórios indígenas pelos representantes das frentes colonizadoras, muitas vezes, com a conivência do SPI, que também lucrava com tal prática. O Sr. Elói relatou o papel das serrarias no processo de exploração da madeira e trouxe mais detalhes da ação do órgão indigenista, na reestruturação daquela área destinada aos indígenas.

> Foi ele que raparam a madeira dos índios, foi ele, não tinha, aí eles entraram aí com a serraria, com motosserra, entraram com um monte de coisa aí, carro, e aí naquele tempo os índios não tinha [...] então, aqui já era serraria, tem serraria, serraram muita madeira (Elói Zacarias, 29 mar. 2017).

Esta passagem revela a extração de madeira no local da nova sede do PI Apucarana, ao lado da usina do Apucaraninha. Segundo o Sr. Elói Zacarias, havia um acordo entre o órgão indigenista e as serrarias para a construção de casas aos indígenas. Entretanto, deixavam as partes mais ruins dos pinheiros para a construção das casas às famílias Kaingang e levavam as toras de boa qualidade, em grande quantidade, para vender fora da área indígena.

Ao tratar dessas casas, o Sr. Pedro de Almeida afirmou que foi feita uma colônia perto do lago da Represa Fihú e do local onde foi instalada inicialmente a serraria. E, para trazer os Kaingang, muitas promessas foram enunciadas pelo encarregado do Posto:

> Então, daí o chefe tornou a conversar com o pessoal lá, que vai, que vai puxar água lá dentro da casa, que eles vão viver confortável igual os brancos, diz que eles vão usar gravata, aquela coisa toda (risos). E os índios não entendia bem a língua português, então, eles confiaram na conversa do chefe, aí no final não fizeram nada, só destruíram a aldeia. E levaram as madeira tudo embora, toda lá pra fora e o índio tá lá agora, até agora [...] era tudo araucária, aí eu sou criado do meu tio, aí meu tio um dia chegou a tarde, aí ele chegou e disse oh o chefe, o chefe fez reunião com nós, aí ele falou que vai montar uma serraria agora e diz que ele vai cortar esses pinheiros agora, essas madeiras de lei pra serrar pra construir as casas pros índios e realmente construíram lá as casas, aí eles cortaram aquelas madeiras, peroba, pinheiro, aquelas madeiras de lei, cortaram e serraram né aí, bom, naquela época eu já estava com doze anos, eles tirava aquelas madeiras boa, mandava pra fora e o tronco do pinheiro, as pontas do pinheiro eles mandava pra serraria pra serrar e as madeiras levava pra fora (Pedro Almeida, 30 mar. 2017).

Confiança, na verdade, não pode ser a palavra mais correta para explicar o ocorrido. Inegavelmente, a exploração da madeira mudou o aspecto da área indígena, ressaltando que o pinhão, fruto das grandes árvores de pinheirais, era muito utilizado na dieta alimentar dos Kaingang, além de servir de alimento para os animas que eram caçados pelos indígenas. As razões que levaram muitas famílias indígenas se deslocarem para a proximidade da nova sede do PI Apucarana e da usina do Apucaraninha serão apontadas abaixo, adiantando que esse deslocamento não deve ser tratado como algo impositivo pelo órgão indigenista, como se a história se desse como uma via de mão única. A política indígena possibilitou uma história de via dupla, marcada por relações acirradas, renhidas e ambíguas, no lento e gradual processo de constituição da TI Apucaraninha, junto a usina.[29]

---

[29] Novas informações sobre as serrarias instaladas próximo da Represa do Fihú e da sede do PI Apucarana serão retomadas quando for tratada a mão de obra indígena nas obras de construção da usina e nas atividades do Posto.

A mudança para perto da usina do Apucaraninha na nova sede do PI Apucarana

As entrevistas esclarecem as razões para os deslocamentos dos indígenas junto à nova sede do PI Apucarana, nas proximidades da usina do Apucaraninha. Quando perguntado sobre o local da nova sede do Posto, antes da usina, o Sr. Raul Pereira informou: "[...] era vazia lá antes, depois que construiu essa usina e é antiga né [...] eles tinha morado tudo já pra cá" (Raul Pereira, 28 mar. 2017). Obviamente, considerando a dificuldade do diálogo e as partes traduzidas pelo Sr. João Cardoso, fica claro que a região para onde se deslocou a nova sede do PI Apucarana no início dos anos 1950 não era habitada pelos Kaingang antes da presença das obras da usina. Ou seja, os indígenas começaram a mudar para aquela localidade quando se iniciou a construção do empreendimento hidrelétrico, confirmando o constante nos documentos do SPI. Certamente, com a instalação da nova sede do Posto, as migrações e os deslocamentos dos indígenas para essa localidade se intensificaram.

O Sr. Raul Pereira deixa claro a relação entre o início das obras da usina e o deslocamento dos indígenas para a proximidade do Salto Apucaraninha, quando diz que "[...] é a usina, começou [...] não foi começado ainda naquele tempo, daí depois, depois quando vieram, eles começou a fazer a usina" (Raul Pereira, 28 mar. 2017). Há ainda a informação traduzida pelo Sr. João Cardoso, "[...] que o patrão tinha falado para eles, no passado, vir pra cá" (Raul Pereira, 28 mar. 2017). Quando questionado se este patrão era o Alan Cardec, o Sr. Raul disse "[...] não, era o João Martins". E complementou: "[...] o João Martins que tomava conta lá, depois que ele foi embora daí eles que desceu pra cá, ele morou lá também" (Raul Pereira, 28 mar. 2017). A memória do Sr. Raul revela com precisão a saída do encarregado João Martins e sua substituição por Alan Cardec, que, no final de 1951, decidiu mudar o local da sede do Posto.[30] Se antes das obras da usina, em 1946, não havia toldos dos Kaingang naquele local, em 1952, a decisão de levar a sede do Posto para as proximidades do empreendi-

---

[30] Como será demonstrado adiante, essa nomeação de Alan Cardec e a decisão de mudança do local da sede do PI Apucarana, imediatamente após a sua posse, não podem ser tratadas como mera coincidência. Relações entre o órgão indigenista e o governo do estado do Paraná precisam ser consideradas, bastando citar que o sogro do encarregado Alan Cardec foi o responsável pelo loteamento das áreas liberadas pelo Acordo de 1949, no que tange ao território indígena Apucarana, a serviço do governo estadual.

mento hidrelétrico é devido, entre outros fatores, à presença dos indígenas naquela localidade.[31]

Novamente, o intercruzamento de ações e dos interesses dos indígenas e do órgão indigenista. Os primeiros sempre com muita resistência em mudar dos seus antigos toldos. Já os agentes do SPI, com a histórica política de tentar agrupar os indígenas, facilitando o arrendamento das terras, a venda de madeiras, enfim, favorecendo o processo de colonização. Revelar esse jogo de interesses e suas complexidades exige do historiador um método que utilize os recursos como a polifonia e a linguística, para não apenas descobrir o passado, mas interpretá-lo e explicá-lo, como demonstrou Hobsbawm (1998). Interpretar uma fonte histórica por meio do uso da hermenêutica, elaborando um jogo de questões e de respostas, que permitem o diálogo entre os sujeitos envolvidos, contextualizando-os, assim como os documentos por eles produzidos (Ricoeur, 1988).

As entrevistas demonstram as complexas relações e os múltiplos interesses na concentração dos indígenas nas terras próximas a usina. Sobre essa questão, o Sr. Raul Pereira assim se manifestou:

> O Alan que deixou essa sede aqui primeiro [...] Aqui também os índios morava aí, esse Alan Kardec que começou a fazer posto aqui né. [...] É daí que veio mais tudo pra cá [...] cabô lá, aí veio pra cá e o diz que o Gregório falava que agora diz que o terreno lá tava tudo vendido aí já, já reuniu tudo aqui (Raul Pereira, 28 mar. 2017).

Essa fala corrobora com as discussões apresentadas, nas quais alguns indígenas se deslocaram para próximo da usina e somente depois o SPI mudou a sede do Posto para aquela localidade. É importante frisar as relações de alguns indígenas, como o Cacique Gregório, que era próximo do encarregado do Posto, como mostrado no Volume 2, recebendo, inclusive, prêmios por sua atuação junto ao órgão indigenista. Na entrevista do Sr. Raul, o Cacique Gregório aparece como um interlocutor de Alan Cardec, comunicando aos indígenas a necessidade de mudar dos seus antigos toldos, pois essas áreas estavam vendidas, e deslocar para perto da nova sede do PI Apucarana. O Sr. João Cardoso complementou que o Gregório era um dos líderes dos indígenas, residente no Toldo Barreiro, que não chegou morar na

---

[31] Entre outros fatores, o interesse do SPI ao vislumbrar rendas financeiras e o próprio fornecimento de energia elétrica, com a presença da usina, além da instalação de serrarias para a exploração de madeira e a liberação das terras próximas a antiga sede do Posto para o loteamento e avanço da colonização.

atual sede do Posto, mas vinha constantemente a serviço do encarregado, "[...] não, pra morar não. Ele ficou lá sempre, ele morreu lá. Eu sei onde mais ou menos ele morava lá, pra cá do Barreiro" (João Cardoso, 28 mar. 2017).

Se por um lado, o Cacique Gregório procurou colaborar com o órgão indigenista nos deslocamentos dos Kaingang para o novo território destinado aos indígenas, por outro, conseguiu, com essa relação com o encarregado do PI Apucarana, assegurar que o Toldo Barreiro e o Posto Velho permanecessem enquanto área indígena e sob sua liderança.[32] Destarte, como vem sendo demonstrado, os Kaingang dos toldos que ficaram de fora da área negociada resistiram por muitos anos para sair das terras. Somente em fins da década de 1960, após a transição SPI/Funai, é que os indígenas foram concentrados na área de 6.300 hectares a eles demarcados.[33]

Dessa forma, não se pode afirmar que todos os indígenas se deslocaram para a área próxima da usina em construção, já que muitos permaneceram em seus toldos durante anos. Se num primeiro momento algumas famílias indígenas migraram para perto da usina, com seus interesses e razões, influenciando a decisão do órgão indigenista quanto à área delimitada, bem como quanto ao local da sede do Posto; num segundo momento, muitos grupos resistiram em sair de suas áreas tradicionalmente ocupadas e alguns que se deslocaram inicialmente para próximo da usina, acabaram retornando para seus toldos ou outras áreas, como São Jerônimo, Mococa, Queimadas, Ivaí, entre outras. Essas informações aparecem nas entrevistas e ainda serão retomadas.

As entrevistas dos indígenas também revelam com precisão onde se situava a sede do PI Apucarana, após sua instalação nas proximidades da usina do Apucaraninha. O Sr. João Cardoso apontou o local, muito próximo da residência do Sr. Raul Pereira.

> Era aqui mais ou menos, era o posto veio era aqui, aqui, embaixo dessa casa aí. Posto veio, era, era pra baixo dessa casa aí. Aqui era casona de tábua antigamente, daí tinha

---

[32] Até hoje o Toldo Barreiro é habitado por famílias Kaingang, sendo uma das aldeias situada nos 5.574 hectares da TI Apucaraninha.

[33] Entretanto, as ações dos Kaingang do Território Apucarana, na verdade, de toda a bacia do Tibagi, pela reconquista de suas terras, geraram muitos conflitos e embates na década de 1970, conforme descrito por Tommasino (1995). Especificamente, a área do Apucaraninha perderia ainda mais de 700 hectares para fazendeiros da região, ficando com seus atuais 5.574 hectares. A luta indígena de reconquista segue atualmente, pois na pesquisa de campo, constatou-se que algumas famílias indígenas ocuparam essa área de mais de 700 hectares, como estratégia para reivindicar sua posse e obter a retomada dessas terras.

> uma carreira de casa ali pra baixo assim, uma colônia, aí a iluminação era só ali, só ali (João Cardoso, 28 mar. 2017).

Quando questionado se morava algum indígena nessas casas citadas, o Sr. João Cardoso respondeu que não, que não moravam ali, mas somente o Alan Cardec e alguns funcionários dele, e que essas casas eram as únicas que tinham energia elétrica, advinda da usina. Ao ser perguntado sobre quem havia instalado a rede elétrica entre a usina e a sede do Posto, o Sr. Raul Pereira lembrou de um nome, *Doutor André*, disse espontaneamente.[34]

Dessa forma, as falas permitem incluir novos elementos que as demais fontes analisadas não permitiram, utilizando a história oral como pressuposto metodológico, que possibilita a coleta e análise de dados, trabalhando em conjunto com as demais fontes, pois "[...] se o emprego da história oral significa voltar a atenção para as versões dos entrevistados, isso não quer dizer que se possa prescindir de consultar as fontes já existentes sobre o tema escolhido" (Alberti, 2005, p. 30). Assim, procurou-se sempre comparar as informações contidas nos documentos escritos e expressas nas entrevistas, para a realização da análise, interpretação e textualização, destacando a responsabilidade do pesquisador "[...] que não pode ficar obscurecido ou substituído pelas transcrições das falas dos entrevistados. Mesmo porque, sabemos, um bom repórter pode usar tais transcrições com muito mais arte" (Oliveira, 2006, p. 30).

O diálogo com o Sr. José Bonifácio também apresentou esclarecimentos quanto aos deslocamentos dos Kaingang para a nova sede do Posto, junto a usina do Apucaraninha. Durante a estadia no Toldo Rio Preto, foi perguntado o que moveu os indígenas a saírem daquele local e ir até a nova sede do PI Apucarana.

> É por que daí, não tinha, aí não tinha aquela sede lá, aí era tudo morava assim ali perto da sede ali, tudo tinha lugar de morar, onde né, tem vez que eles se junta né aí entra a família, o genro, eles faz uma moradia junto pra eles poder plantar alguma coisa, fazer uma rocinha, então, assim foi, sabe, porque aquele tempo não tinha escola né, então, daí nós era tudo esparramado, não tinha lugar de morar tudo sabe, então, daí foi assim sabe aí nós fomos, aí o chefe do

---

[34] André Kotchetkoff era o nome da subestação construída perto de Tamarana para receber a energia elétrica gerada pela usina do Apucaraninha e transportá-la para toda a área de concessão da Eelsa. Ele devia ser um dos engenheiros da Eelsa, que acompanhava as obras do empreendimento hidrelétrico.

> posto entrou lá, foi um tal de Joãozinho parece, conheceu o Alan tudo, aí depois o Joãozinho entrou lá aí que juntaram, juntaram, fizeram uma escola, posto de saúde, aí que começou a juntar os índios naquele lugar ali, aí foram se juntando, aí foram construindo uma casa, montaram uma serraria aí foram construindo uma casinhas pros índios, aí eles foram juntando, por causa da escola, posto saúde, daí que veio o posto de saúde também, fizeram uma [...] aí que começamos a se juntar ali. Mais ou menos, mais ou menos, uns 60, 63 por aí, que o Elói foi cacique e eu lembro que o meu tio Elói foi cacique ali e eu lembro bem que ele entrou de cacique, sabe, acho que foi mais ou menos por aí 60 [...] Aí que ele entrou de cacique, aí foram juntando os índios já começou a trabalhar, uns entraram na serraria trabalhar junto com o chefe do posto, sabe, foi assim, sabe (José Bonifácio, 29 mar. 2017).

Novamente, uma fala que corrobora com a ideia da resistência dos indígenas perante as definições do Acordo de 1949, pois deixa claro que durante os anos 1960, famílias Kaingang ainda moravam no Toldo Rio Preto, mesmo o local não sendo mais considerado território indígena pelo governo do Paraná e pelo próprio SPI. Se por um lado, no final na década de 1940, parte dos indígenas do Apucarana se deslocou para o Apucaraninha, por outro lado, foi somente no decorrer da década de 1960, que os Kaingang se concentraram em maior quantidade nessa localidade próximo da usina e da nova sede do posto. Contudo, deve se considerar a mudança da sede do PI Apucarana, a estrutura em torno dela e as negociações para a concretização do Acordo de 1949. Apesar disso, muitas famílias indígenas, continuaram (e ainda continuam) ocupando locais mais distantes da sede do Apucaraninha, como foi o Toldo Apucarana (Posto Velho) e o Barreiro.

Nas imediações do rio Apucarana, o Sr. José Bonifácio apresentou detalhes do seu dia a dia enquanto um jovem indígena nas margens daquele rio. A informação de sua saída deste local, aos 14 anos de idade, para a sede do Posto Apucaraninha, foi a oportunidade de questioná-lo se houve um deslocamento de todas as famílias ao mesmo tempo ou se algumas ainda permaneceram ali próximo ao rio Apucarana. Então ele respondeu:

> Não, ficou, ficou um tio meu na beira do rio, lá embaixo lá, lá na barra lá, onde um o rio Apucarana cai no Tibagi lá, lá tem um pari que é um tio meu que morava lá, o pai do Lourival, você conhece o Lourival né? (Perguntou à Dona Gilda) É o pai dele que morava lá, tem o pari dele lá até agora, Henrique,

> daí o pai dele morava, ele morreu lá, nós fomo buscar ele lá na beira do rio, puxemos ele lá no cemitério, nós fomos buscar ele lá na beira do rio, ele morreu lá mesmo na beira do rio (José Bonifácio, 29 mar. 2017).

Outra vez as ações intercruzadas dos Kaingang no processo de territorialização da área indígena são evidenciadas. Os indígenas foram se aproximando da estrutura da nova sede, perto da usina do Apucaraninha, de forma lenta e gradual, com alguns casos que permaneceram nas suas antigas moradias, até a morte, como citado pelo Sr. José Bonifácio. Ressaltando, que pela idade deste entrevistado e pelas informações fornecidas, o deslocamento de sua família se deu por volta de 1970, ou seja, mais de 20 anos após o Acordo de 1949, relatando ainda a permanência de outras famílias no local. No decorrer do diálogo, foi perguntado por que o pai do Sr. José Bonifácio decidiu pegar a família, e ele ainda tão jovem, e ir para a sede do Apucaraninha.

> Não, é que o, naquele tempo o Cacique não era o Cacique era o Capitão, então, foi no tempo do SPI, então, daí eles chamaram os nossos pais, pros filhos ir estudar, mas é que já tinha escola, era pra gente estudar, sabe, até eu não consegui estudar, aí eu andava né descalço, meio peladão, eu era mulecão né, daí eu, até eu fui falar com falecido tio Bernardo eu vou sair, eu vou sair trabalhar, eu não sabia nem conversar na língua do português, sabe, aí eu fui falar com o Capitão aí ele falou: então, se quiser trabalhar, vai trabalhar. Eu não vou estudar mais, eu falei pra ele, aí ele falou: então, se quiser ir trabalhar, então, vai. Daí eu saí (José Bonifácio, 29 mar. 2017).

Evidentemente, o órgão indigenista procurava agrupar os indígenas na nova sede do Apucaraninha e uma das formas de convencimento era a possibilidade de estudar na escola do Posto. Esta proposta pode ter despertado o interesse de algumas famílias indígenas, ao mesmo tempo renegada por tantas outras. Destarte, mesmo no caso da família do Sr. José Bonifácio, que se deslocou para sede do Apucaraninha, ele próprio não quis saber de estudar, com o argumento que iria trabalhar. E com quem, onde e no que ele foi trabalhar?

> Aí eu fui trabalhar com um tal de, já era conhecido do meu avô, era conhecido do meu pai, do meu pai tudo, aí eu cheguei na casa dele, o eu pai levou eu lá, aí ele empregou eu lá e eu fiquei trabalhando e eu nem conversava, tinha vez

> que a muié do tal de, de, acho que a Gilda lembra, um tal de "Duilo", a mulher dele falava pra mim vai buscar lenha pra mim, e eu saía com a foice, eu não sabia o que era lenha, eu trazia umas folha verde, é, ué, eu trazia umas folha verde, daí ela me levava, voltava comigo mostrava a lenha pra mim, essa aqui que é lenha, isso aqui que é lenha, mostrava umas madeira seca, você tem que cortar isso aqui oh, aí que eu fui aprendendo conversar, é. Quando eu estava com, com 21 anos aí eu saí de lá e vim embora pra reserva de novo, daí eu casei, é (José Bonifácio, 29 mar. 2017).[35]

O Sr. José Bonifácio ficou alguns anos trabalhando fora da área indígena, nas fazendas vizinhas da área e acabou voltando com 21 anos de idade para o Apucaraninha. Ele revelou algumas informações sobre esse retorno ao meio da comunidade indígena:

> É, aí eu casei, casei e quando eu tava com casamento, daí que eu fui, o pessoal já me escolheram pra eu ser Cacique, sabe, eu já estava com 22 anos, aí que eu entrei de Cacique, aí que eu fui conversando com o povo, fez amizade com prefeito, é vereador, eu andei muito, eu fui oito vez em Brasília, no tempo que eu era Cacique, andei pro Rio de Janeiro, conheço tudo. Aí que eu aprendi mais a lei do branco e eu já sabia a cultura indígena, do tempo que a gente já sabia direito pra conversar com as pessoas, aí eu fui conversando, explicando as verdades, a lei do índio, sabe, aí eu fui até hoje, tudo que meu avô conversava eu explicava pro povo né, conversava com a FUNAI, tudo (José Bonifácio, 29 mar. 2017).

Portanto, ele exerceu o papel de Cacique da comunidade indígena local, ainda muito jovem, e revelou informações de suas viagens para o Rio de Janeiro, Brasília, Curitiba e como isso lhe proporcionou conhecer as leis da sociedade não-indígena, ao mesmo tempo, se percebe a valorização do conhecimento e cultura indígena, com as lições aprendidas junto ao seu avô. Como mostra Almeida "[...] participar intensamente da sociedade dos brancos e aprender seus mecanismos de funcionamento não significa deixar de ser índio e sim a possibilidade de agir, sobreviver e defender seus direitos" (Almeida, 2010, p. 20). Nesse sentido, a aproximação junto ao órgão indigenista, à nova sede do Posto e à usina, permitiu aos indígenas possibilidades de negociação e de brechas para garantir seus interesses, graças a sua política adotada.

---

[35] Não foram obtidas mais informações sobre este nome "Duilo", não encontrado nas listas de arrendatários do PI Apucarana. Provavelmente, tratava-se de um proprietário de terras, nas imediações do território indígena Apucarana.

O Sr. Tapixi prestou informações importantes sobre as perdas territoriais e os deslocamentos dos Kaingang do Apucarana para a proximidade da usina, na nova sede do Posto.

> [...] O índio, eles começaram a vir pra cá, porque eles esparramaram os índios, eles formava briga de índio com índio e os índios se esparramava, ia pra Mococa, ia pra Queimada, ia lá pra Manoel Ribas, lá pro Ivaí e depois que eles formaram a sede nova aqui os índios daqui, que foram embora daqui, eles foram voltando, inclusive o pai dele aí foi embora para o Barão, pra São Jeronimo (apontou o guia João Cardoso), eles viveram lá em São Jeronimo, porque eles foram corrido daqui, aí depois que foi apaziguando as coisas, depois que o Alan foi embora, aí eles vieram voltando, aí eles voltaram tudo de lá pra cá, entendeu? É por isso que o índio, você quer ver o que eu falo pra você, o índio ele tá acostumado com a luz elétrica, hoje ele vai achar falta da luz elétrica, mas hoje eles fizeram uma briga aqui, a metade quase dos índios correram pra água branca, que não tem água encanada lá pra eles, ficaram sem luz lá não sei quantos anos e não abriram mão, isso prova, que o índio não é muito assim não, se ele resolver ir ele vai, se tiver luz vai se não tiver ele vai (Tapixi, 28 mar. 2017).

Evidentemente, a partir do Acordo de 1949, sobretudo, após as negociações e a definição dos 6.300 hectares em área única e com a gestão do encarregado Alan Cardec no PI Apucarana, as tentativas de agrupar os indígenas se intensificaram, promovendo os conflitos e, muitas vezes, os deslocamentos deles para outras áreas indígenas, como citado pelo Sr. Tapixi e também pela análise dos dados demográficos daquele Posto, que, em alguns momentos, apresentavam diferenças significativas entre a população indígena de um ano para outro, conforme descritos no Volume 2.

Isso não contradiz a ideia dos deslocamentos de parte dos Kaingang do Apucarana para próximo da usina, assim que as obras iniciaram, como deixa evidente a documentação já analisada. O próprio relato do Sr. Tapixi diz o seguinte, em outra passagem:

> Os índios eles estavam em Campina e Moreira e eu não lembro que tinha índio aqui, eu não lembro, nunca minha mãe, falou vamos nos índios ali no Apucaraninha, ela sempre falava Toldo Moreira e Campina, esses três lugares e o Rio Preto era muito falado também (Tapixi, 28 mar. 2017).

Como será demonstrado, a família do Sr. Tapixi morou entre 1946 e 1947 na margem esquerda do rio Apucaraninha, no local denominado de Pari Paró, próximo do Distrito de Lerroville, em Tamarana.[36] Por meio de sua fala, as visitas aos indígenas, quando atravessavam o rio Apucaraninha, eram para os toldos Campininha, dos Moreiras e Rio Preto, este último bem mais distante. Mas deixa claro que não havia Toldo na região próximo da usina, que somente passou a contar com a presença dos indígenas, após o início das obras do empreendimento hidrelétrico.

Outrossim, não se trata de um simples interesse por energia elétrica, mas uma nova estratégia de luta pela terra e de sobrevivência, adotada pelos indígenas naquele momento, aproximando da usina, trabalhando, fazendo trocas comerciais, promovendo relações sociais com os empregados, assegurando a propriedade daquela faixa territorial, que possibilitaram as reivindicações diversas junto à concessionária de energia elétrica, inclusive, o próprio fornecimento de eletricidade, alguns anos após.

Fotografia 29 – Entrevista com o Sr. Tapixi (à direita)

Fonte: Foto de Isabel Cristina Rodrigues

---

[36] Pari Paró trata-se de uma localidade banhada pelas águas do rio Papiparó, perto da estrada que liga o distrito de Lerroville à usina do Apucaraninha. Está bem mais próximo de Lerroville do que do empreendimento hidrelétrico.

O Sr. Tapixi disse que famílias Kaingang dos diferentes toldos acabaram se mudando para as proximidades da nova sede do Posto e tantas outras famílias foram para outras áreas indígenas. Entretanto,

> [...] tem umas famílias lá, tem na Serrinha, no Barreiro e na Água Branca [...] Rio Preto hoje ficou só o nome [...] A minha finada vó, mãe da minha mãe, ela nasceu no Rio Preto, nasceu no Rio Preto, daqui que ela cruzou e foi embora (Tapixi, 28 mar. 2017).

Quando observado que o Toldo do Rio Preto não faz mais parte da atual terra indígena, o Sr. Tapixi foi bem enfático ao afirmar:

> Não é mais, mas é território indígena, é terra indígena, você conhece a Branca? Antropóloga de Brasília da FUNAI? Então, ela fez um levantamento por aí tudo aí, eu acompanhei ela lá do lado de lá e lado de cá, que ela foi em casa e falou pra mim você conhece bem a bacia do Rio Tibagi, eu disse eu conheço de Telêmaco Borba até Frei Timóteo que é um patrimoniozinho que tem pra baixo de Jataizinho, e falou se andou, eu andei, ela falou assim os índios transitavam e eu digo nem tanto transitava como morava índio na beira do Rio Tibagi, dos dois lados, ela falou ah é, eu digo é, desse jeito, então, nós descia de canoa aqui do Barão ia na barra da Apucarana, da [...] como que fala lá, Taquara, Taquara e nós subia pra cima, tinha cinco pari dos índios, nós ficava mês lá comendo peixe, trabalhando lá, safrinha, tinha muito safrinha aquele tempo, então, eu conheço de lado a lado, tinha índios dos dois lados, aí ela fez o levantamento, acompanhamos ela, o Ferdinando junto, o Ferdinando junto, sei lá, tinha mais uns três pessoas juntos, aí foi comprovado, o Ferdinando sabe umas histórias boas lá da Campina viu, o Ferdinando sabe, O Ferdinando fotografou o posto veio, viu, caindo aos pedaços, fotografou, ele mostrou pra mim, foi assustador a foto, ele mostrou pra mim lá tem uma cerca feito de pedras que os índios fizeram, que os chefes fizeram os índios fazer uma cerca de pedra muito alta e grande uma cerca de pedra (Tapixi, 28 mar. 2017).

Esta passagem corrobora a tese da presença dos Kaingang em vários locais nas duas margens do rio Tibagi, mesmo em áreas não reservadas a eles pelo governo do Paraná, com suas práticas de pesca, utilizando-se dos *Pari*, com seus acampamentos, suas roças e suas formas de vida. Também mostra a articulação deles com os pesquisadores e seus estudos, em defesa dos seus interesses, sobretudo, na luta pela terra, elaborando estratégias para novas reivindicações territoriais, sabendo até onde eram os limites de suas áreas, como no caso do Toldo Campininha e a primeira sede do PI Apucarana.

Sobre o Toldo Rio Preto o Sr. Tapixi ainda declarou:

> No Rio Preto tinha uma igreja, não sei se hoje ainda tem. Igrejinha do Rio Preto, os índios sempre iam enterrar gente lá. Vieram tudo pra cá. [...] Mas claro que foi forçado, não tem nem discussão, foi forçado, eles corriam de lá, depois que mataram o chefe eles corriam, a turma se esparramara, um fui para um lado, foi pro outro, não falei pra você que o pai dele cruzou lá (novamente apontou o guia João Cardoso). Muitas histórias (Tapixi, 28 mar. 2017).

O Sr. Elói Zacarias também citou com precisão os limites do antigo território indígena Apucarana. Informou de forma exata o perímetro da atual área da TI Apucaraninha, desde a sua reestruturação, com o total de 2.600 alqueires, equivalentes aos 6.300 hectares estabelecidos pelo Acordo de 1949. O Sr. Elói sabe do imenso território retirado dos indígenas naquele contexto, mas ressaltou a luta e a resistência desses em sair dos seus antigos toldos.

> [...] daí eles abriu muita estrada, aí o Alan quando entrou lá, entrou lá né, casou lá, casou, quando ele casou ele mudou esse posto aqui, daí já fizeram essa medida, aqui é Tibagi. Tibagi e aqui é Apucarana que veio de lá de Ortigueira e daí, pra cá era dos índios e pra cá era Apucaraninha também, aqui desce por aqui, aqui ó, aqui era posto velho dos índios [...] então diz que, diz que eu não sei porque, nesse tempo eu era pequeno, tudo, tudo aqui era dos índios, aqui já caiu no Tibagi também dos índios, mas depois quando lotearam, lotearam aqui, deram só isso aqui pros índios, só isso aqui, aí isso aqui diz que era dois mil e seiscentos alqueires, isso aqui já era sobra [...] depois quando o Alan veio de cá, morou aqui, porque tão fazendo usina ainda (Elói Zacarias, 29 mar. 2017).

Nesta passagem, o Sr. Elói Zacarias citou o deslocamento da sede do Posto no momento em que se realizavam as obras da usina do Apucaraninha e afirma que havia Kaingang naquele local antes mesmo da ação do SPI em levar a estrutura do Posto para próximo do empreendimento hidrelétrico. Local ainda com muitas árvores, como enfatizou o Sr. Elói, mas que foram extraídas com a presença das serrarias, instaladas pelo órgão indigenista, com a utilização de energia elétrica fornecida pela usina e contando com mão de obra indígena.

Fotografia 30 – Sr. Elói Zacarias (centro), José Bonifácio (à direita) e Éder Novak (à esquerda)

Fonte: Foto de Lúcio Tadeu Mota

Também foi questionado ao Sr. Elói Zacarias como ocorreu o processo de saída dos indígenas dos toldos mais distantes, deslocando-se para próximo da usina e da sede do Posto.

> Naquele tempo os índios morava no mato, tudo no mato, tudo, tudo, daí o Alan fez, o Alan fez muitas casas aí de madeira serrado né, fez umas casas boa e fez escola, daí ele fez cruz pros índios, fez igreja pros índios, daí o índio que tava fora no mato ele mandava vir, mandava vir, mora aí, mora aí, que esse aqui, esse divisa foi sogro do Alan que

> fez também, sogro do Alan, daí um dia ele falou pra mim, naquele tempo eu era novo e não sabia ainda de nada, ele falou pra mim, meu sogro pegou empreita do governo, ele falava assim do governo, pegou empreita, ele sabe tudo, tudo esses área dos índios, então, meu sogro pegou, peguei pra ele, ele falou pra mim, peguei pra ele, o governo mandou eu empreitar pra ele, então, o governo pagou pra ele, eu conheço ele, chamava Benvenutti, sogro do Alan, daí fizeram o que ele fez aí, esse divisa primeiro, depois outro ano fizeram mais outra divisa, mais pra cá e outra divisa de primeira era mais um pouquinho, mas daí entraram os brancos também lá, não sei se foi vendido e foi muito branco que entrou aí e os índios que morava lá, algum, vinha morar aí, algum índio vinha morar aí, daí o Alan falava aqui tem sessenta casa pros índios morar, mas pode vir morar, mas tinha muitos índios que não queria vir, outros ia pro Barão, Mococa, Faxinal, outros pro Ivaí e ficou pouco índio aí e quase metade dos outros índios foram pra outro posto pra não ir aí, daí eu que vim, eu que vim (Elói Zacarias, 29 mar. 2017).

Esta fala do Sr. Elói Zacarias permite algumas reflexões. Primeiramente, as relações entre os membros do órgão indigenista e o governo do Paraná, pois o sogro do encarregado do Posto foi quem recebeu a empreitada para lotear a área liberada pelo Acordo de 1949. Lembrando que este nome – Benvenutti – foi citado também pelo Sr. Tapixi. Dessa forma, não pode ser descartada a interferência do governo do Paraná na escolha do novo encarregado do PI Apucarana, justamente no momento de reestruturação do território indígena Apucarana, com o objetivo de facilitar a liberação das terras, retirando os Kaingang dos seus toldos antigos e levando-os para próximo da nova sede. Isso é reforçado quando se vê que uma das primeiras medidas adotadas por Alan Cardec, assim que assumiu a chefia do Posto, foi mudar a sede para a região do Apucaraninha e definir que a área destinada aos indígenas não seria mais repartida em duas, como vinha sendo negociado.[37]

Em segundo, demonstra a resistência dos Kaingang em sair dos seus toldos de origem e já ocupados desde tempos imemoriais por seus

---

[37] Será preciso um novo estudo para identificar este sogro do Alan Cardec, com nome Benvenutti, citado pelos entrevistados. Ele deve ter agido como mediador do governo do Paraná para negociar as terras liberadas após a reestruturação do território indígena Apucarana. Uma hipótese é que se trata de Bevenuto Pereira que aparece no Volume 2 como integrante do grupo que defendeu Alan Cardec diante das ameaças do indígena João Braz da Silva.

ancestrais. Dessa forma, o SPI precisou ofertar algo para atrair as famílias indígenas, como a construção de casas, escola, postinho de saúde, igreja, ofertar trabalho, entre outras ações, como também a presença de energia elétrica nessas instalações do Posto, inclusive, em algumas casas dos indígenas, como aparece na documentação, citada adiante. Entretanto, como vem sendo dito, esse processo de agrupar os indígenas não se deu de forma rápida, sendo que muitos permaneceram nos toldos antigos até fins dos anos 1960. Por outro lado, como diz o Sr. Elói Zacarias, quando saíram dos seus toldos, nem todos foram para a nova sede nas proximidades da usina do Apucaraninha, procurando outras áreas, como o Ivaí, Mococa, Faxinal, Barão de Antonina, entre outras, como já tinha assinalado o Sr. Tapixi.

Em terceiro, o relato revela que aos poucos foram sendo definidos os limites da área pertencente aos Kaingang, seja pelas negociações entre o órgão indigenista e o governo do Paraná, seja pela ação e resistência dos indígenas do Apucarana. Novamente, se evidencia o intercruzamento das estratégias dos Kaingang: um deslocamento inicial de algumas famílias para próximo da usina, definindo um novo local de morada, mas também a permanência de outros grupos nos seus toldos de outrora; também o deslocamento de indígenas para a nova sede, após a estrutura já edificada, com casas, escola etc., ao mesmo tempo que a resistência e permanência de outros nos seus toldos tradicionais; por fim, a concentração dos indígenas na área dos 6.300 hectares, mesmo que não apenas próximos a nova sede, mas também com famílias presentes nos toldos Apucarana (Posto Velho) e Barreiro, que ficaram na área destinada ao patrimônio indígena. Ao mesmo tempo, muitos se deslocaram para outros territórios indígenas, constantes nas bacias dos rios Tibagi e Ivaí. Destarte, a luta pela terra e as ações adotadas lhes garantiram a posse das terras adjacentes a usina do Apucaraninha, após terem influenciado a decisão do órgão indigenista em definir os limites da nova área e a nova sede do Posto.

Além disso, o Sr. Elói Zacarias deixa claro que muitos Kaingang que se deslocaram até a nova sede do Posto não permaneciam ali para sempre:

> Naquele tempo os índios também não tinha parada aquele tempo, eles ia nos postos, ia nos toldos, saía mais longe, depois voltava, era assim né, então quando eu era pequeno tinha outra morada dos índios, não sei se o senhor já foram lá em cima? Lá tinha muitos índios também, aqueles de lá que não quiseram vir pra cá. É, pra cá, lá que os índios

> morava, pertinho Rio preto, que eu era pequeninho, era perto lá, lá tinha muitos índios de lá que não queria vir aqui né. Tinha muito índios aqui também onde era posto velho dos índios, pra frente de Tamarana. Mas, hein, eles não quis vim também foram pro Ivaí, não sei aonde, foram pra Faxinal, então, ficou poucos índios (Elói Zacarias, 29 mar. 2017).

Diante disso, enfatiza-se a resistência dos indígenas do Apucarana e suas estratégias para não perderem seus toldos tradicionais, bem como seus deslocamentos e não submissões aos mandos e desmandos do órgão indigenista. O Sr. Pedro de Almeida também deu mais detalhes sobre a tentativa de agrupar os Kaingang no Apucaraninha:

> É, aí eles recolheram aqueles índios que moravam, antigamente, eles moravam isolados, longe da outra, umas famílias morava lá na Igrejinha, Serra de Arreio e uns morava aqui no rio Taquara, então, eu, diz que eu nasci ali, aí levaram nós pra lá, o caminhão da aldeia vinha buscar o pessoal e levava a gente pra lá, recolheram tudo os índios que moravam isolados né, aí lá eu cresci, de lá mesmo eu cresci, me casei, tô lá até agora (Pedro Almeida, 30 mar. 2017).

O Sr. Pedro de Almeida fez referências aos toldos antigos e continuou relatando mais informações daquele contexto, citando a presença da usina, fazendo novos esclarecimentos:

> Não, quando eu, eu conheço um pouco da história que meu sogro falava né, que na época que eles construíram aquela usina aí naquele tempo, naquela época os índios moravam longe do outro, isolado né, aí depois que eles construíram usina ali, o chefe de posto reuniu o pessoal, reuniram o pessoal e eu me lembro que nós morava lá perto do Tibagi, no ano de 65 por aí, 65 nós morava lá perto do Tibagi, eu já tava com nove anos pra dez, então, uma vez naquela época era floresta mesmo, não tinha plantação, essas plantações que tem agora (Pedro Almeida, 30 mar. 2017).

Conforme apontado no relato, a própria família do Sr. Pedro de Almeida, após sair do rio Taquara, mudou-se para perto da barra do rio Apucarana, não exatamente na nova sede do Apucaraninha. Reforça-se a tese de que o processo de agrupamento dos indígenas, nas proximidades da nova sede, foi lento e se desenrolou por toda a década de 1960, com a promessa do órgão indigenista em construir casas para os indígenas e outras benfeitorias.

Inegavelmente, a redução do território indígena Apucarana provocou o empobrecimento da comunidade indígena local e inúmeras dificuldades para manter suas formas de vida. Entretanto, foram décadas de resistência para não sair dos seus toldos antigos, mesmo num contexto muito desfavorável, com as articulações políticas entre o órgão indigenista e os governos federal e estadual. Ressaltando que somente após o Golpe Civil Militar e a extinção do SPI, o novo órgão indigenista (Funai), com suas ações intensas de perseguição, ameaças e mortes, utilizando a força dos seus coronéis e generais, conseguiu delimitar a área indígena em seus 6.300 hectares, estabelecidos pelo Acordo de 1949. Portanto, após praticamente duas décadas.

Fotografia 31 – Entrevista com o Sr. Pedro de Almeida

Fonte: Foto de Lúcio Tadeu Mota

O Sr. Pedro de Almeida também respondeu à questão sobre o porquê dos Kaingang se deslocarem dos seus toldos antigos para habitarem nas proximidades do Apucaraninha.

> Então, é por ali que eles moravam, ali que era o Toldo né, ali morava o Cacique, mais um pouco pra lá morava mais gente, aí depois que eles construíram essa colônia que eu falei vieram tudo ali morar perto do posto. Porque a intenção do governo era reunir tudo, esses pessoal lá perto do posto pra diminuir a terra dos índios. A divisa da Terra Indígena passava ali perto de Tamarana, passava lá não sei aonde, a serra de arreio dentro da área, igrejinha dentro da área, aí eles diminuíram, começaram, de certo eles lotearam, venderam. A intenção de trazer pra perto do posto era de diminuir a área indígena, aí eles começaram a apertar os índios né. É, aí foram pra perto do posto, pra lotear aquela área que era dos índios (Pedro Almeida, 30 mar. 2017).

Como já enfatizado, esse deslocamento não foi uniforme e simultâneo, mas lento e gradual, intercruzando suas ações.

> É uma parte foram lá pra Ortigueira, uns foram, o pessoal que morava aqui no Rio, no Rio Taquara, uma parte cruzaram pra lá. São Jeronimo, Barão de Antonina e nós, a minha família foi pro Apucaraninha (Pedro Almeida, 30 mar. 2017)

Outrossim, não se trata de negar o processo de esbulho do território indígena Apucarana, mas destacar as estratégias dos indígenas, como sujeitos, antenados a cada contexto histórico. Destarte, a política indígena não se baseou apenas na resistência e na luta por seus territórios ancestrais. Como já visto, a aproximação de algumas famílias nas terras adjacentes ao Salto Apucaraninha, quando do início das obras da hidrelétrica, influenciou as decisões do órgão indigenista quanto ao local da área pertencente ao patrimônio indígena. Dessa forma, assegurou o direito à medição e demarcação daquelas terras aos indígenas. Além disso, a estrutura edificada em torno da nova sede do Posto e as possibilidades imaginadas nas relações com os empregados da usina despertaram o interesse de outros indígenas.

Obviamente, é preciso entender que a usina do Apucaraninha representou uma nova fase da *guerra de conquista* das frentes colonizadoras (Souza Lima, 1995), avançando junto ao território indígena Apucarana. Mas por isso a necessidade de reduzir a escala de abordagem, como sugere Bensa (1998), com um olhar etnológico mais denso e minucioso, que analise as particularidades e as questões locais, não apenas as situações comuns, centrais e permanentes, mas também as excepcionais, periféricas e temporárias, de todo um contexto histórico, estabelecendo uma conexão entre o micro e o macronível (Wolf, 2005), compreendendo o processo de transformações culturais e as relações sociais dos sujeitos envolvidos, pois "[...] os povos que reivindicam a história como sendo sua própria história e os povos a quem a história foi negada surgem como participantes de uma mesma trajetória histórica" (Wolf, 2005, p. 48). Só assim, para evidenciar o protagonismo indígena e superar as abordagens que insistem em colocar os indígenas apenas nos bastidores da história do Brasil.

CAPÍTULO 5

A POLÍTICA DOS INDÍGENAS EM RELAÇÃO À USINA DO APUCARANINHA

A leitura dos documentos e as entrevistas evidenciam a política dos indígenas perante a presença da usina do Apucaraninha. Dessa forma, distante de abordagens polarizadas da história, que simplesmente dicotomizam a relação indígenas e não indígenas, a proposta desta narrativa é revelar as ações estratégicas dos primeiros, considerando-os enquanto sujeitos históricos, demonstrando, em consonância com Cunha (1992), que frente à política indigenista também está presente à política indígena.

Como demonstrado, os indígenas tinham forte resistência em sair dos seus territórios, causando inúmeras dificuldades aos representantes do SPI, quando estes desejavam deslocar alguns grupos de indígenas para outras localidades. Logicamente, em casos de convergências de interesses, esses deslocamentos poderiam ocorrer com maior facilidade. É preciso considerar a organização social dos Kaingang, suas clivagens, suas disputas internas, seus faccionalismos, para compreender porque algumas famílias optaram para ir para perto da usina e outras não.[38]

Dessa forma, a presença da usina do Apucaraninha, em terras pertencentes aos Kaingang do Apucarana, não pode ser analisada como se os agentes da hidrelétrica impusessem aos indígenas uma mudança dos seus territórios, como se o canteiro de obras e a área destinada à instalação de redes, subestações, equipamentos etc., além do espaço alagado pela formação das represas, tivessem expelidos os indígenas das proximidades do empreendimento hidrelétrico. Na verdade, o que se viu foi o deslocamento de famílias indígenas para mais próximo da usina, com a formação de alguns toldos perto das obras, durante sua fase inicial.

Se por um lado, a ação colonizadora não pode ser esquecida, em todas as suas fases da conquista, por outro, não se tem como negar que a

---

[38] Sobre a organização social e o faccionalismo Kaingang ver: Fernandes (2003; 2004).

presença da usina despertou o interesse de alguns indígenas, que fizeram sua leitura do ocorrido e elaboraram suas políticas próprias para se relacionarem com o novo sujeito ali presente. É importante frisar que, apesar da usina do Apucaraninha ser o primeiro empreendimento hidrelétrico do país dentro de um território legalmente reservado aos indígenas, esta seria a única novidade à comunidade indígena local. Esta afirmação parte do sentido que os Kaingang do PI Apucarana, assim como de toda a bacia do rio Tibagi, já tinham estabelecido históricas relações com outros sujeitos – do próprio órgão indigenista, arrendatários, madeireiros, exploradores de pedras, agentes públicos, entre outros – o que permite dizer que os representantes da Eelsa compunham mais um grupo de pessoas a estabelecer relações socioculturais com os indígenas daquela localidade.

Mas o que promoveu o deslocamento de indígenas para próximo do local de construção da usina do Apucaraninha? Quais foram os seus interesses? Como se deram as relações socioculturais entre indígenas e empregados da Eelsa, sem esquecer também dos agentes do SPI? São questionamentos que permitem revelar a política indígena e suas estratégias para a defesa dos seus objetivos. Os Kaingang foram para perto da hidrelétrica com a finalidade de desempenhar trabalhos remunerados no canteiro de obras da usina e também realizar suas trocas comerciais. Com o estabelecimento do contato com os empregados da Eelsa, os Kaingang passaram a participar de atividades cotidianas de lazer, como os bailes, o futebol, entre outras, juntamente com o novo sujeito presente em seu território. Estas ações asseguraram aos indígenas a posse das terras onde se localiza a hidrelétrica. Este fator desenvolveu na comunidade indígena local o sentimento de apropriação da usina, fundamentando suas contínuas reivindicações junto à concessionária de energia elétrica e ao órgão indigenista.

5.1 A mão de obra indígena na construção da usina do Apucaraninha e outros trabalhos

O trabalho remunerado nas obras de construção da usina foi um dos interesses de alguns membros da comunidade indígena do Apucarana. O relatório de Deocleciano de Sousa Nenê, de 30 de março de 1947, enviado a IR7, evidenciou que a Eelsa, desde o início das obras do empreendimento hidrelétrico, contava com a mão de obra indígena em algumas atividades.

> Satisfazendo seu pedido verbal para informar sobre a construção ou montagem da usina da "Empreza Elétrica de Londrina S/A", em terras do P.I.T. de Apucarana, [...] vendo mais ou menos seguinte: [...] assim como observei que os Engenheiros e empreiteiros de vários serviços, dão preferencia de trabalho aos índios que por ali aparecem, assim como fui informado que os administradores não admitem a venda de bebidas alcóolicas, principalmente aos índios, medida que a muito vem este serviço adotando (SPI, 30 mar. 1947, Filme 73, Fotograma 1644).

Quando diz *aos índios que por ali aparecem*, o inspetor Deocleciano de Souza Nenê deixa claro a não existência de toldos na região até o momento de sua visita no PI Apucarana, no segundo semestre de 1946. Entretanto, em seu retorno no ano de 1950, evidenciou por meio do croqui já demonstrado, a existência de alguns toldos na proximidade da usina. Por um lado, aos olhos dos representantes do SPI, a presença da hidrelétrica poderia colaborar com a política indigenista de integração e assimilação do indígena, por meio da prática do trabalho, reforçado pela constatação de que os operários do empreendimento hidrelétrico não forneciam bebidas alcóolicas aos indígenas, conforme estabeleciam os regulamentos do órgão indigenista. Por outro lado, os indígenas também se interessaram pelas atividades no canteiro de obras, oferecendo-se como mão de obra em vários serviços, conforme constatação do inspetor Nenê.

> Devo dizer mais uma ves, que não ouvi nenhuma queixa de que essa Empreza esta perturbando a marcha dos serviços do Posto ou dos índios, de certo modo até tem dado alguns resultados, dando serviços e comprando os produtos dos índios, não obstante ser distante do toldo mais próximo de 12 a 15 Kts. Penso que assim tendo prestado as informações pedidas e prestado esclarecimentos precisos (SPI, 30 mar. 1947, Filme 73, Fotograma 1644).

Na verdade, com o andamento das obras, as relações indígenas e empregados da usina se intensificaram, sendo que a distância de 12 a 15 km apontadas no relatório do inspetor Nenê, entre a usina e os toldos mais próximos, foi encurtada devido à ação dos próprios indígenas que se aproximaram das obras na perspectiva de obterem alguns benefícios, como o pagamento em dinheiro por sua mão de obra em diversas atividades. Não obstante, o relatório denota que, além dos serviços, os indígenas vendiam e trocavam seus produtos junto aos empregados da usina e agentes da Eelsa. Dessa forma, os Kaingang estabeleceram políticas próprias em relação à presença da usina, traçando ações para obterem vantagens, sobretudo, econômicas, perante aos novos sujeitos presentes em seu território, tanto na venda e trocas de seus produtos confeccionados aos representantes da concessionária de energia elétrica, quanto nas atividades remuneradas do empreendimento hidrelétrico.

É interessante observar que, enquanto os agentes do órgão indigenista, tanto do PI Apucarana, quanto da IR7, debatiam sobre a autorização para a construção da usina, mostrando de início desconhecimento em relação as obras, como abordado anteriormente, alguns indígenas já estavam envolvidos com os trabalhos na proximidade do Salto Apucaraninha, negociando sua mão de obra, realizando suas vendas e trocas, obtendo demais vantagens com a presença dos representantes da Eelsa.

O SPI buscou constantemente regularizar a chamada mão de obra indígena, com várias Circulares, Portarias etc., relacionando-a com as prestações de contas e a renda dos PIs. Um exemplo foi a Circular nº 808, de 11 de novembro de 1957, assinada pelo diretor coronel José Luis Guedes, estabelecendo orientações para os encarregados dos PIs.

> 1. Toda a operação oriunda do labor coletivo, do índio, sob o estímulo e a administração do Posto Indígena, em qualquer campo de atividades, pertence, obrigatoriamente, à Renda Indígena, ao movimento financeiro-econômico do Patrimônio Indígena.
>
> 2. A produção individual, indígena, é obra exclusiva do orçamento doméstico do índio, servindo, tão somente, à sua subsistência, sendo, apenas, controlada pela Administração do Posto, como medida de prevenção e defesa dos interesses individuais, dos índios produtores.
>
> 3. As rendas do trabalho coletivo, são aplicadas em benefício do índio, como um todo, como sociedade, de forma indiscriminada. Tais rendas, tanto podem ser úteis aos índios que, de fato, produziram, como podem suprir necessidades de índios distantes, por força de contingência especial.
>
> 4. As rendas individuais pertencem, unicamente, ao índio produtor, como indivíduo, para manutenção de sua subsistência, não podendo ser administradas como operação oficial.
>
> 5. Não há, portanto, Renda do Posto. O que há, sim, é a obrigação primordial de cada Posto Indígena, de promo-

> ver e desenvolver suas atividades, em torno da utilização dos bens do Patrimônio Indígena, empregando, para tal, de preferência, o braço indígena, como fator decisivo de aculturação (SPI, 11 nov. 1957, Filme 70, Fotograma 975).

É notório o destaque à utilização da mão de obra indígena como forma de integração a chamada sociedade nacional. Também fica evidente o poder tutelar, de caráter assistencialista do SPI, como se os indígenas não tivessem condições de exercer suas ações e atividades junto aos concessionários dos serviços de exploração dos recursos naturais no interior dos PIs.[39] Desde o início da construção da UHE do Apucaraninha, os indígenas se relacionavam com os representantes da Eelsa, trabalhando no canteiro de obras, trocando mercadorias, vendendo seus produtos, entre outras ações. Estaria o órgão indigenista interessado em ter acesso e controle das rendas oriundas das atividades na margem direita do rio Apucaraninha, fruto das relações entre indígenas e membros da empresa de eletricidade? Conforme a Circular acima, essas rendas obtidas pelos indígenas na construção da usina, seriam consideradas coletivas ou individuais? São questões que precisam ser analisadas antes de determinar o controle absoluto do SPI sobre os indígenas do Apucarana ou de caracterizar a exploração impositiva da Eelsa sobre os indígenas.

Qual a leitura dos próprios indígenas de todo esse contexto? Trabalhar nos projetos do PI, tendo que repassar todo o ganho para o encarregado, para depois aguardar a distribuição coletiva dos recursos adquiridos, percebendo as irregularidades constantes dos agentes do órgão indigenista, como já revelaram as entrevistas dos indígenas entrevistados? Produzir para sua subsistência em espaços delimitados pela chefia do Posto, altamente controlados por esta? Ou buscar outras formas de ganho, diretamente com o elemento externo, sem a tutela do órgão indigenista? O relatório de Deocleciano de Souza Nenê, de 1947, evidencia a total falta de conhecimento dos representantes do SPI, sobre as relações dos indígenas com os representantes da Eelsa, seus trabalhos, suas trocas comerciais, suas interações.

Entre a tentativa de controle do órgão indigenista sobre os indígenas e seu real controle, existiam consideradas distâncias. Por outro lado, não se pode negar a intenção da Eelsa em explorar a mão de obra do trabalhador indígena, como também não se pode omitir os interesses e as ações estraté-

---

[39] Ver mais detalhes dessa política indigenista do SPI em: Oliveira e Freire (2006); Rocha (2003); Souza Lima (1992); Gagliardi (1989).

gicas dos indígenas em se envolver com os empregados da concessionária. Os acontecimentos narrados até aqui, por meio dos documentos citados, permitem dizer que não dá para simplificar o processo histórico que foi a construção e instalação da UHE do Apucaraninha, utilizando-se da visão dualista ou da ideia de história como uma mão de via única, em que Eelsa e SPI impuseram seus interesses sobre a etnia indígena local. É preciso demonstrar os múltiplos sujeitos históricos envolvidos, suas diversas ações, com uma perspectiva que supere a análise dualista e que demonstre a história como uma mão de via dupla, com jogos de interesses, com submissões intencionais, com alianças e traições meticulosamente planejadas, com tensões e conflitos, conforme cada *situação histórica*, ou seja, como afirma Hannerz (2001), perceber que os diversos sujeitos presentes promovem uma zona de *fronteiras*, como um local de fluxos e interfluxos, promovendo transformações, incertezas e ambiguidades, quando se entram em contato.

Nesse sentido, nada mais revelador que ouvir os próprios Kaingang em relação aos seus trabalhos desenvolvidos na época da construção da usina. O Sr. Tapixi relatou detalhes das atividades realizadas para a abertura dos caminhos para o assentamento do empreendimento hidrelétrico, em sua fase inicial.

> Em 1947 eu morava no Pari Paró, quando começou a fazer o picadão, pra começar a fazer a usina, eu morava ali. Tinha umas tapera veia, nós se acampemos em umas casas veias, tudo caído assim, que eu não sei nem explicar pra você de quem que era aquelas moradias. Eu via eles passando e fazendo os picadão e tal. Nós cortava tora, meu pai pegou uma empreita de corta tora, um trançador sabe, aí nos acampamo no Pari Paró, fica entre meio Tamarana e Apucaraninha. Aí nos acampemo ali e aí eles começaram a fazer os picadão, aí eles trouxeram uns postes de madeira sabe, eles trazia no picadão e trazia arrastados esses postes. Pra fazer esses buracão e colocar esses postes, em uma terra bem vermelha e cada buraco daquele deixava um poste (Tapixi, 28 mar. 2017).

Trata-se da estrada que hoje liga Tamarana ao local da usina, na margem esquerda do rio Apucaraninha. Estrada que continua sendo utilizada pela Copel para as manutenções periódicas e visitas constantes ao empreendimento hidrelétrico. Durante a narrativa, o Sr. Tapixi contou com detalhes a participação do seu pai na abertura dessa estrada.

> Aí aqui, por exemplo, era o nosso rancho e daí meu pai vinha pelo picadão e derrubava um pinheiro pra lá, derrubava outro pra cá, derrubava e ia traçando com o trançador, aí eu vinha trazer almoço para o meu pai e era uma terra bem vermelha. De manhã cedo amanhecia cerração, neblina, aí eu vim, aí chegava naqueles buracos eu andava, aí eu andava por cima daqueles postes, descalço, então ficava bem o sinal do meu rastro em cima do poste, então quando eu voltava aí meu pai não deixava voltar aí eu ficava com ele até a tarde no mato, era ele mais dois índios, aí eu ficava até a tarde com ele lá no mato, aí quando nos voltava a onça tinha passado em cima do meu rastro dentro do poste, aí estava o rastro da onça que pisou em cima do meu rastro (Tapixi, 28 mar. 2017).

Como se observa, além do pai do Sr. Tapixi, dois indígenas executaram os serviços de limpeza e abertura do caminho e de buracos para a fixação dos postes que mais tarde conduziriam a eletricidade para a cidade de Londrina e outras localidades atendidas pela Eelsa. Mesmo ainda criança, naquele contexto, o Sr. Tapixi afirmou: "[...] aí eu me lembro bem dessas passagens sabe, aí ele falava, aí o meu pai falava vocês vão fazer usina aqui nessa área do Apucaraninha" (Tapixi, 28 mar. 2017).

Fotografia 32 – Estrada de acesso à usina do Apucaraninha ligando a Tamarana (PR)

Fonte: Foto de Éder da Silva Novak.

Segundo o Sr. Tapixi, eram utilizados caminhões, chamados Chevrolet, carregados de postes. O pai do Sr. Tapixi se chamava Antônio Rodrigues dos Santos e em relação aos outros dois indígenas o entrevistado disse:

> Bonifácio, pai do Pedro aqui, Pedro de Almeida, Bonifácio Candido e o outro chamava, deixa eu lembrar, capaz que eu lembro o nome Kaingang dele, "Gmu" Zacarias parece que era o nome dele, e o indígena era "Gmu". Eles morava, morava [...] nós saía [...] eles morava lá na campina. Eles morava lá na campina, lá na campina, de lá eles vinha trabalhar com o meu pai ali, mas eles acampava e ficava com nós, o índio não tem esse negócio, eles ficava bastante tempo com nós, nós fiquemos dois anos ali. [...] Fazendo esse caminho, cortando madeira, fazendo esse caminho, fiquemos dois anos ali (Tapixi, 28 mar. 2017).

É notório o deslocamento dos Kaingang para o trabalho nas obras necessárias para a construção do empreendimento hidrelétrico, como a abertura de estradas e picadões, sendo que os dois indígenas citados eram moradores do Toldo Campininha, o mais próximo da primeira sede do PI Apucarana. Destarte, eles montavam acampamento junto com a família do Sr. Tapixi, ficando um período naquela localidade, porque não dava para retornar todo dia para o Toldo Campininha.

Outrossim, o relato do Sr. Tapixi apresenta detalhes das atividades de abertura da estrada e a construção da rede elétrica e o manuseio com os postes:

> Não, vinha em cima da [...], vinha arrastado, como é que chamava o nome, hoje ela é "patrola", mas naquele tempo não é "patrola", "quatrepilha", parece. Tinha, uma máquina dessa que arrastava os postes e tinha um, era tipo um trator de esteira mas, não era bem um trator de esteira, mas ele ia fuçando os mato. Quatrepilha, chamava (Tapixi, 28 mar. 2017).

Também foi perguntado ao Sr. Tapixi sobre os empregados e representantes da Eelsa, que era a concessionária responsável pela construção da usina. Assim ele respondeu:

> O nosso patrão morava em São Roque que não era Tamarana. Tinha o São Roque véio que era perto da campina e daí estava

> construindo o São Roque novo que hoje é Tamarana sabe, então, nosso patrão ficava em Tamarana, o nome dela era seu Eugênio Machado, um sujeitinho pequeno, baixinho, já de idade, ele vinha fazer o pagamento pra nós, de quinze em quinze dias, ele vinha a cavalo numa mula, ele vinha a cavalo não de carro, ele vinha a cavalo (Tapixi, 28 mar. 2017).

Dessa forma, os pagamentos eram realizados quinzenalmente, por um representante da Eelsa, chamado Eugênio Machado, que residia no antigo São Roque, atualmente Tamarana. Conforme o Sr. Tapixi, o pagamento era pela derrubada de peroba e de pinheiros, com a utilização de traçadores, e pela abertura dos caminhos para chegar até ao local das obras da usina. Segundo o entrevistado "[...] eu sei que pagar os índios eles pagavam, porque os índios que trabalhava com meu pai, meu pai recebia certinho" (Tapixi, 28 mar. 2017).

O Sr. Tapixi tem na memória o momento exato da construção da estrada e da rede elétrica até ao Salto Apucaraninha.

> Porque nós ficuemos ali, nós ficuemos ali de quarente e sete, nós cheguemos, por exemplo, em quarente e seis ali, quarenta e sete nós ficuemos aí no fim de quarenta e sete nós fomos embora, a minha vó veio de lá do Barão de Antonina, veio buscar a minha mãe. Nós fomos juntos. (Pai) Trabalhou um tempo, quando eles começaram a chegar no Salto de Apucaraninha, que acabou o trabalho, nós foi embora (Tapixi, 28 mar. 2017).

Quando perguntado se os demais indígenas também tinham se deslocado para o território indígena do Barão de Antonina, o entrevistado respondeu: "Não, eles foram, ficou esse tal que eu falo pra você que era Zacarias, ficou, ficou que ele era daqui, mas esse tal de Bonifácio cruzou porque ele era de lá também" (Tapixi, 28 mar. 2017). Cruzar o rio Tibagi era muito comum entre os indígenas do Apucarana e de São Jerônimo, como já demonstrado.

Antes de prosseguir a descrição e a análise das demais entrevistas, cabe esclarecer algo que foi notado durante as falas. O entendimento inicial dos indígenas, quando interrogados se os indígenas trabalharam na usina, é o trabalho técnico na operação e na manutenção da mesma, após estar em funcionamento. Dessa forma, no diálogo com o Sr. Raul Pereira, traduzido pelo Sr. João Cardoso, quando questionado se algum indígena trabalhou na usina, o tradutor respondeu antes mesmo de repassar a questão ao Sr. Raul, afirmando:

> O índio não trabalhou não, eu lembro que, eu lembro que só o meu, que um índio que trabalhou junto aqui na COPEL, e saiu daqui, mas só que não era daqui, ele era filho de pernambucano, que veio lá dos Pernambuco e pegou a portaria, chegou aqui e mostrou a portaria pro chefe né, aí ele virou assim, ele tava formando rapazinho, estudou com nós aqui, aí ele já começou a entrar na COPEL, eu lembro, um tal de Zé Carlos. Só que lá, naquele tempo era [...] só que a usina já tinha feito já era em 74 [...] Na usina não foi índio que trabalhou, diz que era pros índios trabalhar naquele tempo, mas não trabalhou [...] (João Cardoso, 28 mar. 2017).

Ou seja, o entendimento do Sr. João Cardoso era o trabalho na usina, após a sua construção, operando as máquinas e demais equipamentos e instalações do empreendimento hidrelétrico. Ele prosseguiu seu relato dizendo que os indígenas nem sequer foram avisados sobre as obras da usina, quando do início de sua construção, nem por representantes da Eelsa, nem pelo encarregado do posto.

> Não, eles não avisaram os índios, ele não avisou índio, eles entrou aí sem aviso, mas diz que esse usina era para os índios trabalhar, mas só que não tinha leitura, eu ouvi na reunião esses dias também, isso que o Cacique falou, naquele tempo não tinha assim pessoa estudada que trabalha assim na usina assim, eles queria mais estudado, ninguém era estudado, mas diz que era para os índios trabalhar, eles falaram sempre, mas não tinha ninguém né. Eu lembrei também quem construiu primeiro, mas diz que não era, ninguém fez reunião pra essas coisas também (João Cardoso, 28 mar. 2017).

Esta informação sobre os estudos aparece também em outras entrevistas, revelando as conversas e as trocas de informações entre os indígenas e os agentes da Eelsa e da usina, que se por um lado não houve uma reunião entre as partes, para o início das obras, como enfatiza o Sr. João Cardoso, por outro lado, durante a construção da usina e a partir da chegada de mais indígenas naquela localidade, as conversas passaram a ser frequentes, como serão evidenciadas adiante.

Quando finalmente traduziu a pergunta ao Sr. Raul, este respondeu em Kaingang, com a seguinte tradução pelo Sr. João Cardoso:

> O pai dele trabalhava, o vô também, o Zeca diz que trabalhava lá também, ele era piazão ele disse, no tempo que o pai dele trabalhava com mais esse outro que também trabalhou. É na usina, começou [...] Diz que não foi começado ainda naquele tempo, daí depois, depois quando vieram, eles começou a fazer a usina. Ele falou o nome de uma pessoa que começou a construir uma usina aí, ele está falando o nome deles, acho que é até veinho também (Raul Pereira, 28 mar. 2017).

O nome não foi lembrado pelo entrevistado, mas a informação de que os indígenas trabalharam na usina foi confirmada pelo Sr. Raul Pereira, cujos pai e avô desenvolveram algum trabalho na época da construção do empreendimento hidrelétrico. O próprio seu Raul também exerceu algumas atividades, afirmou. Após esta informação, o Sr. João Cardoso fez o seguinte comentário:

> Agora eu lembro de tempo de Nivaldo que também tinha aqui serraria. [...] Aqui mesmo, aqui mesmo na aldeia, pra baixo dessa casa aí, tinha uma serraria aí, eu lembro que tem, de um tal de capitão Nivaldo, ele tomava conta também, chefe dos índios, eu lembro também daquele tempo, aí ele tinha, puseram até como que é, cerâmica, só que ele não pagava [...] Uma Olaria, então esse eu lembro, uma serraria, teve uns índios que trabalhou aí, eu não, aquele tempo eu era piazão ainda, aí até meus primos trabalho aqui, só que não pagava com dinheiro não, pagava só com mercadoria (João Cardoso, 28 mar. 2017).

Visivelmente, além de tarefas para a construção da usina, os indígenas trabalharam nas fábricas instaladas na localidade, como a serraria e a olaria, que aproveitaram da presença de energia elétrica para facilitar suas atividades. O questionamento era em torno do pagamento, realizado por meio de trocas, por meio de mercadorias, e não em espécie, como relatou o Sr. João Cardoso.

O Sr. José Bonifácio também relatou os trabalhos realizados pelos indígenas na serraria, que foi alterada de local, quando da enchente da represa do Fihú, para a terceira fase de construção da usina.

> Essa serraria foi que depois [...] Porque, porque o pai dela (pai da Gilda) morava perto da represa ali, sabe, então, tinha uma serraria na baixada, na baixada tinha uma serraria, aí fizeram a represa, aí começou a encher, aí juntaram a água, aí eles mudaram pra cima aqui perto da [...] Onde é o cemitério, mudaram ali, aí depois daí que depois mudou dali, aí acabou o pinheiro tudo, acabaram com as madeiras tudo, aí eles mudaram lá dentro da aldeia daí, ponharam a serraria dentro da aldeia, que os índios começaram a trabalhar ali também, com o chefe do posto tudo, sabe. Tinha uns índios que trabalhava, fazia algum serviço, o chefe arrumou uns serviços aí (José Bonifácio, 29 mar. 2017).

Como diz a entrevista, em um terceiro momento, a serraria é retirada de perto da Represa do Fihú e instalada ao lado da sede do PI Apucarana, próximo ao Salto Apucaraninha. Isso se deu na segunda metade da década de 1960. O momento em que a serraria foi para o interior da nova sede do Posto foi narrado pela Dona Gilda Kuitá:

> Lá dentro da sede a serraria entrou quando entrou a FUNAI. A FUNAI que trouxe. Segundo a ideia era fazer casa pros índios e nisso eles tirava os restos dos pinheiros que tinha ainda e fazia, serrava ali mesmo, a madeira de primeira eles vendiam, o refugo fazia, mais ruim fazia, fizeram meia, aquelas casas assim meia água que fala pra todo mundo, fizeram até uma vila (Gilda Kuitá, 29 mar. 2017).

Evidentemente, a mão de obra indígena foi utilizada nas atividades das serrarias, já movidas por eletricidade obtida da usina. A promessa de construir casas aos Kaingang também foi uma forma de atraí-los para a nova sede do Posto, buscando evitar os conflitos nas áreas tomadas pelo Estado para as frentes colonizadoras. Também se pode afirmar que a madeira extraída no território indígena foi utilizada para a construção das casas da vila dos operários da usina, tanto em sua fase de construção, quanto de operação.

Fotografia 33 – Sr. José Bonifácio apontando o antigo local da Serraria na Represa do Fihú

Fonte: Foto de Lúcio Tadeu Mota

Fotografia 34 – Local da serraria após a enchente da Represa do Fihú

Fonte: Foto de Lúcio Tadeu Mota

Fotografia 35 – Estrutura da serraria instalada na sede do PI Apucarana no final dos anos 1960

Fonte: Foto de Éder da Silva Novak

Fotografia 36 – Pequena área de pinheiros plantada próximo à Aldeia Água Branca

Fonte: Foto de Éder da Silva Novak

Mapa 3 – As serrarias e as sedes do posto indígena Apucarana

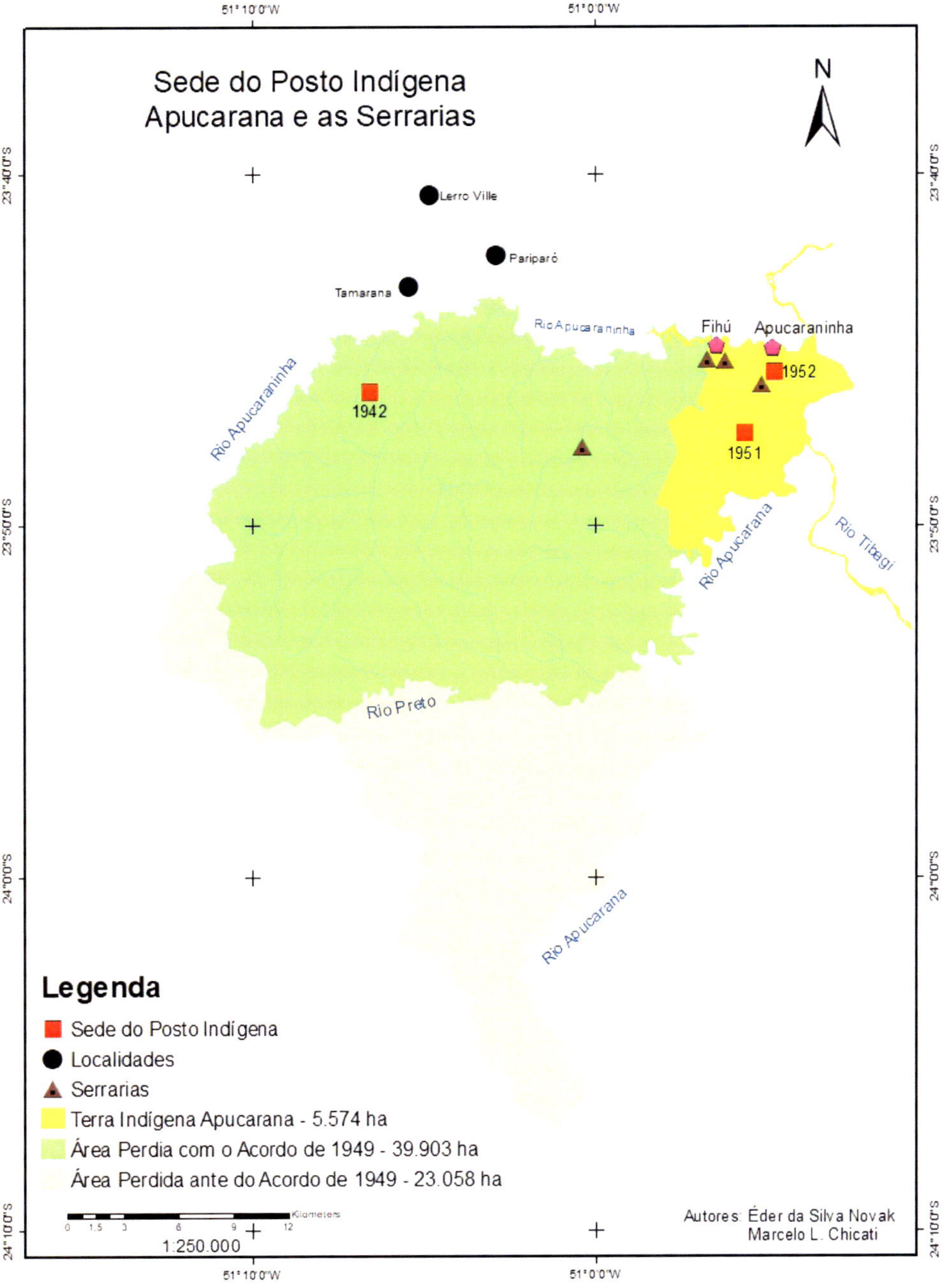

Fonte: Éder da Silva Novak e Marcelo L. Chicati (2017)

Assim como disse o Sr. Tapixi, o Sr. José Bonifácio também confirmou o trabalho dos indígenas nas obras para a construção da usina do Apucaraninha. Segundo ele:

> [...] Foi, foi. Que meu avô sempre contava essa história, sabe, trabalhou uns par de índio ali dentro, [...] na estrada que descia lá embaixo, onde tem a sede lá embaixo. Onde tem a casinha de força. Tem um veio que ajudou lá e ainda ta vivo né, tá bem veinho já, o Raul. Só que ele não sabe conversar bem agora. Então, ele trabalhou muito ali sabe, ele ganhava diária, a COPEL pagava diária pra ele, ele ajudou a construir, a fazer a estrada, com enxadão e picareta assim, depois que entrou as máquinas ali, depois que eles tiraram tudo as pedras redondas que tinha ali, eles rancava tudo, sabe, então, daí depois entrou as máquinas lá e limparam, então, daí quem trabalhou hoje lá dentro é um tal de Raul. Raul Pereira, ele está bem velhinho já ele não sabe nem conversar tem que ter uma pessoa pra traduzir as palavras que ele passa pra gente (José Bonifácio, 29 mar. 2017).

O Sr. José Bonifácio contou que os Kaingang colaboraram na construção da usina, inclusive, na duas barragens que foram erguidas, com ajuda de mão de obra indígena, "mas depois que terminou, acabou" (José Bonifácio, 29 mar. 2017). Pode parecer redundante, mas o que ele quis dizer é que com o final das obras, os trabalhos na usina naquele momento exigiam estudos que os indígenas não possuíam, conforme já foi explicado.

Fotografia 37 – Casa de força e subestação em território indígena no Salto Apucaraninha

Fonte: Foto de Éder da Silva Novak

Quando a equipe de pesquisa estava ao lado da represa do Fihú, novamente foi perguntado ao Sr. José Bonifácio se havia escutado histórias de indígenas que trabalharam nos desmatamentos e abertura de caminhos quando foi construída a usina.

> Tem uns mais antigos que eles pagava que hoje já não existe mais já faleceu tudo. Mas, sempre tem um tio meu que sempre conta a história, o Raul. Raul trabalhou junto a COPEL, abriu a estrada, abriu o caminho, tudo, trabalhou ali junto com eles, fazendo a limpeza tudo, eles pagava a diária pra ele, sempre ele falava pra mim, sabe, então, ele trabalhou muito com eles, sabe, abriu a estrada que desce na máquina lá embaixo né, sempre ele conta essa história pra mim. Quem trabalhou mais aí que tá vivo é ele só que o resto já faleceram tudo (José Bonifácio, 29 mar. 2017).

O Sr. José Bonifácio corrobora a utilização da mão de obra indígena na construção da UHE do Apucaraninha. Ainda próximo da represa e demonstrando os locais onde se situava a serraria, foi indagado ao Sr. José Bonifácio sobre o trabalho dos indígenas na serraria.

> [...] só depois que eles mudaram lá pra sede né, daí que entrou uns índios trabalhar, até meu cunhado, Moacir Gordo que eles fala, trabalhou pouco tempo lá, sabe, aí trabalhou uns índios lá, foram pagando as diárias, não sei se é por mês que eles ganhava né, foi assim que o chefe do posto juntava os índios e fazia os índios trabalhar ali né, só que depois daí eu não sei o que aconteceu daí, parou também. É, que daí eles começaram a fazer umas casinha, a Gilda falou, fizeram umas casinha com umas madeiras de segunda que eles fazia umas casinha pros índios, né? Aí que foi juntando gente lá, por causa da escola né, pra gente estudar, os filhos estudar, até eu não estudei não, eu parei né que eu falei pra você. É, eu larguei mão de estudar, eu fui trabalhar (José Bonifácio, 29 mar. 2017).

Novamente, é revelador o fato de que houve uma migração de algumas famílias indígenas no momento inicial da construção da usina, ainda em 1946 e 1947, criando alguns toldos, antes não existentes naquela localidade próxima ao Salto Apucaraninha. Entretanto, uma concentração maior de indígenas nesse local, perto da usina, ocorreu com o passar dos anos, após muita resistência e luta dos Kaingang em sair dos seus toldos tradicionais. Dessa forma, no que tange ao território indígena Apucarana, o Acordo de 1949 demorou praticamente duas décadas para ser concretizado, definindo a área dos 6.300 hectares de terra somente no final da década de 1960.

Fotografia 38 – Barragem da represa da usina do Apucaraninha

Fonte: Foto de Éder da Silva Novak

Fotografia 39 – Vazão da água na barragem da represa do Fihú

Fonte: Foto de Isabel Cristina Rodrigues

Evidentemente, deve-se considerar também o interesse indígena pela estrutura em torno da sede do posto, com escolas, postinho de saúde, oferta de casas, trabalho na serraria, no próprio Posto, nas relações sociais com os empregados da usina, as trocas comerciais e a própria presença da eletricidade no local, já que os documentos demonstram que algumas casas para os indígenas, com o passar dos anos, também tiveram energia elétrica, embora os relatos não tenham confirmado essa informação, "[...] aí começou a produzir energia elétrica, mas não pros índios, só pro escritório da Funai, do SPI né, então, daí eles começaram a trabalhar ali" (José Bonifácio, 29 mar. 2017).

O Sr. Pedro Almeida também abordou o trabalho dos indígenas nas serrarias no momento da construção das casas para as famílias indígenas na nova sede do Posto. Segundo ele, "[...] os índios começaram a trabalhar e gostaram também, aí depois eles construíram uma colônia lá embaixo, uma casinha de uma banda só, de uma água" (Pedro Almeida, 30 mar. 2017).

As entrevistas convergem quanto ao trabalho indígena não apenas na construção da usina, mas também em demais atividades do PI Apucarana, ou mesmo fora deste, como foi o caso do Sr. José Bonifácio, que trabalhou em fazendas vizinhas. Seja pelo pagamento em dinheiro ou em mercadorias, muitos Kaingang se interessaram por esses trabalhos e se deslocaram para a área próxima ao Salto Apucaraninha. É interessante também revelar, fundamentado pelos dados escolares apresentados anteriormente, que o número de alunos indígenas na escola do posto aumentou com o passar dos anos. Entre outros fatores, também o indígena não poderia ter o interesse em estudar na escola do posto para arranjar melhores ocupações, com maior ganho, como por exemplo, trabalhar na usina? Esta questão será retomada no subitem abaixo.

5.2 As relações socioculturais entre os indígenas e os empregados da usina e o cotidiano na nova sede do PI Apucarana

Como demonstrado pelo relatório do inspetor Deocleciano de Souza Nenê, em 1947, desde o início das obras da usina ocorreu o contato entre indígenas e representantes e indígenas e empregados da concessionária, em virtude dos trabalhos desenvolvidos por ambos e pelas trocas e compras de produtos, como os balaios confeccionados pelos indígenas. As entrevistas revelaram detalhes dessas relações socioculturais entre os sujeitos presentes na região do Salto Apucaraninha, a partir de 1946, quando iniciou a construção da usina. Relações que foram intensificadas a partir de 1952, com a instalação da nova sede do PI Apucarana.

O Sr. Raul Pereira confirmou também que os Kaingang confeccionavam balaios naquela época para venda e troca com a sociedade não-indígena. No diálogo com a Dona Gilda Kuitá e o Sr. José Bonifácio, também foi abordado o assunto sobre as trocas entre os indígenas e os empregados da usina. Quando questionados se realmente ocorreram essas trocas, eles responderam:

> Sim, por que eles sempre fazia as trocas né, até hoje. Levava lá, as vezes queria alguma coisa daí dava o balaio, aí eles dava as coisas que eles queria né, até hoje é assim né (Gilda Kuitá, 29 mar. 2017).

> É sempre eles, é sempre a gente se dava bem com, pra não ter confusão com ninguém, amizade (José Bonifácio, 29 mar. 2017).

Neste momento do diálogo, foi perguntado como era o convívio entre os indígenas e os empregados da usina, que moravam em uma vila residencial, no interior da área indígena. A Dona Gilda Kuitá fez as seguintes observações:

> Eu não sei, tinha uma família lá, que tinha uma casa, que minha mãe gostava de ir lá visitar, eu não lembro o nome, mas ela sempre ia lá. Eles tinha um salão lá embaixo, você lembra aquele salão lá? (Reportando-se ao Sr. José Bonifácio) Porque era muita gente. Lá embaixo eles tinha um campinho lá, uma igreja, um salãozinho. Aí os índios iam lá, antes disso, quando eles não tinham salão, começaram a construir, eles vinham aqui nos índios, dança aqui no Toldo. Tinha essa integração, eles vinham aqui no Toldo (Gilda Kuitá, 20 mar. 2017).

De fato, ocorreu essa integração entre os Kaingang e os empregados da usina, além dos próprios representantes do órgão indigenista. Lembrando também da presença dos agentes das serrarias, arrendatários e camponeses intrusos, que ainda insistiam em permanecer na área indígena, algumas vezes, até com a conivência do SPI, como já demonstrado. O Sr. José Bonifácio também revelou essa aproximação dos Kaingang com os funcionários da Eelsa, afirmando assim: "[...] é que nós tinha amizade com eles. Jogo de futebol, um campinho, uma igreja" (José Bonifácio, 20 mar. 2017).

Fotografia 40 – Salto Apucaraninha

Fonte: Foto de Éder da Silva Novak

Fotografia 41 – Lago da represa do Fihú

Fonte: Foto de Éder da Silva Novak

Perto da represa do Fihú, a Dona Gilda Kuitá voltou a falar sobre as interações da sua família com os operários da hidrelétrica, apontando o caminho que a mãe dela e ela (ainda criança) fazia de bote para visitar as casas dos empregados.

> Então, a gente pegava o bote e descia ali nas comportas, aí lá a gente deixava o bote e ia pé, dava o que, uns 100 metros. Tinha umas quatro, cinco casas. É, eles se dava com os índios, porque também era os únicos, não tinha outras pessoas (Gilda Kuitá, 29 mar. 2017).

A Dona Gilda informou que não havia muitas outras famílias não indígenas nas proximidades e que as atividades cotidianas dos empregados da usina e suas relações socioculturais ocorriam com os Kaingang, travando relações de aproximação e de amizades.

Fotografia 42 – Indígenas e empregados da usina em dia de festa no Posto Indígena Apucarana

Fonte: Acervo Museu Histórico de Londrina – UEL

A entrevista do Sr. Elói também trouxe informações sobre esse convívio entre os Kaingang e os operários da hidrelétrica.

> Eles eram amigos dos índios. É, era, quando os índios fazia baile aí eles vinha e dançava com índios, era assim, mas depois eles tinham campo de bola, naquele tempo tam-

> bém jogava muita bola, eu ajudava jogar bola com eles, bola assim, um dia eles falaram assim pra mim Elói você tá jogando muito com nós, mas parece que nós vai embora agora, eu falei pra eles assim, por que? É porque Elói nós somos bastante na usina que trabalha, mas diz que quem fez primeiro esse usina diz que era outro governo né, daí outro governo, não sei qual é, mas naquele tempo eles não sabia de nada, nem os índios sabia de nada, eles falava assim Elói, eles falava assim, eu não sei, mas eu não conheço eles né, Elói o Governo Federal já tá vendo pro Governo do Estado, então, o Governo do Estado vai deixar pouco trabalhando na usina e o resto ele vai mandar embora tudo, foram mesmo, foram mesmo, só a turma do usina era bastante, quando fazia jogo com eles era dois times que dava, agora é só um pouquinho que trabalha lá. Então, mudou pra Tamarana esse que trabalha na máquina, todo dia ele vem aí, todo dia. Todo dia ele vem de carro agora, mas de primeiro ele morava aí, trabalhava aí, posava e era assim (Elói Zacarias, 29 mar. 2017).

Os bailes, o jogo de futebol e outras atividades rotineiras estreitavam as relações entre os sujeitos ali presentes. Nessas interações, os diálogos sobre o andamento das atividades da usina também acabavam acontecendo. O Sr. Elói destaca o momento de encampação da Eelsa pela Copel, em 1974, quando da estatização do setor elétrico por quase todo o país. Além disso, ele se reporta a consequente redução do quadro de empregados na hidrelétrica, em que muitos foram mandados embora ou transferidos para outros locais, no decorrer da década de 1980. Ao enfatizar aquele momento de saída de grande parte dos empregados da usina, o Sr. Elói relatou que foi mais difícil ter o jogo de futebol no campinho da vila dos empregados, relembrando as vitórias do seu time:

> Oi eu ganhava de Tamarana, só o time dos índios ganhava de Tamarana, ganhava dos outros por aí, nós era jogador bom. Ah! O meu time era time do Apucaraninha, quando nós saía fora falava, vem vindo o time do Apucaraninha, falava assim, de primeiro quem tomava conta do time era um índio também, ele sabia (Elói Zacarias, 29 mar. 2017).

Ao ser questionado como eles se deslocavam para jogar fora, em outros locais, qual meio de transporte utilizado, ele respondeu que para viagens mais longas, utilizavam-se os caminhões da Eelsa.

> Quando nós ia jogar perto nós ia de a cavalo, mas quando ia longe, como aqui de Tamarana, arrumava carro. Pegava no tempo que tinha carro, mas agora não tem mais carro grande. Antigamente, tinha muito trabalhado da usina, tinha carro grande né, então, se algum dia o chefe arrumava pra ir jogar bola né, daí, agora não tem mais carro grande, eles só anda no carro pequeno (Elói Zacarias, 29 mar. 2017).

O Sr. Elói também confirmou que os Kaingang faziam seus balaios para venda e troca com outros produtos e que alguns empregados da usina adquiriam os artesanatos dos indígenas e que "[...] o balaio pra vender naquele tempo os índios só fazia balaio pra vender, trocava alguma coisa" (Elói Zacarias, 29 mar. 2017).

Obviamente essas relações não foram apenas harmoniosas. A Dona Gilda fez o seguinte relato:

> Fizeram, os operários, os operários né, quem tava trabalhando lá, porque na usina assim vai muita gente né. Isso deu muito transtorno né. Assim, com as índias né, os encontros com as índias (Gilda Kuitá, 29 mar. 2017).

A Dona Gilda Kuitá afirmou que ocorreram muitos relacionamentos entre os operários da usina e membros da comunidade indígena, gerando situações conflituosas no interior da comunidade indígena local. Essas questões são importantes para compreender as disputas internas e o jogo político que caracterizam as comunidades indígenas. Suas relações com o não-indígena e entre os seus membros devem ser mediadas pela compreensão da sua historicidade.

A Dona Gilda Kuitá informou que foi montada uma vila para os funcionários da usina do Apucaraninha:

> Então, tem uma estrada que vai até lá embaixo onde é o as máquinas lá, onde fica as turbinas lá, tinha casas dos funcionários que resta ainda duas ali em cima. Ali na entrada, você cruza a ponte tem as casinhas, casas daquele tipo. Tinha várias descendo assim. Na época que eu era aluna da escolinha, já tinha bastante gente morando que trabalhava pra usina (Gilda Kuitá, 20 mar. 2017).

Neste ponto, a Dona Gilda acrescentou que também foram construídas algumas casas para os operários que trabalhavam na represa do Fihú, narrando alguns acontecimentos entre a sua família e a dos empregados da usina.

> Eu lembro também das casas ali do Fihú, quando eu era criança, meu pai morava ali na barragem, no Fihú. Tinha casa dos operários ali também. Mais ou menos quatro lá, quatro ou cinco. É, eu lembro que eu e minha mãe, nós descia de bote pra visitar, sempre buscar as coisas, igual tá falando, trocar as coisas, minha sempre ia lá. A gente morava ali, a gente ia pra lá de bote, desembarcava lá e ia na casa lá (Gilda Kuitá, 20 mar. 2017).

O Sr. Pedro Almeida disse que eram muitas famílias dos empregados da usina que moravam no interior do território indígena.

> É, no começo eles morava lá embaixo, pra baixo do salto lá, você conhece o salto né? Então, eles moravam lá na máquina mesmo, a vila deles era lá embaixo, aí com o tempo eles mudaram pra cima ali perto do posto, aí eles fizeram aquelas casas pra eles, aí eles mudaram tudo lá pra cima, depois eles foram embora pra cidade, de certo eles aposentaram, então, foram embora (Pedro Almeida, 30 mar. 2017).

Como já citado, no momento em que a Copel encampou a usina do Apucaraninha iniciou o processo de redução dos funcionários presentes ali na hidrelétrica e com o processo de automatização das máquinas, a vila acabou sendo destruída e os materiais das casas foram dados à Funai para a construção de casas aos indígenas, mas isso já em fins dos anos 1980. Além desta vila próximo ao Salto Apucaraninha, o Sr. Pedro Almeida também confirmou que "[...] tinha alguns operários que morava lá, tinha bastante casa lá também" (Pedro Almeida, 30 mar. 2017), se referindo à represa do Fihú. A Imagem 22 demonstra com mais detalhes a represa do Fihú e o Salto Apucaraninha, onde estavam as residências dos empregados da usina, e evidencia o local onde os indígenas se concentraram, constituindo a aldeia sede do Apucaraninha.

As entrevistas revelam com precisão os locais da sede do Posto, quando esta foi deslocada para próximo da usina. O Sr. José Bonifácio apontou que "[...] era um pouco mais pra baixo" (José Bonifácio, 29 mar.

2017), em relação à onde está hoje o Posto de Saúde e as escolas da TI Apucaraninha. Sobre a energia elétrica nas dependências do Posto, a Dona Gilda Kuitá assim relatou:

> Tinha, eu acho que desde quando eles montaram a usina, que quando começou a construir, a funcionar, eu acho que a sede do posto já tinha, a casa né, a casa, a escola, é o que tinha, quando eu era pequena. Então, eu acho que quando montou as máquinas, que funcionou, eu acho que teve luz porque eu me lembro (Gilda Kuitá, 29 mar. 2017).

A Dona Gilda Kuitá e o Sr. João Cardoso aparecem como alunos da escola do PI Apucarana, conforme dados escolares, a partir do início da década de 1960. O fornecimento de energia elétrica à sede do Posto, além da iluminação elétrica, trouxe outros benefícios para as atividades cotidianas, como o serviço de rádio, "[...] é porque naquele tempo eles usava era aqueles telefones era do rádio" (Gilda Kuitá, 29 mar. 2017), agilizando os trabalhos dos agentes do órgão indigenista.

Segundo o Sr. José Bonifácio, "[...] nós passou muito sem luz ali, muitas vezes, ali que começou a iluminar as casas, ali era do escritório, da escola" (José Bonifácio, 29 mar. 2017). Também o Sr. Elói afirmou que havia energia elétrica no salão do baile, na sede do Posto, na casa do Alan Cardec e outras casas, mas "[...] fora do posto não tinha não" (Elói Zacarias, 29 mar. 2017).

Imagem 22 – Imagem orbital das barragens, da aldeia sede e do Salto Apucaraninha

Legenda
1 - Aldeia Sede
2 - Salto e Represa do Apucaraninha
3 - Represa do Fihú

Fonte: Vẽnh Kar (2010, p. 24)

A Dona Gilda complementou:

> Tinha um casarão ali, ali pra baixo ali, aonde, deixa eu lembrar, a onde a estrada desce ali pro lado debaixo tinha uma casa enorme. Tinha, como é que fala, um lugar em cima e embaixo, embaixo era tipo um barracão, muito alto e uma casa grande, ali funcionava o escritório e uma salinha de aula, foi ali que começou a escola (Gilda Kuitá, 29 mar. 2017).

O Sr. João Cardoso demonstrou o local exato de onde ficava esse casarão, descrevendo as instalações no seu interior e outras casas menores a sua volta. Relatou ainda que a energia elétrica estava apenas presente na sede do PI Apucarana, na casa do encarregado Alan Cardec e outras instalações do Posto, não chegando às moradias dos indígenas e muito menos aos outros toldos.

> Naquele tempo não tinha energia, não tinha energia. [...] Aí eu lembro, eu lembro, que aquele tempo que era 63, era 63 e a usina começou, tava funcionando já. Eu lembro aquele tempo, só que, era só no posto aqui mesmo, só o posto

aqui mesmo, iluminava, mas pra lá não tinha nada. Veio de Londrina e já colocou esse usina, aí funcionou aqui, já trouxe pra cá, eu lembro naquele tempo que era piá também, naqueles brincadeiras de baile que eles fazia (João Cardoso, 28 mar. 2017).

Novamente, os bailes foram lembrados como um momento que reunia indígenas e empregados da usina. Apesar das histórias de aproximação, amizade e convívio entre os indígenas e não indígenas, o órgão indigenista buscava controlar os deslocamentos dos primeiros, criando normas para evitar suas saídas do interior da área do Posto. O Sr. Pedro Almeida relatou que o encarregado procurava privar os Kaingang do contato com os empregados da usina, afirmando que "[...] naquela época o chefe branco ele não autorizava os índios chegar perto dos brancos" (Pedro Almeida, 30 mar. 2017). E concluiu sua fala sobre essa questão dizendo:

> Então, eles (os índios) pra sair pra fora, pra fazer as compras lá fora, tinha que pegar a autorização do chefe do posto, portaria, portaria, então, pra lá do rio Apucaraninha tinha umas vendas, pessoal ia fazer compra lá, então, eles tinham que pegar autorização, chama portaria que eles falava, se o índio for lá na venda sem portaria, na volta o chefe do posto pega e prende na cadeia, de dia, a noite ele vai pra cadeia, de dia ele pega cabo de enxada pra trabalhar pro chefe do posto, com trinta dias, com trinta dias eles já solta o índio, aí ele trabalhava de graça pro chefe do posto, era um escravo né. O chefe se não tiver serviço de enxada, de foice, eles lenhava pro chefe do posto e cortava com o machado, o dia inteiro, todo dia tinha que trabalhar com enxada, com o machado (Pedro Almeida, 30 mar. 2017).

Logicamente, o órgão indigenista buscava controlar todos os passos dos indígenas, procurando colocar em prática a política integracionista, sob a tutela do SPI e dos seus representantes, atribuindo penalidades aos considerados infratores. Contudo, como demonstrado, essa tentativa de controle não foi muito eficiente, já que os indígenas continuavam com seus deslocamentos, mantendo relações diversas com os não indígenas.

Uma das ações do encarregado, na perspectiva de tutela, era a atuação da escola. O Sr. Pedro Almeida informou ter estudado na escolinha do Apucaraninha, junto com a Dona Gilda Kuitá e o Sr. João Cardoso.

> Aí naquela época o governo era o SPI né. É tinha criança branca, tinha, os funcionários do chefe, tinha criança pra estudar ali. Porque naquela época era sofrido né, a professora braba, né o chefe. As vez nós na hora do recreio, nós, as crianças brinca no terreiro do chefe ali né, o chefe chegava ali o criançada, cachorrada vai brincar pra lá, chamava. Xingava os alunos de cachorro (Pedro Almeida, 30 mar. 2017).

O Sr. Pedro Almeida continuou narrando histórias da escola, que era muito rígida com os alunos indígenas.

> Eu lembro que quando começou a escola ali os alunos não sabia nem falar português e a professora braba né e eles nem sabia pedir licença pra sair pra ir no banheiro, então, os alunos, tinha um aluno lá que tinha medo da professora e ele urinava dentro da sala. Antigamente, tinha umas réguas de madeira, agora, essas réguas de madeira, batia na carteira ou falava pra fazer assim e pá, ou as vezes ela colocava quirela no canto do quadro lá, pegava orelha do aluno, vem aqui, agora você vai ficar aqui de joelho. [...] Pois é, quase arrancaram minha orelha [risos] (Pedro Almeida, 30 mar. 2017).

Também confirmou que a escola contava com energia elétrica naquele momento, com algumas lâmpadas, assim como na enfermaria e outras instalações apenas na sede do Posto, mas não lembrou de alguma casa para indígena com eletricidade. Ainda citou que, na hora de cantar o hino nacional e o hino da bandeira, a professora ligava uma vitrola, que também era movida a energia elétrica.

Ressaltando, os dados escolares revelam um aumento de alunos indígenas matriculados na escola, a partir da final da década de 1950 e anos 1960. Nas falas da Dona Gilda, é perceptível a relação ambígua dos indígenas com a escola. Quando perguntado se o fato da nova sede do Posto ter escola, ter posto de saúde, somado ao fato da presença de energia elétrica, se isso pode ter motivado que um maior número de indígenas se deslocasse para essa localidade, assim ela se expressou:

> Não, porque tinha que levar, eles obrigaram, era obrigado a levar os filhos a estudar, tinha uma família que não queria, mas não, tem que pôr os filhos pra estudar e tinha outros que dizia que queria que os filhos estudava pra aprender a falar o português (Gilda Kuitá, 29 mar. 2017).

Novamente, se exige um olhar atento aos interesses e ao intercruzamento de ações dos indígenas do Apucarana, que não podem ser considerados como um grupo homogêneo e compacto, mas que possui suas clivagens, suas disputas e seus objetivos divergentes, como qualquer outro grupo étnico.[40] Quando as obras da usina foram encerradas, o engenheiro responsável disse aos indígenas que a hidrelétrica lhes pertencia, que era para eles trabalhar nela, mas eles não tinham estudos. Isso aparece nos relatos dos Srs. João Cardoso, Raul Pereira, Elói Zacarias e Tapixi. Embora algumas famílias não aceitassem colocar seus filhos na escola, outras despertaram interesses em aprender o português e conseguir trabalhos com melhor remuneração e mais espaços na sociedade não-indígena. Torna-se mister retomar a abordagem de Almeida (2010), quando afirma que as sociedades indígenas sempre buscaram conhecer os mecanismos de funcionamento da sociedade não-indígena, desde os tempos coloniais, buscando assegurar seus direitos e obter novas conquistas.

Na escola, estudavam também alunos não indígenas. Segundo a Dona Gilda, eram alunos filhos de pessoas que "[...] morava ali do outro lado da usina né" (Gilda Kuitá, 20 mar. 2017).

Evidentemente, a presença da usina promoveu mudanças na forma de vida da comunidade indígena local. A Dona Gilda Kuitá descreveu um fator preponderante para entender essas mudanças. Segundo ela:

> A minha tia mesmo, ela, a minha tia é vó da mulher dele (do Sr. José Bonifácio), porque daí, a ex-mulher dele, ela contava pra mim, antes deles fazer aquela usina lá, aquele deposito ali (represa), disse que era um riozinho cheio de pedra, quando eles ia no cemitério que ele falou do outro lado fazer enterro, eles cruzava por ali por dentro da água, aí ele cantava a música pra mim que eles cantava a música do enterro né, a gente cruzava o rio com o morto pra levar lá no cemitério lá em cima onde ele falou que ele sabe, então, antes de fechar era um riozinho, dava pra atravessa mesmo sem ponte (Gilda Kuitá, 29 mar. 2017).

Nesse momento da conversa, a Dona Gilda revelou a vontade de conhecer os cemitérios antigos, onde estavam enterrados seus antepassados. Dessa forma, a equipe de pesquisa, na companhia do Sr. José Boni-

---

[40] Este debate pode ser aprofundado com as discussões de Poutignat e Streiff-Fenart (1998), em suas Teorias de Etnicidade, em que criticam as perspectivas de homogeneização dos grupos étnicos.

fácio e Dona Gilda, visitaram o cemitério do Rio Preto, perto da igrejinha e também o cemitério na margem esquerda do rio Apucaraninha, ambos fora da atual terra indígena, como já foi demonstrado.

Próximo da represa do Fihú o Sr. José Bonifácio esclareceu que quando retornou para a sede do Apucaraninha, após os trabalhos fora da aldeia, em algumas fazendas, o lago já estava cheio e a usina em funcionamento, "[...] quando eu entrei aqui, porque eu me criei fora né, quando eu cheguei aqui já estava cheio" (José Bonifácio, 29 mar. 2017), apontando para a represa. Também foi questionado se no rio Apucaraninha tinha *Pari* e locais de travessia a cavalo para deslocamento dos indígenas antes da construção da hidrelétrica.

> Usava muito aqui, tinha o pari, tinha tudo, as armação deles pra pescar, tudo, tinha na, no Apucaraninha tinha, é, tinha e ainda tem o sinal lá em cima que eu mostrei lá pra você onde eu morava, onde morou o índio velho lá também e tem um pari lá. E lá tem um caminho que cruza, cruza o rio Apucaraninha pra ir pra Tamarana de a cavalo, de a pé, é (José Bonifácio, 29 mar. 2017).

Neste momento, foi questionado sobre a atividade de pesca no local, se era proibido pela empresa e pelos empregados da usina.

> Não, sempre eles não deixava os índios pescar, mas sempre os índios pedia, pedia pra pescar aí o gerente deixava eles pescar daí. Conversava com os funcionários pra deixar pescar, sabe. Ajudava também, aí eles deixava os índios pescar. Tomar banho, sempre. Só que lá perto do Salto eles não deixava, mas você sabe que o povo é né. É dava um jeito, pra eles brincar lá, tomar um banho né, então, sempre contornava com os índios (José Bonifácio, 29 mar. 2017).

Compreende-se que existia uma determinação de proibir a pesca nas represas, buscando impedir acidentes com os indígenas e não os deixar se aproximar dos lagos. Entretanto, no cotidiano e devido às relações entre os empregados da usina e a comunidade indígena, a pesca acabava acontecendo, assim como as atividades de recreação, como os banhos.

Da mesma forma, foi questionado ao Sr. Raul Pereira se quando encheu o lago das represas e foram construídas as barragens houve danos na atividade de pesca dos Kaingang. O Sr. João Cardoso repassou a questão ao Sr. Raul, que respondeu não ter dificultado a pesca, dizendo que se "[...] pescava a vontade lá" (Raul Pereira, 28 mar. 2017).

Também se notou que, algumas vezes, as atividades de pescaria contavam com a participação em conjunto de indígenas e os empregados da usina. Esta informação foi descrita pelo Sr. Elói Zacarias, quando perguntado sobre a pesca no rio Apucaraninha e nas represas.

> Porque nós pescava aí no tempo, na represa, não proibia, nós pescava no antigamente né, eles não proibia né assim, até os brancos pescava. Não, não, não proibiram não nós pescava aí (Elói Zacarias, 29 mar. 2017).

Ainda sobre a atividade de pesca, o Sr. Tapixi tem uma impressão mais da atualidade, afirmando que praticamente não tem mais peixes, citando um episódio recente:

> Eu não sei se você está sabendo, tá com um ano e pouco, um ano e pouco, um ano e pouco eles esgotaram as usinas, as represas, os índios ia pescar lambari lá né João, tomava porre, hoje eles vão pegar, mas não pega, eles esgotaram tudo, esgotaram a de cima e a de baixo pra fazer limpeza, os peixes foi tudo embora (Tapixi, 28 mar. 2017).

A atividade de pesca ainda é realizada nas represas, inclusive, a equipe de pesquisa de campo presenciou crianças e mulheres com as varinhas de pesca na barranca do lago. Entretanto, já não se tem peixes em farta quantidade como antigamente, destacou o Sr. Tapixi.

Por um lado, a usina trouxe mudanças na forma de vida dos indígenas, com o contato com os empregados e seus familiares, as questões relacionadas à pesca e aos caminhos que eram utilizados em seus deslocamentos, além do próprio fato da hidrelétrica se configurar como uma nova etapa de conquista do território indígena, associada ao processo de reestruturação e de redução da área pertencente aos indígenas, acrescido da extração de madeira e outros recursos naturais. Inegavelmente, foram questões que impactaram à sobrevivência dos Kaingang do Apucaraninha.

Por outro lado, como destacou Tommasino (1995), Mota; Novak (2013), Mota (2014b; 1997), entre outros estudos, os Kaingang dos vales do rio Tibagi sempre reinventaram formas de viver, recriando práticas de subsistência, reinterpretando os novos contextos históricos, definindo suas estratégias na luta por seus direitos e traçando suas reivindicações. Dessa forma, as relações estabelecidas com o órgão indigenista e com os agentes e empregados da usina possibilitaram que os indígenas continuassem com suas práticas de outrora, como a pesca e seus deslocamentos pelo território, entre outros, mesmo que de maneira diferenciada, porque são portadores de uma cultura dinâmica, que se transforma conforme sua historicidade.

5.3 O sentimento de apropriação da usina e as reivindicações junto à concessionária de energia elétrica

Os deslocamentos de parte dos indígenas para a proximidade da usina, a instalação da nova sede do PI Apucarana, as definições do Acordo de 1949 e as relações dos Kaingang com os agentes e empregados da Eelsa possibilitaram o despertar do sentimento de apropriação da usina por parte dos indígenas. Claramente, em suas entrevistas, não se conformam com as cobranças de energia elétrica, considerando reduzido o valor repassado pela Copel e criticando os aumentos das tarifas cobradas pela concessionária, em virtude do fornecimento de eletricidade às residências dos indígenas e às instalações do Posto.

Como o desafio de uma pesquisa histórica é sempre esclarecer algo do tempo presente, a história narrada por esta livro permite a compreensão desse sentimento de apropriação da usina do Apucaraninha por parte dos indígenas, que passaram a fazer constantes reivindicações junto à concessionária de energia elétrica, em defesa dos seus interesses, e continuam articulando ações para assegurar benefícios para a sua comunidade, em virtude da presença histórica da usina em seu território. Os TACs assinados em 2002 e 2006, respectivamente, que definiram os valores mensal e o da indenização a serem repassados aos indígenas do Apucaraninha, não colocaram um ponto final às negociações entre a Copel e os Kaingang, que continuamente apresentam novas demandas, pertinentes a legislação do setor elétrico e outras leis do país.

Durante o diálogo com o Sr. Tapixi, ficou evidente o sentimento de apropriação da usina por parte dos indígenas, além de outros importantes esclarecimentos.

> Você já conversou com Elói? O Elói sabe detalhadamente da usina, o cara que fez a usina chamava Luís Gaúcho, o

> Elói sabe do começo até o fim da usina, ele lembra quando começou a usina, quando o cara, o engenheiro terminou a usina, ele veio e entregou para o chefe do posto e falou lá tá terminado a usina e assim o Elói passou para mim, tá terminado a usina e a usina é dos índios e tá na terra dos índios e eu tô indo embora construir uma usina em Itaipu. O Elói nesse tempo era cacique, mas nesse tempo já tinha a sede do posto aqui. Já era aqui. Ele conhece o final da usina sabe. Na usina ele sabe tudo, o Elói (Tapixi, 28 mar. 2017).

O relato do Sr. Tapixi demonstra sintonia com a cronologia dos fatos, pois ao final das obras da usina, em sua terceira fase, realmente a sede do PI Apucarana já se encontrava nas proximidades do empreendimento hidrelétrico. O Sr. Elói Zacarias era a liderança indígena naquele momento, mantendo conversas com o engenheiro chamado Luís Gaúcho, que foi categórico ao afirmar que a usina estava situada no território indígena, portanto, pertencente à comunidade Kaingang local. E, desse sentimento de apropriação, a conversa com o Sr. Tapixi caminhou para outras direções.

> Oh, o que que vem a significar, o que vem a ser essas perguntas [...] O que é por exemplo, nos índio, por exemplo, vai ter alguma vantagens nessas conversas que tamos falando ou vamos ou vai ficar só para a história do passado, para meus bisnetos, tataraneto, falar assim, tal dia foi feito uma entrevista, assim, assim, assim, na casa dos teus avós, bisavós, vai ficar só pra isso? Porque aqui tem uma coisa que eu não concordo sabe, não concordo, que eu sou novo no lugar, por enquanto eu tô vendo como que é o povo aqui, como que pode acontecer, como que uma coisa que eu não concordo aqui é o índio pagar luz. Eu não concordo, a usina tá dentro do território indígena, é indígena, como é que a gente vai poder pagar, eles faz uma fortuna, eles tem, como é que eu vou falar para o senhor, eles tem um troféu de ouro dentro da comunidade indígena, que mina dinheiro minuto por minuto, segundo por segundo, hora por hora, dia por dia, ano por ano. Dia e noite sem parar, como é que a gente vai ter que pagar essa luz meu Deus do céu? (Tapixi, 28 mar. 2017).

Esta passagem deixa claro o sentimento de injustiça e de indignação, pelo fato dos indígenas ter que pagar por algo que está dentro do território indígena. Certamente, essa percepção orienta os Kaingang a traçarem novas estratégias para as negociações junto à Copel. Quando explicado ao Sr. Tapixi que a pesquisa tem o objetivo de contar como foi o processo de construção e de instalação da usina do Apucaraninha, durante a gestão da Eelsa, destacando a participação e a ação da comunidade indígena naquele contexto, considerando a reestruturação proposta pelo Acordo de 1949 e a mudança de local da sede do Posto e a definição da área destinada aos indígenas, e que poderia esclarecer e contribuir com a luta da comunidade nas negociações com a Copel, o entrevistado lançou alguns questionamentos e reflexões:

> Mas, viu, o Eder, mas eu vou falar outra coisa. Eu sou um cara muito sofrido no meio da comunidade indígena, sofrido, sofrido assim, que eu vou falar pra você uma coisa, sofrido na unha de vocês, você entendeu? Você está entendendo o que eu quero falar? Então, de repente eu tô falando uma conversa pra você verdade que não tem nenhum pinguinho de mentira nas minhas conversas, de repente eu tô falando uma coisa pra você proteger os donos da usina. Eu conheço, não é de hoje, faz muitos anos que eu conheço o professor Lúcio, mas você sabe que nós, nós somos enganados pelos não índios, muitas vezes nos vemos sofrendo pelo não índio, hoje Apucaraninha, tá cheio de gente, cheio de criança e crianças nascendo e nossas terras diminuiu, acabou o nosso lugar de sobreviver, de sobreviver, eu já vivi a minha vida, eu tenho 75 anos, eu já vivi a minha vida, mas eu tenho a vida dos meus fios, dos meus netos, dos meus tataranetos, dos meus amigos, dos meus parentes que morava em todo o território indígena do Apucaraninha, então, enquanto eu tiver podendo lutar, eu vou lutar por isso aí, as vez eu não tô lutando pra mim eu tô lutando pelos meus filhos né, eu tive uma luta no Barão de Antonina, em 85 se eu não me engano e despois eu tive que sair corrido de lá do Barão de Antonina por que o pessoal queria me matar, o não índio sabe, e tudo que eu fiz lá, eu voltei lá esses tempos e o meu irmão falou assim pra mim, você não tem vontade de voltar morar aqui no barão e eu digo nenhum pouquinho, nenhum pouquinho, nenhum pouquinho, digo aqui eu fiz o prato pra vocês comer o que vocês tão comendo, mas eu sei que eu não perdi, não perdi, por que aqui tá meus irmãos, minhas irmãs, meus sobrinhos e eu vou receber o que eu fiz aqui no Barão, eu vou receber, hoje graças a Deus me pegaram duas netas pra ser professora lá, então é o meu lucro, é o

> meu ganho que eu tô tendo. Não tem coisa melhor, é a herança que eu tô deixando para os meus filhos (Tapixi, 28 mar. 2017).

Há uma compreensiva relação de desconfiança dos indígenas para com os não indígenas. Evidentemente, o histórico processo de conquista de suas terras, com muitas traições, mortes, conflitos etc. permite entender as ressalvas e reflexões apontadas pelo Sr. Tapixi. Ele sabe, assim como toda a comunidade Kaingang do Apucaraninha, que as negociações com a Copel continuam e ficam receosos de que as informações prestadas em pesquisas como esta, podem comprometer suas reivindicações e suas estratégias de luta frente à concessionária elétrica.

O sentimento de apropriação da usina delineou as ações da comunidade indígena local e seguirá orientando suas próximas estratégias, pois conforme o Sr. Tapixi:

> Tá muita coisa errada, muita coisa errada. Então, eu tô pensando aqui, se um dia a gente for reivindicar qualquer coisa da COPEL, qualquer retomada de terra, retomada, por que a gente vai pegar o que é da gente né, a gente não está tomando nada de ninguém, a gente vai pegar o que é nosso mesmo, daí, por exemplo, esse estudo de vocês, por exemplo, ajuda muito a gente, eu tô pensando aqui tá, que ajuda muito a gente (Tapixi, 28 mar. 2017).

Por último, o Sr. Tapixi ainda orientou a repassar as informações para as lideranças da TI Apucaraninha, destacando a importância do Cacique ter o conhecimento de toda essa história, para tomar decisões enquanto representante da comunidade.

> Então, tem que ter no meio disso aí, como vocês estão aqui, no meio disso aí, tem que, vocês tem que passar isso aí pro Cacique viu, o Cacique tem que tá sabendo dessas coisas, o cacique é, em vista de mim, ele é um menino novo né. Ele é um menino novo, daí vocês vem tirando essas experiências comigo, com o João, vão falar com o Elói, com a Dona Gilda. É né, depois vocês vão [...] eu acho que tinha também por último conversar com o Cacique, por que não adianta nada vocês pescar as nossas conversas e o cacique [...] (Tapixi, 28 mar. 2017).

Novamente, destaca-se a articulação dos indígenas, mesmo quando prestando informações aos pesquisadores e tantos outros não indígenas que organizam viagens e visitas às TIs. As informações prestadas, as histórias contadas, todos as entrevistas precisam ser analisadas na perspectiva de jogo de interesses, daquilo que quer ser dito pelo entrevistado ou que quer ser ouvido pelo entrevistador. Quais as intencionalidades do entrevistado? O que ele quer que seja escrito sobre ele e sobre a história contada por ele? São questões que precisam ser consideradas pelo pesquisador porque não há uma imparcialidade do entrevistado, como também do entrevistador, porque ambos são mediados pela subjetividade em narrar e analisar os fatos descritos. Dessa forma, Thompson (1992) enfatiza a criticidade da fonte documental gerada pelas entrevistas, não adotando os conteúdos da entrevista como verdade absoluta, mas conectando-os com as demais fontes utilizadas, contextualizando cada relato, interpretando-o a partir da subjetividade em que foram produzidos.

Destarte, o Sr. Tapixi reafirmou uma informação dada pelo Sr. João Cardoso, que os indígenas não foram avisados sobre a construção da usina em suas terras. Dessa forma, "[...] aí é uma invasão que eles fizeram dentro da área indígena, é uma invasão cara. É uma invasão" (Tapixi, 28 mar. 2017).

O Sr. Elói Zacarias, que era liderança indígena na época da construção da usina, também demonstrou o sentimento de posse da usina do Apucaraninha, por ela estar no interior da terra indígena.

> Eu conheço quem sentou a usina, chamava, ele chamava Luís, Luís Gaúcho, parece que já é morto. É, quando estava trabalhando com o Alan, um dia, ele veio, aí tinha muito, muito branco ali que tava trabalhando na usina, agora um pouquinho, são pouco agora. Porque quando estava, porque quando era o Alan eu era rapazote ainda quando o Alan estava fazendo esse posto aqui eu era guri ainda, [...] e quando o Alan tá né, quando ele tava morando aqui usina ele tava trabalhando com usina também lá embaixo daí um dia eu vi Gaúcho vim umas horas assim, mais tarde um pouco, vinha subindo com três, o Alan mandou ele sentar aí, o Alan falou pra ele, não, o Luís falou assim o Alan agora vou trabalhar pro senhor, só que o serviço eu já fiz tudo, tudo, olha essa usina eu trabalhei pra mim assentar, tudo, tudo, a usina tá novo, ói trabalhei cinco anos, trabalhei cinco ano aí, mas essa usina tá no terreno dos índios, os índios ganharam,

> então, os índios que vão trabalhar, mas naquele tempo não tinha nem professor pra estudar os índios que nem sabia de ler, não sabia de nada, nada, nada, naquele tempo, o Alan abaixou a cabeça daí ele falou pro Luís, mas Luís os índios não é estudado, não sabe trabalhar na máquina, não sabe ler, não sabe nada, esse que tá duro pra mim, daí entraram os brancos, entraram os brancos, não sei se naquele tempo eles ganhava, é, foi assim, foi assim (Elói Zacarias, 29 mar. 2017).

Nota-se a participação do Sr. Elói, chamado de capitão dos indígenas naquela época, nas reuniões entre o encarregado do Posto e os representantes da usina. Ele lembrou muitos detalhes do Sr. Luís Gaúcho, engenheiro de obras, enfatizando o momento em que as obras foram finalizadas e o fato de ter dito que a usina pertencia aos indígenas, pois estava no terreno destes. Novamente, se percebe a ideia de que o trabalho na usina é compreendido pelos indígenas como as atividades após o fim das obras do empreendimento hidrelétrico. Dessa forma, entende-se que quando indagados se eles trabalharam na usina, a princípio a resposta é *não*, porque lembram desse episódio e dessa conversa citada, em que a falta de estudo e de leitura não permitiram a eles operarem as máquinas e realizarem outras atividades na hidrelétrica. Entretanto, ficou claro que os indígenas trabalharam nas obras de construção, abrindo caminhos e estradas, entre outras atividades, conforme já exposto.

Seguindo o diálogo, o Sr. Elói demonstrou um sentimento de frustação com a presença da usina em território indígena e a impossibilidade dos indígenas executarem as atividades remuneradas no empreendimento hidrelétrico.

> Daí o Gaúcho falou assim pro Alan, os índios que podia, eles que ia trabalhar, por que tá no terreno deles aí, terreno deles, o terreno é deles, então, a usina já tá pronto aí, então, eles que ia trabalhar, daí, mas ninguém não sabia nem trabalhar, ler né, não sabia de nada, aí branco que entrou né, oitenta anos o branco ganhando e os índios ficou sem nada. É muito tempo. É muito dinheiro, naquele tempo parece que, não sei qual é que tava cobrando, eles não contava nada pra nós também, se o Sergio falavam assim, oh falava assim a usina tá ganhando tanto assim por tá no terreno de vocês, tá ganhando tanto assim, então, eles ganha dos índios, então, eles podia falar assim e eles não fala nada, nada, nada (Elói Zacarias, 29 mar. 2017).

Portanto, o sentimento dos indígenas de apropriação da usina do Apucaraninha se intensificou. Graças as suas ações e seus deslocamentos ainda nos fins da década de 1940, que garantiram a posse daquelas terras, como também às relações sociais travadas com os empregados da usina e o próprio conhecimento dos mecanismos jurídicos da sociedade não indígena, que os Kaingang foram obtendo de forma mais intensa, sobretudo, em virtude dos seus estudos e do convívio mais acentuado com a sociedade não-indígena. Dessa forma, esse sentimento de apropriação promoveu novas ações da comunidade indígena, cada vez mais por dentro dos conteúdos dos contratos entre o órgão indigenista e a concessionária, participando ativamente das negociações e buscando conhecer as legislações pertinentes à questão, para fundamentar suas reivindicações e assegurarem seus interesses e novos benefícios à comunidade.

As fontes históricas analisadas revelam as constantes reclamações e reivindicações da comunidade indígena por questões relacionadas com a usina do Apucaraninha e com a concessionária de energia elétrica, além de fornecer informações de outros objetivos pretendidos pelos indígenas. Alguns documentos serão aqui apresentados como exemplos da participação dos indígenas na defesa dos seus interesses.[41] O primeiro documento é uma Carta encaminhada pelo chefe do PI Apucarana, Carlos Wagner Silva Severo, em 31 de outubro de 1977, às instâncias superiores da Funai, que traz importantes esclarecimentos sobre o debate apresentado.

> Deve remontar à década de 40 a assinatura de um contrato entre o extinto Serviço de Proteção ao Índio e a Empresa Londrinense de Eletricidade, hoje Fundação Nacional do Índio (Funai) e Companhia Paranaense de Eletricidade (Copel), pelo qual esta última usa em área indefinida da União neste Posto Indígena para represar, no Rio Apucaraninha, a água que aciona os geradores de uma usina hidrelétrica. Além dessa represa, a jusante do mesmo rio, existem: a represa de regulagem, a cada de máquinas, a rede de transmissão, diversas residências de funcionários, armazém, clube social, escola, campo de futebol, pastagens, estradas, cercas,

---

[41] Não se pretende aprofundar essas reivindicações da comunidade indígena do Apucaraninha posterior ao processo de encampação da Eelsa pela Copel. Apenas será citado alguns acontecimentos para demonstrar o sentimento de posse da usina do Apucaraninha, desenvolvido pelos Kaingang daquela localidade. Um estudo mais detalhado, com análise do acervo documental da Funai e da Copel, é necessário para entender o Movimento Indígena e suas ações a partir da década de 1970 aos dias atuais, passando pelos TACs assinados em 2002 e 2006.

alguma lavouras e terras inaproveitadas. Em troca a COPEL fornece a energia elétrica para os seguintes prédios deste Posto: casa sede, enfermaria, escola, igreja, salão social, armazém, 5 residências de índios e 3 residências de servidores (Funai, 31 out. 1977, Caixa N30711, Fl. 63).

Primeiramente, o chefe do PI Apucarana descreve características da usina e todas as suas instalações, afirmando não saber com precisão a área utilizada pela Copel em território indígena. Além disso, deixa claro que a energia elétrica era fornecida para as instalações do posto, entre elas 5 residências de indígenas. Dessa forma, se por um lado, no contexto de instalação da nova sede do posto e de início das atividades da usina, as entrevistas revelam que não havia energia elétrica nas casas dos indígenas, por outro lado, evidencia-se que com o passar dos anos algumas famílias obtiveram o fornecimento de eletricidade, mediante suas articulações com o órgão indigenista e com a concessionária. Tratava-se de mais uma negociação para trazer benefícios à comunidade indígena, recebendo energia elétrica na enfermaria, escola, igreja, salão de festas e, inclusive, em algumas de suas casas.

Outrossim, a carta demonstra as tensões e acirramentos nas relações entre os sujeitos históricos envolvidos, da comunidade indígena, da concessionária e do órgão indigenista.

> Está ocorrendo que, na falta de cópia do protocolo firmado entre as partes, no qual devem estar estabelecidos os limites da área ocupada pela COPEL e os direitos e deveres dos contratantes, estão sucedendo conflitos de interesses que trazem desvantagens para a comunidade indígena local. Não é só a questão econômica que pode ser discutida: cerca de 6.000 quilowatts anuais de energia permutados pelos entre 100 e 200 alqueires, a rede elétrica do posto está em condições que ameaçam a integridade física de índios e funcionários e o patrimônio da FUNAI e a COPEL não presta nenhuma assistência técnica, nem move uma palha para colaborar com a comunidade aborígine, recusando até mesmo transporte gratuito em suas viaturas (Funai, 31 out. 1977, Caixa N30711, Fl. 63-64).

Primeiramente, fica claro que os limites da área utilizada pela usina não estavam precisos, não sabendo sua totalidade. Se por um lado, historicamente, os indígenas buscavam adquirir benefícios com a presença da usina e dos empregados da Eelsa em seu território, por outro, pressionavam o representante do órgão indigenista, exigindo melhorias no fornecimento da energia elétrica, cobrando reparos nas redes, assistência etc., como o chefe do PI Apucarana deixa muito claro na carta, citando os conflitos de interesses. Além disso, enfatiza-se a utilização dos carros da concessionária pelos indígenas, pegando carona para se deslocar até aos distritos e cidades próximas e que passaram a reclamar da recusa dos empregados da Copel em transportá-los nos carros da empresa. Reclamações que não eram apenas quanto à negação das caronas:

> O grave, por ferir frontalmente os princípios antropológicos e filosóficos da FUNAI é o cerceamento da sagrada liberdade do índio, porquanto ele é escorraçado de sua própria terra, proibindo que está de pescar na gleba cedida à COPEL; já houve casos de índios terem ido pescar em cevas feitas nos rios Tibagi e Apucaraninha para deleite de engenheiros e funcionários da COPEL e de lá terem sido expulsos como invasores ou ladrões; ao contrário, paris recolhidos por pessoas estranhas à comunidade; de outra parte, civilizados já foram surpreendidos por esta chefia pescando a até 8 quilômetros a montante do rio Tibagi, o qual, juntamente com o Apucaraninha e o Apucarana Grande, formam três das linhas divisórias desta reserva indígena (Funai, 31 out. 1977, Caixa N30711, Fl. 64-65).

Isso demonstra que os indígenas utilizavam a área destinada à usina para suas atividades, como por exemplo a pesca, aproveitando-se, inclusive, das cevas feitas pelos empregados da concessionária. Como demonstrado pelos relatos, indígenas e operários chegavam a pescar juntos, pois mantinham suas relações socioculturais naquela área.

Todas essas reclamações chegaram a Copel, como demonstra o Ofício nº 027, de 16 de novembro de 1977, enviado pelo assessor jurídico da Copel, Kiyossi Kanayama, à Divisão Técnica de Patrimônio da Copel, solicitando esclarecimentos quanto às reclamações do chefe do PI Apucarana, elencando os seguintes assuntos:

> Propósito de indevida ampliação da área arrendada; Ausência de assistência técnica da COPEL à rede elétrica do Posto Indígena; Falta de colaboração da COPEL à comunidade indígena, à qual recusa, até, transporte em suas viaturas;

> Cerceamento da liberdade do índio, expulso frequentemente das terras arrendadas, e proibido de pescar nos rios que as banham, com perda de peixes inclusive, enquanto servidores da COPEL pescam livremente, apesar da proibição do Estatuto do Índio (Copel, 16 nov. 1977, Caixa N30711, Fl. 72).

A resposta da Copel se deu em 29 de novembro de 1977, por meio do diretor Antonio Soares Diniz, que buscou amenizar os questionamentos e demonstrar as ações da concessionária frente aos apontamentos da assessoria jurídica da Funai. Primeiramente, informou que estava em construção novas residências para os empregados da usina do Apucaraninha, visto que os alojamentos estavam em condições precárias, mas que o projeto tinha previsão de utilizar apenas a área arrendada e que seria realizada uma vistoria no local para rever qualquer possível extrapolação. Disse ainda que os serviços de manutenção na rede elétrica do PI Apucarana foram solicitados ao departamento responsável. No que tange à recusa de transporte aos indígenas, nos veículos da Copel, argumentou:

> O problema de transporte realmente existe, mas não somente para o caso de terceiros, como também para nossos próprios empregados. A propósito, cabe-nos observar que, a par da falta de veículos, há as exigências das Companhias Seguradoras, relativas ao transporte de pessoas estranhas ao quadro de empregados desta Companhia. Entretanto, em vista das circunstâncias, e reconhecendo as dificuldades locais, transmitimos instruções para que, nos casos de real necessidade (doença, transporte de encomendas de pequeno porte, compras, etc.), sejam atendidas as solicitações do Posto da FUNAI, mediante entendimentos entre as partes, no local (Copel, 29 nov. 1977, Caixa N30711, Fl. 73-75).

Em consideração ao cerceamento do indígena, respondeu apenas que havia solicitado informações ao setor local de Londrina e que havia determinado que a situação fosse contornada de maneira a atender ambas as partes. É notória as constantes ações da comunidade indígena para a defesa dos seus interesses, estabelecendo relações variadas com os agentes da concessionária e do órgão indigenista. A convergência ou a divergência de interesses entre os envolvidos moviam as relações entre si, ora mais harmoniosas e brandas, ora mais tensas e conflituosas.

O Parecer de nº 11, de 27 de fevereiro de 1978, elaborado por Lourival Silvestre Sobrinho, referente aos Processos Funai 103/78 e 291/78, que tratavam da regularização da confrontação de contas a serem efetuadas entre o órgão indigenista e a Copel, revela irregularidades existentes em relação ao contrato de arrendamento entre SPI e Eelsa, demonstrando também as ações constantes dos Kaingang do Apucaraninha, no que tange a garantia dos seus direitos.

> Na verdade, isto já deveria ter acontecido, pois, além do fator econômico-financeiro a ser discutido entre as partes, temos também a discutir, o consumo de energia elétrica que vem sendo permutado pelo uso das terras indígenas naquela área ocupadas pela COPEL. Por outro lado, temos as constantes reclamações daquela comunidade indígena, sobre o cerceamento da liberdade do índio e os constantes abusos por parte de servidores daquela Companhia de Eletricidade. Diante de tais fatos, e do não cumprimento por parte da COPEL do que ficou consignado no contrato lavrado entre as partes em 09.02.1955, e registrado no livro de Títulos e Documentos sob o nº 14.252, na Comarca de Curitiba – Estado do Paraná, sugiro a V. Sa. seja pedido a rescisão do mesmo e, elaborado outro de acordo com as condições e necessidades do momento, não ferindo a legislação. Sugiro mais, seja feito um levantamento geral na área, para apurar, se possível, as denúncias feitas pelo Chefe daquele PI, bem como, o estado de conservação das instalações da rede elétrica local (Funai, 27 fev. 1978, Caixa N30711, Fl. 42-43).

Este Parecer deixa evidente os protestos dos indígenas, que historicamente se queixavam com o chefe do PI Apucarana, sobre prováveis irregularidades cometidas pelos empregados da Eelsa e, após a incorporação, da Copel, que em algumas situações tentavam privar os indígenas de se deslocarem na área utilizada pela usina e ainda cometiam determinados abusos sobre os indígenas.

Há também um documento que revela outras ações e interesses dos indígenas em suas relações com a concessionária e o órgão indigenista. Trata-se do Ofício nº 35, enviado pelo chefe do PI Apucarana à Copel, em 14 de maio de 1978.

> Recebi ontem um inusitado pedido do Sr. Domingos de Oliveira, funcionário da COPEL lotado na Usina do Apucaraninha, a qual, Vossa Senhoria sabe, foi construída em terras deste Posto Indígena cedidas a essa Companhia: preocupado, ele me pediu, em nome da amizade que cultivamos, que eu o ajudasse a não ser prejudicado em seu emprego e no seu relacionamento com seus superiores. Ocorreu que há alguns dias, devido à estiagem que praticamente acabou com as pastagens, ele me pediu para eu autorizá-lo a colocar 10 vacas de leite num pasto existente na área deste Posto Indígena, com o que concordei. Nesse meio tempo, entretanto, o sub-gerente da usina, Sr. Antonio Siena Filho, pleiteou junto ao Cacique Re Tóg Vergílio, também outra faixa de terra do Posto para o pastoreio de 24 reses, tendo Re Tóg concordado mas esquecido de me cientificar. Sendo de meu dever fiscalizar a terra dos índios, pedi ao Sr. Domingos que falasse ao Sr. Antonio Siena Filho para vir até a Sede do Posto me solicitar oficialmente a cessão da área que já estava sendo cercada. Ele transmitiu minha solicitação e o Sr. Antonio, acompanhado do Sr. José Catisti, compareceu aqui e eu lhe dei autorização para o gado ficar na terra indígena até que viessem chuvas que recuperassem os pastos da COPEL (Funai, 14 maio 1978, Caixa N30711, Fl. 76-77).

É interessante perceber as alianças reveladas por este documento. Primeiramente, o acordo entre um empregado da concessionária e do órgão indigenista. Em segundo, algo semelhante entre um subgerente da usina e o Cacique da comunidade indígena, sendo que este nem comunicou ao chefe do posto sobre o acordo. Então, o chefe do posto exigiu a presença do subgerente na sua sede, para obter a sua autorização. Esse exemplo de negociação revela as estratégias dos indígenas frente à estrutura indigenista, evidenciando assim que a comunidade indígena mantinha estreitas relações com os empregados da concessionária de energia, conforme relatado nas entrevistas, mesmo em desobediência ou de forma omissa em relação ao representante do órgão indigenista. E o citado ofício revela ainda outros interesses e ações:

> Sucedeu, todavia, que, segundo o Sr. Domingos, logo depois o Sr. Antonio passou a chamá-lo de puxa saco do chefe do Posto e que estaria desempenhando a função de leva e traz fuxicos, além de ter proibido que ele usasse o pasto que

eu lhe cedi, forçando-o, então, a desfazer-se de suas vacas leiteiras, que vendeu pelo aviltado preço de Cr$ 15.000,00, justamente para não criar problemas com seus superiores. Assim, a bem da verdade, desejo consignar que o Sr. Domingos é um simples amigo meu e fornecedor de verduras de sua horta, não existindo nada mais além disso, mesmo porque eu não me valeria de expediente de natureza escusa para colher informações, tanto que sempre me dirigi por escrito à gerência da usina quando foi necessário. Ademais, considerei insultuoso o comentário do Sr. Antonio Siena Filho de que seu eu quisesse saber de alguma coisa devia 'descer lá na usina e não ficar usando outros para transmitir recadinhos'. Gostaria, assim, para que o episódio não descambe para lambanças ou pendengas, que Vossa Senhoria procurasse amenizar a situação do Sr. Domingos, homem que, pelo que sei, preocupa-se somente em cumprir seu dever e colaborar conosco, com quem mantemos uma boa amizade, elemento indispensável para que COPEL e FUNAI convivam na mesma terra e possam cumprir satisfatoriamente suas funções sociais (Funai, 14 maio 1978, Caixa N30711, Fl. 76-77).

Novamente, a tradicional dicotomização indígenas *versus* não indígenas não se sustenta. As clivagens e divergências de interesses estavam no interior da concessionária de energia elétrica, nas relações desta com o órgão indigenista e com os próprios indígenas. Entretanto, aproximações, acordos e alianças também eram estabelecidos, conforme cada *situação histórica*, bem como rompidos, devido à dinâmica dos acontecimentos. O documento acima demonstra uma outra vantagem ao PI Apucarana e, consequentemente, à comunidade indígena, que recebia verduras da horta de um dos empregados da concessionária, evidenciando que as trocas de produtos e de favores eram constantes, caracterizando as relações socioculturais entre os sujeitos envolvidos.

As discussões aqui apresentadas colaboram com a superação da ideia de vitimização que se tem sobre os povos indígenas na história do Brasil, como transparece no relatório intitulado *A Copel e a terra indígena Apucaraninha: subsídios para uma política consistente e relacionamento de longo prazo*, publicado pela Copel em 2006.

Do ponto de vista humano a maior particularidade da unidade vem a ser o fato de ela estar parcialmente localizada no interior da TI Apucaraninha, a qual possui 5.575 hectares e é habitada por cerca de 1.300 indígenas da etnia Kaingang. Sua presença no local seguramente constitui um incômodo para a vida do grupo, pois ocupa uma área de 39,9 hectares de suas terras e restringe a utilização dos cursos d´água existentes. Cominada com as intervenções de outras agências governamentais, esta UHE representou também uma interferência muito prejudicial para a conservação ambiental da área. Em função disso assinalamos que, sob o presente quadro institucional, na forma como ele regula as relações do Estado brasileiro com as minorias étnicas que vivem no seio do seu território, esta usina muito dificilmente seria construída. Não obstante isto, sua retirada da TI Apucaraninha não é reivindicada por nenhum dos atores sociais envolvidos (Copel, 2006, Caixa N30712, Fl. 40).

Um incômodo que os próprios Kaingang não querem retirar? O próprio excerto do documento se contradiz. Enfatizando, não se trata de negar os impactos de uma UHE em áreas ocupadas por povos indígenas, ressaltando que a usina do Apucaraninha tem dimensões muito menores e impactos insignificantes se comparada aos grandes empreendimentos hidrelétricos, a partir de meados da década de 1970. Outrossim, é preciso analisar as ações e estratégias dos Kaingang frente ao empreendimento e seus representantes, enquanto protagonistas de suas próprias histórias. O relatório continua da seguinte forma:

A EELSA e depois a COPEL usufruíam dos recursos naturais da comunidade, os quais viabilizavam o aproveitamento, sem dar, provavelmente, a suficiente contrapartida, pois a remuneração parece ter sido pouco significativa, tanto perante o retorno propiciado pela UHE Apucaraninha, quanto em relação às necessidades materiais da comunidade. Desse modo, em possível contradição com princípios de justiça mais recentemente assumidos pela empresa em pactos de sustentabilidade que subscreveu (Agenda 21, que incorpora a Convenção 169 da Organização Internacional do Trabalho – OIT, esta ratificada pelo Brasil em 25/07/2002), a comunidade não possuía justo acesso à riqueza produzida com a utilização de sua área. Com o tempo a percepção de injustiça cresceu entre indígenas, técnicos e agentes institucionais envolvidos em trabalhos de assessoria naquela área (Funai, universidades, ongs, igrejas, etc.), daí um certo ressentimento presente nas referências a COPEL de parte destes atores. Esta situação e a correlata insatisfação da comunidade e de seus parceiros era prejudicial à imagem da empresa (Copel, 2006, Caixa N30712, Fl. 42-43).

Neste tocante, não se pode afirmar que apenas mais recentemente os Kaingang do Apucaraninha estabeleceram suas políticas frente a concessionária de energia elétrica, em virtude da presença da usina em seu território. Eles não agiram somente após a publicação dos documentos internacionais citados – Agenda 21 e Convenção 169 da OIT – ou de toda a discussão sobre *Hidrelétricas e Povos Indígenas,* que surgiram a partir de meados dos anos 1970. A narrativa aqui apresentada demonstrou as ações dos indígenas desde os tempos iniciais da construção da usina e durante toda a gestão da Eelsa, antes da incorporação pela Copel. Obviamente, que o sentimento de apropriação da usina foi crescendo no interior da comunidade indígena, que se sentiu injustiçada e passou a definir uma nova política, promovendo constantes reivindicações à concessionária de energia elétrica.

> Com os estímulos de membros da sociedade envolvente, que localizam no indígena o depositário de uma autenticidade perdida e de uma relação mais franca com a natureza, mas também com a redemocratização do país, o novo estatuto de autonomia assegurado aos povos indígenas, e as novas políticas implementadas a partir da entrada em vigor da Constituição Federal de 1988, têm início um processo de reflexividade dos indígenas acerca de sua condição. O despertar de processos de reconstrução de sua identidade, com a apropriação de ideais de direitos foram, pois, a base para as reivindicações a partir daí apresentadas (Copel, 2006, Caixa N30712, Fl. 47).

Não há dúvidas de que o contexto mais recente permitiu aos povos indígenas novas estratégias de luta por seus direitos. O conhecimento dos mecanismos de funcionamento da sociedade não-indígena também é um fator que precisa ser considerado, pois cada vez mais os indígenas procuraram (procuram) se inteirar das leis e normas para organizar sua luta. As últimas décadas têm demonstrado muito debate em torno da temática *Hidrelétricas e Povos Indígenas*, sendo que estes tem acompanhado de perto e participado das discussões e formulações da normatização e da regulamentação. Entretanto, mesmo anterior a tal contexto, os indígenas também se portaram como protagonistas, cujas ações precisam ser historicizadas. O caso aqui analisado evidencia sua percepção do elemento novo presente em seu território – a usina e seus representantes – e uma série de ações e de reivindicações para assegurar seus direitos e obter benefícios com essa novidade, por meio de acordos e alianças, mas também conflitos e tensões, conforme afirmação do relatório Gerencial da Copel nº 004/2003, de 6 de outubro de 2003, intitulado *Delimitação dos áreas de segurança do território da Usina do Apucaraninha*.

> A UHE Apucaraninha possui uma história bastante conturbada, sendo palco de vários conflitos de interesses, tendo por um lado a Comunidade Indígena reivindicando constantemente reajustes nos valores pagos anualmente pela utilização da área onde está localizada a usina, e do outro a COPEL que sempre procurou atender, dentro do possível e da legalidade, as reivindicações apresentadas (Copel, 06 out. 2003, Caixa N30711, Fl. 110).

Em todo esse processo conflituoso, a participação da comunidade indígena do Apucaraninha precisa ser destacada. Como visto, desde o princípio das obras da usina, os indígenas buscaram se relacionar com os empregados da Eelsa, trocando e vendendo seus balaios e outras mercadorias, realizando determinadas atividades enquanto mão de obra, recebendo por esse trabalho. Antes mesmo dos representantes do órgão indigenista ter ciência das obras da usina no território dos indígenas, estes já se articulavam com o novo sujeito presente em seu cotidiano, como já faziam com os madeireiros, arrendatários e outros que marcavam presença em sua área há séculos, como os viajantes portugueses e espanhóis, jesuítas, bandeirantes, mineradores, fazendeiros etc.

Além das trocas comerciais e da mão de obra exercida na construção da usina, algumas famílias indígenas buscaram utilizar-se da estrutura criada pela presença do empreendimento hidrelétrico, como as estradas e pontes, que os levaram, entre outros motivos, a decidir pela mudança dos seus toldos para mais próximo da hidrelétrica, estabelecendo novos locais de moradias. Esse interesse é corroborado no último exemplo de documento analisado neste estudo. Trata-se da ata da reunião, realizada em 16 de dezembro de 1993, na sede da prefeitura municipal de Londrina, envolvendo a participação desta, da Copel e da Funai, cujo principal motivo era a definição de responsabilidade na reconstrução das pontes situadas na área da TI Apucaraninha.

> [...] Apesar do interesse inicialmente manifestado pela COPEL, do fornecimento de material apenas para a ponte existente próximo ao Salto do Apucaraninha, a Prefeitura entende que a Empresa também deva contribuir com o material para a ponte próxima à Barragem do Fiú, dada a vital importância dessa ponte para a comunidade indígena, que inclusive mantem laços comerciais e de convivência antiga com a COPEL. Essa posição foi referendada pelo representante da FUNAI presente à reunião, que ressaltou a importância da ponte no deslocamento das famílias indígenas, sem que as mesmas tenham a necessidade de adentrar à área da usina, pois aumentaria consideravelmente as distâncias percorridas (Copel, 16 dez. 1993, Caixa N30711, Fl. 41).

Como visto, a ata cita a importância da ponte para os indígenas, que mantém laços comerciais antigos com a concessionária e de convivência com seus empregados, além de demonstrar o seu uso no deslocamento das famílias indígenas, reduzindo distâncias. Lembrando que essa ponte havia sido construída contemporaneamente ao início das obras da usina do Apucaraninha e que, dessa forma, desde aquela época os Kaingang buscavam se beneficiar da estrutura advinda com o empreendimento hidrelétrico, como pontes e estradas, facilitando os seus deslocamentos, tornando-se mais um aspecto de atração de famílias indígenas para a saída dos seus toldos antigos e o deslocamento para próximo da usina e da nova sede do posto.

Fotografia 43 – Ponte sobre o rio Apucaraninha

Fonte: Foto de Éder da Silva Novak

Diante disso, os documentos revelam as complexidades no relacionamento entre os indígenas, o órgão indigenista e a concessionária de energia elétrica desde a fase inicial da construção da usina do Apucaraninha. Nessas relações socioculturais, os indígenas buscaram garantir benefícios, desde a carona nos veículos da empresa, a manutenção da pesca na área arrendada para a instalação do empreendimento hidrelétrico, as trocas comerciais, as negociações, como a cessão do pasto pelo Cacique ao subgerente da usina, o trabalho remunerado, entre outros. Quando essas relações se apresentavam com interesses que agradavam de forma mútua os sujeitos envolvidos, os acordos eram comuns e amistosos. Mas, qualquer desavença de interesses, as relações se acirravam, gerando conflitos e tensões. E o mais importante de todo esse processo, foi a ação de algumas famílias indígenas em se deslocarem para próximo da usina, assim que começaram as obras, influenciando a ação do órgão indigenista em definir a nova sede do posto e a delimitação da área pertencente aos indígenas, assegurando a posse das terras adjacentes a hidrelétrica. Essa ação e as relações com a concessionária de energia elétrica e seus empregados possibilitou o despertar do sentimento de apropriação da usina, movimentando suas lutas e fundamentando suas reivindicações.

Finalizando, a instalação da usina do Apucaraninha, em meados do século XX, no território indígena Apucarana, não pode ser analisada com uma visão maniqueísta da história ou com teorias previamente elaboradas, que dicotomizam as relações entre indígenas e não indígenas, adjetivando os sujeitos envolvidos como bons ou maus, conforme pressupostos ideológicos utilizados. As relações socioculturais entre indígenas e não indígenas não devem ficar ancoradas nessas versões simplificadoras da história, que promovem os dualismos normalmente perceptíveis quando se aborda a história indígena no Brasil. Também não se deve utilizar daquela visão essencialista, não recorrente à ideia de dinamicidade cultural e ao processo de transformação na forma de vida dos indígenas. A relação com a usina foi mais um episódio de readequação da forma de vida dos indígenas, como tantos outros enfrentados ao longo de sua história. Compreender essa historicidade é o único caminho para evitar análises do presente, que ainda insistem em enfatizar a ideia de oportunismo dos indígenas, superando os velhos estereótipos sobre a história e cultura indígena, contextualizando, assim, a sua luta.

CONSIDERAÇÕES FINAIS[42]

As relações dos Kaingang com os agentes e empregados da usina do Apucaraninha, aqui apresentadas, revelam o protagonismo indígena durante uma nova fase da conquista e do avanço das frentes colonizadoras: a construção e a instalação de usinas hidrelétricas nas áreas destinadas aos indígenas. Essas relações dos Kaingang envolveram diversos sujeitos históricos, desde os presentes na conjuntura local, passando pelos representantes políticos do estado do Paraná, da concessionária de energia elétrica, do SPI e da própria União, atingindo também alguns agentes transnacionais responsáveis pelos investimentos das obras planejadas pelas companhias de colonização, que era de origem inglesa, cujos proprietários também figuravam no quadro societário da Eelsa. Nesse sentido, a primeira UHE, em território legalmente reservado a um povo indígena, no Brasil, promoveu um entrelace de diferentes sujeitos, participantes de uma mesma trajetória histórica, embora esta possa ter sido mais favorável para uns e um tanto limitada para outros. Portanto, as ações de todos esses sujeitos não foram analisadas de forma desconectada, mas articulada, devidamente, contextualizadas.

Se por um lado foram enfatizadas as estratégias políticas dos Kaingang do território indígena Apucarana, diante da presença do empreendimento hidrelétrico em suas terras, por outro, foram demonstrados os interesses dos demais sujeitos envolvidos, sobretudo, os representantes do órgão indigenista e da empresa responsável pela usina do Apucaraninha. O intercruzamento dessas ações e objetivos revelou uma história marcada por alianças, aproximações, submissões em alguns momentos intencionadas, acordos, mas também por conflitos, traições, insubordinações, mortes, conforme a *situação histórica* de convergências ou divergências de interesses.

Dessa forma, foi pertinente demonstrar o contexto histórico da energia elétrica no Brasil, por meio da legislação e da regulamentação do setor elétrico, durante seu processo de estatização, em meados do século

---

[42] As considerações finais aqui apresentada é a mesma da tese, ou seja, contempla também as considerações finais presentes nos Volumes 1 e 2. O objetivo é possibilitar ao leitor deste Volume 3 uma compreensão ainda maior das ações dos Kaingang do Apucarana, dentro do contexto de construção da usina do Apucaraninha, com a presença de representantes do governo do estado do Paraná, da União, da Eelsa, do SPI, entre outros.

passado. A análise desse contexto evidenciou a importância atribuída pela União à geração de eletricidade, considerada essencial para garantir as políticas desenvolvimentistas do período. Também ficou visível a dependência do capital estrangeiro para executar, mesmo de forma lenta, os projetos de eletrificação no país.

O contexto da eletricidade no Paraná revelou o papel de destaque que o poder público atribuiu às políticas de eletrificação do Estado, como forma de garantir o avanço da colonização por todo o seu território. A história da Eelsa e do seu maior empreendimento – a usina do Apucaraninha – está interligada aos contextos nacional e estadual. Essas conexões permitiram a compreensão do processo de construção e de instalação da usina, cuja finalidade era gerar energia elétrica para o desenvolvimento da cidade de Londrina (a pequena Londres) e região, dentro da área de concessão da Eelsa. Esse contexto pode ser percebido também na análise da história dos Kaingang do território indígena Apucarana e suas ações e relações com a presença da usina em seus territórios.

A descrição dessa contextualização histórica revelou também a ausência de qualquer legislação que tratasse das questões envolvendo *Hidrelétricas e Povos Indígenas*. Os atos legais da União e as próprias Constituições do período analisado não fizeram qualquer referência ou distinção sobre a construção de empreendimentos hidráulicos em território indígena. A política adotada pelo estado do Paraná, indireta ou diretamente relacionados à usina do Apucaraninha, também não indicaram qualquer menção aos indígenas da área utilizada para a construção e instalação da maior usina do Norte do Paraná naquele momento.

O referido contexto era caracterizado pelo pensamento de transitoriedade do indígena e a política indigenista marcada pelas ideias assimilacionista e integracionista, nas quais os indígenas deixariam de ser indígenas. Nessa perspectiva, não havia a pretensão de valorização da diversidade cultural indígena e o reconhecimento de suas alteridades étnicas. Portanto, não havia uma regulamentação específica que abordasse a existência de um empreendimento hidrelétrico em área pertencente aos indígenas. Assim, a decisão da construção e da instalação da usina do Apucaraninha não foi comunicada aos Kaingang daquela localidade, nem sequer ao SPI, em suas esferas locais, como o PI Apucarana e a IR7.

Esse pensamento homogeneizante, que não concebia qualquer distinção na tratativa com os povos indígenas do Brasil, era a base do regime de tutela, controlado pelos representantes do SPI. Destarte, as ações coordenadas pelo encarregado do PI Apucarana revelaram as tentativas de transformar o indígena num sujeito *civilizado e trabalhador*, que auxiliava nas atividades do Posto, nas plantações, no trabalho com os animais, colocando os filhos na escola etc. Não obstante, ao ter conhecimento da presença da usina na área do PI Apucarana, o representante do órgão indigenista emitiu um parecer favorável, afirmando que os agentes da hidrelétrica davam trabalhos aos indígenas e não forneciam bebidas alcoólicas, corroborando com as práticas assimilacionista do SPI.

De forma semelhante, o órgão indigenista aproveitava da extração da madeira, da exploração de pedras e do próprio arrendamento das terras do território indígena, cujas atividades também contavam com a mão de obra indígena, justificada em nome da integração do indígena à sociedade nacional. Por outro lado, claramente estava o interesse econômico do PI Apucarana, que tinham seus ganhos financeiros nos contratos junto às serrarias e aos arrendamentos de terras pertencentes aos indígenas. A presença da usina despertou o interesse do órgão indigenista, não apenas pela possibilidade do arrendamento das terras utilizadas pela concessionária de energia elétrica, como pelo próprio fornecimento de eletricidade às instalações da sede do posto, sendo um dos fatores responsáveis pelo deslocamento da sede do PI Apucarana para a proximidade da usina e também influenciando na definição da área destinada aos indígenas, em virtude das negociações do Acordo de 1949.

Entretanto, a falta de uma política específica para tratar a questão *Hidrelétrica e Povos Indígenas*, não significou a ausência das ações dos Kaingang do território indígena Apucarana, diante da presença da usina e dos seus representantes. A historicidade dos Kaingang, situados na bacia do rio Tibagi, evidenciou as estratégias constante deste grupo étnico, há quase três mil anos habitando aqueles territórios. A partir do século XVI e até os dias atuais, suas lutas foram contra a conquista de suas terras, travando diversas formas de relações com viajantes, jesuítas, espanhóis, portugueses, bandeirantes, mineradores, fazendeiros, agentes públicos, imigrantes, migrantes, camponeses, madeireiros etc. Em todo esse período, enquanto sujeitos históricos, os Kaingang fizeram sua leitura de mundo, desenvolvendo a política indígena, a partir da compreensão da política indigenista.

As ações dos indígenas do PI Apucarana revelam esse protagonismo. Inicialmente alguns Kaingang se aproximaram da estrutura da sede do posto, realizando alguns trabalhos e obtendo algumas vantagens com a presença do órgão indigenista, recebendo alguns objetos, prêmios, vestimentas, alimentos, remédios, entre outros. Entretanto, muitos outros permaneceram distantes, em seus toldos tradicionalmente ocupados, que raramente eram visitados pelos agentes do SPI. A história do PI Apucarana deixou evidente a impossibilidade de caracterizar as relações entre indígenas e não indígenas de forma simplesmente polarizada. A narrativa demonstrou as complexidades, as nuances, os conflitos, as alianças, as clivagens e o jogo de interesses entre os sujeitos envolvidos, revelando a ideia de *situação colonial*.

A historicidade Kaingang e as políticas indigenistas e indígena presentes no PI Apucarana, no contexto de construção e de instalação da usina do Apucaraninha, foram fundamentais para entender a ação dos Kaingang diante do empreendimento hidrelétrico em seus territórios. Ações que não podem ser abordadas de forma isolada do processo de reestruturação da área indígena, em virtude do Acordo de 1949, cujas negociações ocorriam de forma simultânea às obras de construção da usina.

Ações que não foram uniformes, mas que se intercruzaram em diferentes estratégias, desde o início das obras do empreendimento hidrelétrico. Primeiramente, o deslocamento de alguns Kaingang até as proximidades do canteiro de obras, participando da retirada de árvores e da abertura de caminhos e de estradas para o assentamento da usina e das redes de transmissão e de distribuição de energia elétrica. Esses deslocamentos permitiram a concentração de alguns toldos na margem direita do rio Apucaraninha, próximo à grande queda d'água do rio, onde estava presente a hidrelétrica. Nesse local, os indígenas ali presentes, além de realizarem determinadas atividades no canteiro de obras, também estabeleceram suas relações sociais com os empregados da usina, fazendo trocas comerciais, vendendo seus balaios, adquirindo alimentos, entre outros.

Como se viu, este local, na margem direita do Salto Apucaraninha, não era Toldo indígena antes de 1946. Essa informação foi revelada tanto pelos documentos analisados, como pelos relatos dos indígenas entrevistados, sendo representada nos mapas ao longo do texto. O próprio órgão indigenista não tinha conhecimento da presença indígena naquele local, apenas constatada após a visita de um integrante do SPI, em 1947.

Em segundo, a documentação e as entrevistas demonstraram a continuidade de várias famílias indígenas em seus toldos de outrora, compreendendo uma vasta área geográfica, inclusive, fora dos limites da área reservada em 1900, como por exemplo, os toldos nas margens do rio Taquara. Os documentos do SPI deixam claro a dificuldade de concentrar os indígenas em determinado local e retirá-los de suas moradias e de seus territórios. A edificação de novas moradias e a instalação de toldos nas proximidades da usina iniciaram antes mesmo do Acordo de 1949 e devem ser compreendidas como ações indígenas, que fizeram análise daquele momento, traçando estratégias para assegurar a ocupação de um novo local, obtendo suas trocas comercias e realizando suas atividades na hidrelétrica.

Terceiro, esse deslocamento indígena e construção de toldos na margem direita do rio Apucaraninha influenciou decisivamente a ação do órgão indigenista em mudar a sede do PI Apucarana para outro local, retirando-a de onde havia sido instalada em 1942, quando foi criada, enquanto estrutura administrativa do SPI. Obviamente que este também tinha outros interesses, como os ganhos financeiros com o arrendamento das terras para a Eelsa, o fornecimento de energia elétrica para suas instalações, facilitando seus serviços de rádio, suas atividades nas serrarias, na escola, postinho de saúde etc. As próprias relações do SPI com o governo do Paraná e a liberação de terras devido o Acordo de 1949 não podem passar despercebidas. Entretanto, a definição dos 6.300 hectares pertencentes aos Kaingang do Apucarana, somente em uma área, com a sede do Posto perto da usina, teve evidente participação indígena, após o seu deslocamento e a edificação dos toldos perto da hidrelétrica.

Quarto, a resistência indígena em se concentrar na nova área a eles destinada. Como demonstrado, foram duas décadas de lutas e de negociações com o órgão indigenista, em que grande parte dos Kaingang se manteve fora dos limites de 6.300 hectares estabelecidos pelo governo do Paraná e da União. Famílias indígenas ainda viviam nos toldos distantes da área reservada no final da década de 1960, como a do Sr. José Bonifácio, no Toldo Rio Preto. Outras tinham se deslocado do rio Taquara, no final dos anos 1950, como revelou o Sr. Pedro de Almeida. Portanto, essa concentração na nova área foi um processo lento e gradual, com muitas negociações, conflitos, desavenças e interesses divergentes. Mesmo após os anos 1970, esse processo de concentração dos Kaingang no local da nova sede do posto não ocorreu de forma total. Alguns toldos continuaram ocupados pelos indígenas, como o Barreiro e o Toldo Apucarana (Posto Velho), que ficaram dentro dos limites territoriais da área destinada aos indígenas e até hoje contam com algumas famílias.

Quinto, nem todos os Kaingang que se deslocaram para a proximidade da nova sede do PI Apucarana e da usina ficaram ali permanentemente. As saídas para os toldos Barreiro e Posto Velho, assim como para outros territórios indígenas da bacia do rio Tibagi e Ivaí, eram constantes, contrariando as expectativas dos agentes do órgão indigenista, que não conseguiam ter o total controle dos deslocamentos das famílias indígenas.

Sexto, à medida que o órgão indigenista foi estruturando a sede do PI Apucarana, nas proximidades com a usina, um número maior de indígenas foi se concentrando nas imediações do Posto. Os documentos e as entrevistas revelam os interesses dos indígenas em estudar na escola, em ter atendimento de saúde, em receber casas concedidas pelo SPI, em trabalhar de forma remunerada nas serrarias e nas demais atividades cotidianas da sede do posto, enfim, em obter alguma vantagem das instalações do PI Apucarana, que contavam com a presença de energia elétrica fornecida pela usina. Com o passar dos anos, algumas residências dos indígenas também foram recebendo eletricidade, conforme apontado pela documentação. Esses interesses nem sempre eram compartilhados por todos os Kaingang, como o exemplo do Sr. José Bonifácio, que optou por não estudar na escola. Já a Dona Gilda, o Sr. João Cardoso e Pedro de Almeida foram colegas de sala na escola do posto, durante os anos 1960.

Por último, os toldos constituídos pelos primeiros Kaingang, que se aproximaram das obras do empreendimento hidrelétrico, foram decisivos nas negociações do Acordo de 1949 e asseguraram aos indígenas a posse das terras adjacentes à usina. As relações sociais estabelecidas com os empregados e familiares da Eelsa foram diversas, sejam amistosas, como os bailes e festas, o jogo de futebol, as trocas comerciais, os trabalhos remunerados; como também as conflituosas, devido à relação dos empregados da usina com as mulheres indígenas, as divergências nas disputas pelos limites da área, entre outras. Essas ações despertaram na comunidade indígena local o sentimento de apropriação da usina, situada desde o início em área pertencente a eles. Esse sentimento movimentou (e ainda movimenta) os Kaingang daquela localidade em suas reivindicações junto à concessionária de energia elétrica. Estas reivindicações foram (são) fundamentadas por toda a historicidade Kaingang, que obtiveram algumas conquistas nas revisões dos contratos junto à empresa de eletricidade e nas assinaturas dos TACs em 2002 e 2006, que, respectivamente, definiram um novo valor mensal pago pela Copel à comunidade indígena e uma indenização pela histórica presença da hidrelétrica em seu território. Os sentimentos de indignação e de injustiça expressos pelos entrevistados, como o Sr. Tapixi e o Sr. Elói Zacarias, quanto aos valores pagos aos indígenas pela Copel e a cobrança desta pelo fornecimento de energia elétrica, revelam que as ações e as relações, geralmente tensas e conflituosas, entre a concessionária, os Kaingang e o órgão indigenista, não tem data para acabarem.

Inegavelmente, o processo de esbulho do território indígena Apucarana trouxe mudanças e impactos consideráveis na forma de vida de todos os Kaingang daquele local. O ápice dessa expropriação das terras indígenas ocorreu justamente com o Acordo de 1949, que após ser concretizado, reduziu substancialmente uma área de quase 70 mil hectares de terras, legalmente reservadas em 1900, para os 6.300ha estipulados pelo citado acordo. Não bastasse esta redução, mais de 700 ha foram retirados dos Kaingang durante a segunda metade do século XX, deixando-a com os 5.574ha da atualidade. O crescimento demográfico do povo indígena, o desgaste do solo, a ausência dos recursos naturais e o descaso do poder público são alguns fatores da dificuldade de sobrevivência na terra indígena Apucaraninha.

A presença da usina do Apucaraninha também promoveu mudanças na forma de vida dos Kaingang do Apucaraninha, afetando alguns dos seus caminhos e travessias, sobretudo, no rio Apucaraninha, que teve dois pontos represados para o funcionamento da hidrelétrica. As próprias relações com os empregados da Eelsa transformaram o cotidiano da comunidade indígena local, apresentando novos valores, comportamentos, costumes etc. Entretanto, essas transformações precisam ser compreendidas com a ideia de dinamicidade cultural, pois os povos indígenas não são portadores de uma cultura estática, mas que se transformam a cada novo contexto histórico, promovendo novas interpretações e recriando suas formas de vida.

A narrativa ora apresentada procurou distanciar-se das abordagens dicotômicas e dualistas, que polarizam indígenas e não indígenas, como se a história não possibilitasse a interligação de suas ações. A análise também não compartilhou da ideia de história de mão única, em que os não indígenas, representados neste caso pelos agentes da Eelsa e do SPI, teriam impostos suas decisões sobre os Kaingang do território indígena Apucarana, tratando estes últimos, como meros coadjuvantes da história. Em contraponto, a história aqui proporcionada evidenciou o protagonismo indígena, suas ações diferenciadas perante ao contexto de uma nova fase da *guerra de conquista*. Enquanto sujeitos históricos, os Kaingang desenvolveram suas políticas próprias para defender seus territórios e reivindicar seus direitos, mantendo-se enquanto um grupo étnico portador de cultura diferenciada em relação aos outros povos indígenas e à sociedade envolvente. Finalmente, espera-se ter contribuído para o entendimento das questões atuais, envolvendo os Kaingang da terra indígena Apucaraninha e os representantes da Copel, retirando alguns estereótipos que buscam descaracterizar a luta desta comunidade indígena. Ao mesmo tempo, estima-se ter cooperado com o presente debate em torno da questão *Hidrelétrica e Povos Indígenas*.

REFERÊNCIAS

ALBERTI, Verena. **Manual de História Oral**. 3. ed. Rio de Janeiro: Ed. FGV, 2005.

ALMEIDA, Maria Regina Celestino de. **Os índios na história do Brasil**. Rio de Janeiro: Ed. FGV, 2010.

AMADO, Janaína; FERREIRA, Marieta de Moraes. **Usos e abusos da história oral**. Rio de Janeiro. 7. ed. Rio de Janeiro: Ed. FGV, 2005.

ANDRADE, Eduardo Tardeli de Jesus. **Kaga ín Rara no HA E**: Processos de enfermidade e cura entre os Kaingang da Terra Indígena Apucarana. 2015. Dissertação (Mestrado em Ciências Sociais) – Universidade Estadual de Londrina, Londrina, 2015.

BALANDIER, Georges. **Antropologia política**. Lisboa: Editorial Presença, 1987.

BALANDIER, Georges. **As dinâmicas sociais**: sentido e poder. São Paulo: Difel, 1976.

BALANDIER, Georges. **El concpeto de situación colonial**. Ciudad de México: [s.n.], 1972.

BARTH, Frederik. **Los grupos étnicos y sus fronteras**. México: Fondo de Cultura Económica, 1976.

BENSA, Alan. Da micro-história a uma antropologia crítica. *In:* REVEL, Jacques. **Jogos de escala**. Rio de Janeiro: FGV, 1998. p. 39-76.

BIASETTO, Eliane Aparecida. **O Rio Tibagi e suas representações**: a polêmica da água e o desenvolvimento do Projeto Tibagi (1970-2000). 2014. Dissertação (Mestrado em História Social) – Universidade Estadual de Londrina, Londrina, 2014.

CAVALCANTE, Thiago Leandro Vieira. Etno-história e história indígena: questões sobre conceitos, métodos e relevância da pesquisa. **História**, São Paulo, v. 30, n. 1, p. 349-371, jan./jun., 2011.

CIMBALUK, Lucas. **A criação da aldeia Água Branca na Terra Indígena Kaingang Apucaraninha**: "política interna", moralidade e cultura. 2013. Dissertação (Mestrado em Antropologia Social) – Setor de Ciências Humanas, Letras e Artes, Universidade Federal do Paraná, Curitiba, 2013.

CORRÊA, Sérgio Roberto Moraes. O Movimento dos Atingidos por Barragem na Amazônia: um movimento popular nascente de "vidas inundadas". **Revista NERA**. Presidente Prudente, ano 12, n. 15, p. 34-65, 2009.

CUNHA, Manuela Carneiro da. (org.). **História dos índios no Brasil**. São Paulo: Cia. das Letras, 1992.

DEPRÁ, Giseli. **O lago de Itaipu e a luta dos Avá-Guarani pela terra**: representações na imprensa do oeste do Paraná (1976-2000). 2006. Dissertação (Mestrado em História) – Universidade Federal da Grande Dourados, Dourados, 2006.

DUARTE, Amauri. **Projeto da Usina Hidrelétrica São Jerônimo**: conflitos e contrastes. 2004. Dissertação (Mestrado em Geografia) – Universidade Estadual de Maringá, Maringá, 2004.

FERNANDES, Ricardo Cid. Terra, tradição e identidade: os Kaingang da aldeia Condá no contexto da UHE Foz do Chapecó. *In:* SANTOS, Sílvio Coelho dos; NACKE, Aneliese (org.). *Hidrelétricas e povos indígenas*. Florianópolis: Letras Contemporâneas, 2003. p. 159-176.

FERNANDES, Ricardo Cid. Uma contribuição da antropologia política para a análise do faccionalismo kaingang. *In:* TOMMASINO, Kimiye; MOTA, Lúcio Tadeu. NOELLI, Francisco Silva (org.). *Novas contribuições aos estudos interdisciplinares dos Kaingang*. Londrina: EDUEL, 2004. p. 83-144.

FOUCAULT, Michel. **A ordem do discurso**. Rio de Janeiro, 1996.

GAGLIARDI, José Mauro. **O indígena e a república**. São Paulo: Hucitec, 1989.

HANNERZ, Ulf. Fluxos, fronteiras, híbridos: palavras-chave da antropologia transnacional. **Mana**: Estudos de Antropologia Social, Rio de Janeiro, v. 1, n. 3, p. 7-39. 1997.

HANNERZ, Ulf. Fronteras. **Revista de Antropología Experimental**, Jaén, Espanha, v. 1. p. 498-507, 2001. ISSN: 1578-4282.

HELM, Cecília M. Vieira. A consulta aos índios da bacia do rio Tibagi, PR, a Usina Hidrelétrica São Jerônimo e a questão ética. *In:* SANTOS, Sílvio Coelho dos; NACKE, Aneliese. (org.). **Hidrelétricas e povos indígenas**. Florianópolis: Letras Contemporâneas, 2003. p. 111-134.

HELM, Cecília M. Vieira. Conflitos sociais entre indígenas e não indígenas no processo de negociação sobre compensações de usinas hidrelétricas implantadas em Terras Indígenas. *In*: ENCONTRO DE CIÊNCIAS SOCIAIS E BARRAGENS, 1., 8-10 jun. 2005, Rio de Janeiro. **Anais** [...]. Texto apresentado no 1º Encontro "Ciências Sociais e Barragens". Rio de Janeiro: IPPUR/UFRJ, 2005.

HELM, Cecília M. Vieira. **Laudo antropológico**: povos indígenas da bacia do rio Tibagi, Kaingang e Guarani, e os projetos das usinas hidrelétricas Cebolão e São Jerônimo. Curitiba: Gráfica oficial/CNIA/Copel, 1998.

HELM, Cecília M. Vieira. **O índio camponês assalariado em Londrina**: relações de trabalho e identidade étnica. Tese (Concurso para Professor titular) – Universidade Federal do Paraná, Curitiba, 1977.

HELM, Cecília M. Vieira. **Os Kaingang da TI Apucarana e a Usina Hidrelétrica Apucaraninha**: estudo antropológico: relatório para a Soma/Meio Ambiente. Curitiba: [s.n.], 2001.

HOBSBAWM, Eric. A história de baixo para cima. *In*: HOBSBAWM, Eric. **Sobre História**: ensaios. São Paulo: Companhia das Letras, 1998. p. 216-231.

LANDER, Edgardo (org.). **A colonialidade do saber**: eurocentrismo e ciências sociais: perspectivas latino-americanas. Tradução de Júlio Cezar Casarin Barroso Silva. Buenos Aires: Clacso, 2005.

LISBOA, João Francisco Kleba. Terra indígena, laudo antropológico e hidrelétrica no sul do Brasil. *In:* CONGRESSO NACIONAL DO CONPEDI, 17., 2008, Brasília. **Anais** [...]. Brasília: CONPEDI, 2008.

LOZANO, Jorge Eduardo Aceves. Prática e estilos de pesquisa na história oral contemporânea. *In:* AMADO, Janaína; FERREIRA, Marieta de Moraes. **Usos e abusos da história oral**. 7. ed. Rio de Janeiro: Editora da FGV, 2005. p. 15-26.

MONTEIRO, John Manuel. Armas e armadilhas: história e resistência dos índios. *In:* NOVAES, Adauto. **A outra margem do Ocidente**. São Paulo: Companhia das Letras, 1999. p. 237-249.

MONTEIRO, John Manuel. **Os negros da terra**: índios e bandeirantes nas origens de São Paulo. São Paulo: Companhia das Letras, 1994.

MOTA, Lúcio Tadeu. 2014a. Etno-história: uma metodologia para abordagem transdisciplinar da história de povos indígenas. **Patrimônio e Memória**, Assis, v. 10, n. 2, p. 5-16, 2014.

MOTA, Lúcio Tadeu. 2014b. A presença indígena no vale do Rio Tibagi/PR no início do século XX. **Antíteses**, Londrina, v. 7, n. 13, p. 358-391, 2014.

MOTA, Lúcio Tadeu. A guerra de conquista nos Territórios dos Índios Kaingang do Tibagi. **Revista de História Regional 2**, Ponta Grossa, v .1, p. 187-207, jan./jun. 1997.

MOTA, Lúcio Tadeu; NOELLI, Francisco Silva; SILVA, Fabíola Andréa. Pari: armadilhas de pesca no sul do Brasil e a arqueologia. *In:* KERN, Arno Alvarez. **Coleção Arqueologia**. Porto Alegre: EDIPUCRS, n.1, v. 2, p. 435-446, 1996.

MOTA, Lúcio Tadeu; NOVAK, Éder da Silva. Desiguais e combinados: índios e brancos no vale do Rio Tibagi – PR na primeira metade do século XX. **Campos**: Revista de Antropologia Social, Curitiba, v. 14, i. 1-2, p. 77-113, 2013. Dossiê Antropologia e Desenvolvimento.

OLIVEIRA, João Pacheco de. (org.) **Indigenismo e territorialização**: poderes, rotinas e saberes coloniais no Brasil contemporâneo. Rio de Janeiro: Contra Capa, 1998.

OLIVEIRA, João Pacheco de. **Ensaios em antropologia histórica**. Rio de Janeiro: Ed. UFRJ, 1999.

OLIVEIRA, João Pacheco de. **O nascimento do Brasil e outros ensaios**: "pacificação", regime tutelar e formação de alteridades. Rio de Janeiro: Contra Capa, 2016.

OLIVEIRA, João Pacheco de. **O nosso governo**: os Ticunas e o regime tutelar. São Paulo: Marco Zero, 1988.

OLIVEIRA, João Pacheco de; COHN, Clarice (org.). **Belo Monte e a questão indígena**. Brasília: ABA, 2014.

OLIVEIRA, João Pacheco de; FREIRE, Carlos Augusto da Rocha. **A presença indígena na formação do Brasil**. Brasília, DF: Ministério da Educação: Secretaria de Educação Continuada, Alfabetização e Diversidade: LACED/Museu Nacional, 2006.

OLIVEIRA, Roberto Cardoso de. **O trabalho do antropólogo**. 3. ed. Brasília: Paralelo15; São Paulo: Editora Unesp, 2006.

POUTIGNAT, Philippe; STREIFF-FENART, Jocelyne. **Teorias da etnicidade**. São Paulo: Editora UNESP, 1998.

RAMOS, Luciana Maria de Moura. **Vénh Jykré e Ke Há Han Ke**: permanência e mudança do sistema jurídico dos Kaingang no Tibagi. 2008. Tese (Doutorado em Antropologia Social) – Instituto de Ciências Sociais, Universidade de Brasília, Brasília, 2008.

RICOUER, Paul. **Interpretação e ideologias**. 3. ed. Rio de Janeiro: F. Alves, 1988.

ROCHA, Leandro Mendes. **A política indigenista no Brasil**: 1930-1967. Goiânia: Editora da UFG, 2003.

RODRIGUES, Diego Campos Arruda. **Concepções e práticas agroflorestais na terra indígena Kaigang Apucaraninha (Paraná)**. 2008. Dissertação (Mestrado em Ciências Sociais) – Programa de Pós-graduação em Ciências Sociais, Universidade Estadual de Londrina, Londrina, 2008.

SANTOS, Silvio Coelho dos; NACKE, Aneliese (org.). **Hidrelétricas e povos indígenas.** Florianópolis: Letras Contemporâneas, 2003.

SANTOS, Silvio Coelho dos; NACKE, Aneliese (org.). **Informe sobre os índios Avá-Guarani, ocupantes da AI Ocoí (PR) relocalizados pela UHE Binacional Itaipu**. Florianópolis: [s.n.], 1994.

SOUZA LIMA, Antonio Carlos de. O governo dos índios sob a gestão do SPI. *In:* CUNHA, Manuela Carneiro da (org.). **História dos índios no Brasil**. São Paulo: Cia. das Letras: SMC/SP: FAPESP, 1992. p. 155-172.

SOUZA LIMA, Antonio Carlos de. **Um grande cerco de paz**: poder tutelar e indianidade no Brasil. Petrópolis: Vozes, 1995.

STEFANES, Juliana. Conflitos territoriais em torno da Usina Hidrelétrica de Apucaraninha: levantamento de fontes, perspectivas sobre o espaço e natureza entre 1949-2006. *In*: ENCONTRO REGIONAL DE HISTÓRIA. 100 ANOS DA GUERRA DO CONTESTADO: HISTORIOGRAFIA, ACERVOS E FONTES, 15., 26-29 jul. 2016, Curitiba. **Anais** [...]. Curitiba: Universidade Federal do Paraná, 2016.

THOMAZ DE ALMEIDA, Rubem. **Laudo antropológico sobre a comunidade Guarani**: Ñandeva do Oco'y/Jacutinga – PR. Rio de Janeiro, [s. n.], 1995.

THOMPSON, Edward Palmer. **Costumes em comum**: estudos sobre a cultura popular tradicional. São Paulo: Cia das Letras, 1998.

THOMPSON. Paul. **A voz do passado**: história oral. Rio de Janeiro: Paz e Terra, 1992.

TOMMASINO, Kimiye. A ecologia dos Kaingang da bacia do Tibagi. *In:* MEDRI, Moacyr E. *et al.* **A bacia do rio Tibagi**. Londrina: M. E. Medri, 2002. p. 81-100.

TOMMASINO, Kimiye. **A história dos Kaingang da bacia do Tibagi**: uma sociedade Jê meridional em movimento. 1995. Tese (Doutorado em Antropologia) –Universidade de São Paulo, São Paulo, 1995.

VẼNH KAR. Diagnóstico socioeconômico e cultural da população e ambiental da Terra Indígena Apucaraninha. Área de Agronomia. Coordenadores: Marcos Rafael Nanni e Lúcio Tadeu Mota. Copel/Fauel/Fadec – nº 44715/2010. Produto 9, Vol. 2, 2010.

WEBER, Max. Comunidades Étnicas. *In:* WEBER, Max. **Economia y sociedad.** México: Fondo de Cultura Económica, 1944. p. 315-327.

WEGNER, Robert. **A conquista do oeste**: a fronteira na obra de Sérgio Buarque de Holanda. Belo Horizonte: Editora UFMG, 2000.

WOLF, Eric R. **A Europa e os povos sem história**. Tradução de Carlos Eugênio Marcondes de Moura. São Paulo: EDUSP, 2005.

WOLF, Eric R. Etnicidade e nacionalidade. *In:* FELDMAN-BIANCO B.; RIBEIRO, G. L. (org.). **Antropologia e poder**: contribuições de Eric R. Wolf. São Paulo: UNB, Unicamp: Imprensa Oficial do Estado de São Paulo, 2003.

FONTES

ACERVO MUSEU HISTÓRICO DE LONDRINA – UEL. Coleção Luiz Muraska.

BRASIL, 1934. Decreto nº 24.643, de 10 de julho de 1934. Publicado no Diário Oficial da União - Seção 1 - 20/7/1934, Página 14738 e na Coleção de Leis do Brasil - 1934, Página 679 Vol. 4. Disponível em: http://www2.camara.leg.br/legin/fed/decret/1930-1939/decreto-24643-10-julho-1934-498122-publicacaooriginal-1-pe.html. Acesso em: 18 jan. 2016.

COPEL. 11 fev. 1976. Memorando Interno, enviado por Fernando de Barros Pinto, em 11 de fevereiro de 1976, ao advogado Carlos C. M., com o assunto "Terreno dos Índios – Usina Apucaraninha". Caixa N30711, Fl. 13. Biblioteca da Copel. Polo Atuba, Curitiba.

COPEL. 27 out. 1976. Correspondência do diretor presidente da Copel. Arturo Andreoli, para Francisco Neves Brasileiro, delegado regional da Funai, em Curitiba, em 27 de outubro de 1976. Caixa N30711, Fl. 12. Biblioteca da Copel. Polo Atuba, Curitiba.

COPEL. 16 nov. 1977. Ofício nº 027, de 16 de novembro de 1977, enviado pelo assessor jurídico da Copel. Kiyossi Kanayama, à Divisão Técnica de Patrimônio da Copel. Caixa N30711, Fl. 72. Biblioteca da COPEL. Polo Atuba, Curitiba.

COPEL. 29 nov. 1977. Resposta da Copel, em 29 de novembro de 1977, através do diretor Antonio Soares Diniz. Caixa N30711, Fl. 73-75. Biblioteca da Copel. Polo Atuba, Curitiba.

COPEL. 06 nov. 1978. Relatório intitulado "Terreno da Usina de Apucaraninha – Problemas com a Funai", elaborado pelo Engenheiro da Copel. Estácio Gavinho, em 6 de novembro de 1978. Caixa N30712, Fls. 7-10. Biblioteca da Copel. Polo Atuba, Curitiba.

COPEL. 16 dez. 1993. Ata da Reunião realizada em 16 de dezembro de 1993, na sede da prefeitura municipal de Londrina. Caixa N30711, Fl. 41. Biblioteca da Copel. Polo Atuba, Curitiba.

COPEL. 02 abr. 2003. Laudo de Averiguação. Caixa N30712, Fl. 89-92. Biblioteca da Copel. Polo Atuba, Curitiba.

COPEL. 06 out. 2003. Relatório gerencial da Copel nº 004/2003, de 6 de outubro de 2003, intitulado "Delimitação dos áreas de segurança do território da Usina do Apucaraninha". Caixa N30711, Fl. 110. Biblioteca da Copel. Polo Atuba, Curitiba.

COPEL. 2004. Campanha de esclarecimento aos Kaingang sobre a área de segurança e os riscos da Usina do Apucaraninha, na TI Apucarana, PR e em seu entorno. Elaborado por Cecília Helm. Caixa N30712, Fl. 101. Biblioteca da COPEL. Polo Atuba, Curitiba.

COPEL. 2006. Relatório intitulado "A Copel e a terra indígena Apucaraninha: subsídios para uma política consistente e relacionamento de longo prazo". Caixa N30712, Fl. 39-47. Biblioteca da Copel. Polo Atuba, Curitiba.

EELSA, 04 abr. 1968. Área do PI Apucarana utilizada pela Usina do Apucaraninha. Caixa N30711, Fl. 24. Biblioteca da Copel. Polo Atuba, Curitiba.

EELSA, 04 abr. 1968. Correspondência enviada pelo gerente da Eelsa, Fernando de Barros Pinto, do escritório de Londrina, ao encarregado do PI Apucarana. Caixa N30711, Fl. 17. Biblioteca da Copel. Polo Atuba, Curitiba.

EELSA, 04 abr. 1968. Planta 1, 2 e 3 da área utilizada pela usina do Apucaraninha. Caixa N30711, Fls. 21-23. Biblioteca da Copel. Polo Atuba, Curitiba.

FUNAI, 12 fev. 1969. Correspondência enviada pelo advogado da Funai, Irnério Rubens de Vasconcellos, em 12 de fevereiro de 1969, ao chefe da ajudância em Curitiba. Filme 70, Fotograma 1534. Museu do Índio, Rio de Janeiro.

FUNAI, 15 dez. 1975. Ofício n° 3223/75, enviado pelo 4° delegado regional da Funai, Francisco Neves Brasileiro, para o presidente da Copel. Arturo Andreoli, no dia 15 de dezembro de 1975, para tratar da revisão do Contrato de Arrendamento das terras do PI Apucarana. Caixa N30711, Fl. 49. Biblioteca da Copel. Polo Atuba, Curitiba.

FUNAI, 27 dez. 1976. Relatório de Viagem do técnico Telmir Alberti, realizada entre os dias 21 a 23 de dezembro de 1976, para verificação das divisas na usina Apucaraninha. Caixa N30711, Fls. 10-11. Biblioteca da Copel. Polo Atuba, Curitiba.

FUNAI, 31 out. 1977. Carta encaminhada pelo chefe do PI Apucarana, Carlos Wagner Silva Severo, em 31 de outubro de 1977, às instâncias superiores da Funai. Caixa N30711, Fl. 63-65. Biblioteca da Copel. Polo Atuba, Curitiba.

FUNAI, 27 fev. 1978. Parecer n° 11, de 27 de fevereiro de 1978, elaborado por Lourival Silvestre Sobrinho. Caixa N30711, Fl. 42-43. Biblioteca da Copel. Polo Atuba, Curitiba.

FUNAI, 14 maio 1978. Ofício n° 35, enviado pelo chefe do PI Apucarana, em 14 de maio de 1978, à Copel. Caixa N30711, Fl. 76-77. Biblioteca da Copel. Polo Atuba, Curitiba.

FUNAI, 19 dez. 1978. Parecer n° 3, referente ao Processo Funai/BSB/291/78, feito pelo procurador geral da Funai, Gdálio de Barros Barreto, em 19 de dezembro de 1978. Caixa N30711, Fl. 39. Biblioteca da Copel. Polo Atuba, Curitiba.

SPI, 20 jul. 1943. Relatório de Viagem apresentado pelo inspetor do SPI, Deocleciano de Souza Nenê, ao chefe da IR7, Paulino de Almeida. Filme 47, Fotograma 158. Museu do Índio, Rio de Janeiro.

SPI, 17 jun. 1946. Ofício n° 19, de 17 de junho de 1946. Filme 47, Fotogramas 1835-1836. Museu do Índio, Rio de Janeiro.

SPI, 24 jul. 1946. Ofício n° 82, de 24 de julho de 1946, enviado pelo chefe da IR7, Paulino de Almeida. Filme 69, Fotograma 1788. Museu do Índio, Rio de Janeiro.

SPI, 30 mar. 1947. Relatório do inspetor especializado do SPI, Deocleciano de Sousa Nenê, encaminhado ao chefe Paulino de Almeida, em 30 de março de 1947. Filme 73, Fotograma 1644. Museu do Índio, Rio de Janeiro.

SPI, 10 maio 1947. Correspondência do diretor da Eelsa, Ricardo Davids, em 10 de maio de 1947. Filme 69, Fotograma 1914. Museu do Índio, Rio de Janeiro.

SPI, 20 jun. 1947. Ofício nº 99, de 20 de junho de 1947, enviado pelo chefe substituto da IR7, Deocleciano de Sousa Nenê, ao diretor do SPI. Filme 73, Fotogramas 123-124. Museu do Índio, Rio de Janeiro.

SPI, 20 jun. 1947. Ofício nº 100, de 20 de junho de 1947, emitido por Deocleciano de Sousa Nenê, ao senhor Claudio Carneiro Martins. Filme 73, Fotograma 125. Museu do Índio, Rio de Janeiro.

SPI, 07 jul. 1947. Ofício nº 823, de 7 de julho de 1947, do diretor substituto do SPI, no Rio de Janeiro, Jaguanharo Tinoco do Amaral, à Lourival da Mota Cabral, inspetor da IR7. Filme 74, Fotograma 1620. Museu do Índio, Rio de Janeiro.

SPI, 22 jul. 1948. Ofício no 156, de 22 de julho de 1948, enviado por Lourival da Mota Cabral, para a diretoria do SPI. Filme 75, Fotograma 3049. Museu do Índio, Rio de Janeiro.

SPI, 31 jul. 1948. Recibo datado em 31 de julho de 1948. Filme 48, Fotograma 747. Museu do Índio, Rio de Janeiro.

SPI, 03 ago. 1948. Ofício no 168, de 3 de agosto de 1948. Filme 73, Fotograma 1699. Museu do Índio, Rio de Janeiro.

SPI, 24 ago. 1948. Correspondência enviada por Nelson de Godoy Pereira, inspetor geral da Eelsa, em 24 de agosto de 1948, à Lourival Mota Cabral. Filme 69, Fotograma 2094. Museu do Índio, Rio de Janeiro.

SPI, 30 ago. 1948. Ofício no 184, de 30 de agosto de 1948, enviado por Lourival da Mota Cabral, ao diretor do SPI, Modesto Donatini Dias da Cruz. Filme 69, Fotograma 2096. Museu do Índio, Rio de Janeiro.

SPI, 20 set. 1948. Memorando no 210, emitido pelo chefe da IR7, em 20 de setembro de 1948. Filme 76, Fotograma 129. Museu do Índio, Rio de Janeiro.

SPI, 06 out. 1948. Ofício nº 206, de 6 de outubro de 1948, enviado pela IR7 à diretoria do SPI. Filme 73, Fotograma 1701. Museu do Índio, Rio de Janeiro.

SPI, 21 out. 1948. Correspondência enviada pela IR7 à diretoria do SPI, em 21 de outubro de 1948. Filme 69, Fotogramas 2124-2125. Museu do Índio, Rio de Janeiro

SPI, 06 nov. 1948. Recibo da compra de uma turbina de ferro, realizada em 6 de novembro de 1948, assinado por Eurides Ferreira. Filme 73, Fotograma 1705. Museu do Índio, Rio de Janeiro.

SPI, 06 nov. 1948. Atestado de confirmação do recebimento da turbina, por João Martins Neto. Filme 73, Fotograma 1706. Museu do Índio, Rio de Janeiro.

SPI, 30 jan. 1949. Relatório dos trabalhos realizados em 1948, elaborado pela IR7, datado em 30 de janeiro de 1949. Filme 76, Fotogramas 162-163/173. Museu do Índio, Rio de Janeiro.

SPI, 07 jun. 1949. Acordo contra os índios. Reportagem do Jornal Diário da Tarde, de 7 de junho de 1949, de autoria do deputado estadual Dr. Oscar Lopes Munhós. Filme 69, Fotograma 2278. Museu do Índio, Rio de Janeiro.

SPI, 30 set. 1949. Ofício nº 243, de 30 de setembro de 1949, enviado pela IR7 à diretoria do SPI. Filme 69, Fotograma 2332. Museu do Índio, Rio de Janeiro.

SPI, 14 mar. 1950. Ata lavrada em 14 de março de 1950, na sede da IR7, em Curitiba, entre os membros da Comissão do SPI e do representante do estado do Paraná. Filme 76, Fotogramas 247-248. Museu do Índio, Rio de Janeiro.

SPI, 14 mar. 1950. Croqui das áreas delimitadas ao PI Apucarana, em 14 de março de 1950. Filme 76, Fotograma 251. Museu do Índio, Rio de Janeiro.

SPI, 15 mar. 1950. Relatório elaborado pelos representantes da IR7, sobre os territórios indígenas reestruturados pelo Acordo de 1949. Filme 76, Fotogramas 243-246. Museu do Índio, Rio de Janeiro.

SPI, 07 ago. 1950. Correspondência enviada por Nelson de Godoy Pereira, diretor da Eelsa, em 7 de agosto de 1950, ao chefe da IR7, Lourival Mota Cabral. Filme 70, Fotograma 165. Museu do Índio, Rio de Janeiro.

SPI, 12 out. 1950. Ofício nº 26, de 12 de outubro de 1950, enviado pelo inspetor Deocleciano de Souza Nenê, à Paulino de Almeida e Lourival da Mota Cabral. Filme 76, Fotograma 269-271. Museu do Índio, Rio de Janeiro.

SPI, 12 out. 1950. Croqui das áreas delimitadas ao PI Apucarana, em 12 de outubro de 1950. Filme 76, Fotograma 272. Museu do Índio, Rio de Janeiro.

SPI, 16 nov. 1950. Ofício nº 209/34, de 16 de novembro de 1950, enviado pelo inspetor Deocleciano de Souza Nenê, ao representante da IR7, Otacílio Rochedo. Filme 70, Fotograma 192. Museu do Índio, Rio de Janeiro.

SPI, 22 dez. 1950. Ata da Reunião dos membros da comissão designada para escolher e localizar as glebas a serem medidas e demarcadas para os índios. Filme 48, Fotograma 1468. Museu do Índio, Rio de Janeiro.

SPI, 11 maio 1951. Ofício nº 112, de 11 de maio de 1951, enviado pela IR7 ao Governador Bento Munhoz da Rocha Neto. Filme 70, Fotograma 279. Museu do Índio, Rio de Janeiro.

SPI, 22 jun. 1951. Telegrama nº 124, de 22 de junho de 1951, enviado pela IR7 à diretoria do SPI. Filme 73, Fotograma 1757. Museu do Índio, Rio de Janeiro.

SPI, 23 jun. 1951. Telegrama nº 129, de 23 de junho de 1951, enviado pela IR7 ao diretor do SPI no Rio de Janeiro. Filme 70, Fotograma 290. Museu do Índio, Rio de Janeiro.

SPI, 23 ago. 1951. Recibo do Pagamento realizado pela construção de uma estrada carroçável, datado em 23 de agosto de 1951. Filme 73, Fotograma 1768. Museu do Índio, Rio de Janeiro.

SPI, 08 set. 1951. Ofício no 207, de 8 de setembro de 1951, enviado por Lourival da Mota Cabral, ao encarregado do PI Apucarana, Alan Cardec. Filme 73, Fotograma 1769. Museu do Índio, Rio de Janeiro.

SPI, 13 set. 1951. Ofício nº 214, de 13 de setembro de 1951, enviado pela IR7 ao diretor do SPI. Filme 73, Fotograma 1770. Museu do Índio, Rio de Janeiro.

SPI, 14 set. 1951. Ofício nº 216, de 14 de setembro de 1951, enviado pela IR7 à direção do SPI. Filme 73, Fotograma 1773. Museu do Índio, Rio de Janeiro.

SPI, 24 set. 1951. Correspondência enviada pela IR7, em 24 de setembro de 1951, à direção do SPI no Rio de Janeiro. Filme 73, Fotograma 1777. Museu do Índio, Rio de Janeiro.

SPI, 08 out. 1951. Ofício nº 13, de 8 de outubro de 1951, enviado pelo encarregado Alan Cardec, à IR7. Filme 73, Fotograma 1780. Museu do Índio, Rio de Janeiro.

SPI, 30 nov. 1951. Relatório Mensal de Novembro de 1951, elaborado pelo encarregado do PI Apucarana, Alan Cardec Martins Pedrosa, enviado à IR7. Filme 48, Fotogramas 1491-1492. Museu do Índio, Rio de Janeiro.

SPI, 21 dez. 1951. Ofício encaminhado pelo diretor presidente da Eelsa, Ricardo Davids, para Lourival da Mota Cabral, chefe da IR7, em 21 de dezembro de 1951. Filme 70, Fotograma 364. Museu do Índio, Rio de Janeiro.

SPI, 29 dez. 1951. Correspondência do inspetor geral da Eelsa, Nelson de Godoy Pereira, para Lourival da Mota Cabral, em 29 de dezembro de 1951. Filme 73, Fotograma 1804. Museu do Índio, Rio de Janeiro.

SPI, 02 fev. 1952. Ofício nº 38, de 2 de fevereiro de 1952, enviado por Lourival da Mota Cabral ao diretor presidente da Eelsa. Filme 73, Fotograma 1805. Museu do Índio, Rio de Janeiro.

SPI, 15 fev. 1952. Aviso Interno emitido pelo encarregado do PI Apucarana aos moradores intrusos da área indígena. Filme 48, Fotograma 1604. Museu do Índio, Rio de Janeiro.

SPI, 16 fev. 1952. Ofício nº 3, de 16 de fevereiro de 1952, do encarregado Alan Cardec, para Lourival da Mota Cabral. Filme 48, Fotograma 1591. Museu do Índio, Rio de Janeiro.

SPI, 06 out. 1952. Ofício nº 24, de 6 de outubro de 1952, do encarregado Alan Cardec para Lourival da Mota Cabral, da IR7. Filme 73, Fotograma 1808-1810. Museu do Índio, Rio de Janeiro.

SPI, 04 nov. 1952. Ofício nº 414, de 4 de novembro de 1952, enviado pela IR7 à Fundação Paranaense de Colonização e Imigração. Filme 73, Fotograma 1812. Museu do Índio, Rio de Janeiro.

SPI, 20 maio 1954. Telegrama nº 55, de 20 de maio de 1954, enviado pela IR7 para a diretoria do SPI. Filme 70, Fotograma 630. Museu do Índio, Rio de Janeiro.

SPI, 04 out. 1954. Recibo assinado por Benedito Ferraz, em 4 de outubro de 1954. Filme 76, Fotograma 1079. Museu do Índio, Rio de Janeiro.

SPI, 21 out. 1954. Ofício nº 265, de 21 de outubro de 1954, enviado por Lourival da Mota Cabral, ao diretor do SPI no Rio de Janeiro, José Maria da Gama Malcher. Filme 70, Fotograma 653. Museu do Índio, Rio de Janeiro.

SPI, 31 dez. 1954. Recibo dos serviços para o fornecimento de eletricidade e aquisição dos materiais elétricos do PI Apucarana, de 31 de dezembro de 1954. Filme 73, Fotograma 1886. Museu do Índio, Rio de Janeiro.

SPI, 31 dez. 1954. Atestado de prestação de conta, assinado por Dival José de Souza. Filme 73, Fotograma 1887. Museu do Índio, Rio de Janeiro.

SPI, 02 jan. 1955. Recibo emitido pela Eelsa, em 2 de janeiro de 1955, assinado pelo encarregado do PI Apucarana, Alan Cardec. Filme 48, Fotograma 1896. Museu do Índio, Rio de Janeiro.

SPI, 30 jan. 1955. Recibo emitido pela Eelsa, em 30 de janeiro de 1955, assinado pelo encarregado do PI Apucarana, Alan Cardec. Filme 48, Fotograma 1896. Museu do Índio, Rio de Janeiro.

SPI, 11 fev. 1955. Contrato de Arrendamento entre Eelsa e SPI, de 11 de fevereiro de 1955. Caixa N30711, Fls. 18-19. Biblioteca da Copel, Polo Atuba, Curitiba – PR.

SPI, 30 jun. 1955. Movimento da Renda Indígena de 30 de junho de 1955. Filme 48, Fotograma 1895. Museu do Índio, Rio de Janeiro.

SPI, 30 jun. 1955. Movimento da Renda Indígena do Primeiro Semestre de 1955, emitida pelo encarregado Alan Cardec, em 30 de junho de 1955. Filme 48, Fotograma 1894. Museu do Índio, Rio de Janeiro.

SPI, 30 jun. 1955. Recibo de pagamento do SPI, assinado por Fernando de Barros Pinto, datado em 30 de junho de 1955. Filme 48, Fotograma 1905. Museu do Índio, Rio de Janeiro.

SPI, 03 nov. 1955. Correspondência enviada pela Fundação Paranaense de Colonização e Imigração à diretoria do SPI, em 3 de novembro de 1955. Filme 73, Fotograma 1905. Museu do Índio, Rio de Janeiro.

SPI, 05 nov. 1955. Ofício nº 262, de 5 de novembro de 1955, enviado pela IR7 à Fundação Paranaense de Colonização e Imigração. Filme 73, Fotogramas 1907-1908. Museu do Índio, Rio de Janeiro.

SPI, 31 dez. 1955. Movimento da Renda Indígena, em 31 de dezembro de 1955, emitido pelo encarregado Alan Cardec. Filme 48, Fotogramas 1910-1911. Museu do Índio, Rio de Janeiro.

SPI, 31 dez. 1955. Recibo de Pagamento do SPI assinado por Fernando de Barros Pinto, datado em 31 de dezembro de 1955. Filme 48, Fotograma 1932. Museu do Índio, Rio de Janeiro.

SPI, 21 fev. 1956. Correspondência enviada pela Fundação Paranaense de Colonização e Imigração à IR7, em 21 de fevereiro de 1956. Filme 73, Fotograma 1910. Museu do Índio, Rio de Janeiro.

SPI, 24 abr. 1956. Portaria nº 450, de 24 de abril de 1956. Proibição da exploração de madeiras e outras riquezas naturais em terras pertencentes ao órgão indigenista. Filme 74, Fotograma 1424. Museu do Índio, Rio de Janeiro.

SPI, 29 set. 1956. Recibo de Pagamento, datado em 29 de setembro de 1956, assinado por Rui Barbosa de Castro, empregado do escritório da Eelsa, em Londrina. Filme 73, Fotograma 1920. Museu do Índio, Rio de Janeiro.

SPI, 30 set. 1956. Movimento da Renda Indígena do PI Apucarana referente ao período de janeiro a setembro de 1956. Filme 48, Fotogramas 1980-1981. Museu do Índio, Rio de Janeiro.

SPI, 11 out. 1956. Ofício nº 265, de 11 de outubro de 1956, enviado pela IR7 à Fundação Paranaense de Colonização e Imigração. Filme 73, Fotograma 1922. Museu do Índio, Rio de Janeiro.

SPI, 31 dez. 1956. Recibo de Pagamento à Eelsa, em 31 de dezembro de 1956. Filme 73, Fotograma 1927. Museu do Índio, Rio de Janeiro.

SPI, 24 maio 1957. Circular nº 66, enviada por Dival José de Souza para todos os PIs da jurisdição da IR7. Filme 76, Fotograma 1817. Museu do Índio, Rio de Janeiro.

SPI, 11 nov. 1957. Circular nº 808, de 11 de novembro de 1957, assinada pelo diretor coronel José Luis Guedes, estabelecendo orientações para os encarregados dos PIs. Filme 70, Fotograma 975. Museu do Índio, Rio de Janeiro.

SPI, 31 dez. 1960. Relatório Mensal de Dezembro de 1960, assinado pelo encarregado Alan Cardec e pelo chefe da IR7, Dival José de Souza. Filme 68, Fotogramas 1955-1956. Museu do Índio, Rio de Janeiro.

SPI, 05 mar. 1962. Relatório sobre o PI Apucarana, em 5 de março de 1962, por Alan Cardec. Filme 68, Fotogramas 2049-2051. Museu do Índio, Rio de Janeiro.

SPI, 08 mar. 1962. Ofício nº 2, de 8 de março de 1962, enviado por Alan Cardec ao chefe da IR7. Filme 68, Fotograma 2053. Museu do Índio, Rio de Janeiro.

SPI, 14 nov. 1962. Ofício nº 9, de 14 de novembro de 1962, encaminhado por Alan Cardec, ao chefe da IR7. Filme 68, Fotograma 2062. Museu do Índio, Rio de Janeiro.

SPI, 24 maio 1963. Memorando n° 15, de 24 de maio de 1963, enviado pelo chefe da IR7, Dival José de Souza, ao encarregado Alan Cardec. Filme 71, Fotograma 1686. Museu do Índio, Rio de Janeiro.

SPI, 21 jun. 1963. Telegrama n° 621, de 21 de junho de 1963, sobre medição da área de terras utilizadas pela Eelsa. Filme 74, Fotograma 1939. Museu do Índio, Rio de Janeiro.

SPI, 21 jun. 1963. Telegrama n° 759, de 24 de julho de 1963, sobre medição da área de terras utilizadas pela Eelsa. Filme 74, Fotograma 1941. Museu do Índio, Rio de Janeiro.

SPI, 28 jun. 1963. Inventário dos Bens Móveis, preenchido por Alan Cardec, em 28 de junho de 1963. Filme 68, Fotograma 2136. Museu do Índio, Rio de Janeiro.

SPI, 13 set. 1963. Ofício n° 5, de 13 de setembro de 1963, enviado pelo encarregado do PI Apucarana à IR7. Filme 68, Fotogramas 2165-2166. Museu do Índio, Rio de Janeiro.

SPI, 31 dez. 1964. Ofício n° 3, de 31 de dezembro de 1964, enviado pelo encarregado do PI Apucarana, João Garcia de Lima, ao chefe da IR7, em Curitiba. Filme 68, Fotograma 2226. Museu do Índio, Rio de Janeiro.

SPI, 1967. Relação dos Contratos de Arrendamentos do PI Apucarana em 1967. Filme 77, Fotograma 703. Museu do Índio, Rio de Janeiro.

SPI, 28 jun. 1967. Inventário dos bens do PI Apucarana, preenchido por João Garcia de Lima, em 28 de junho de 1967. Filme 69, Fotograma 282-285. Museu do Índio, Rio de Janeiro.

SPI, 30 jun. 1967. Recibo de Pagamento da Eelsa referente a julho de 1966 a junho de 1967. Filme 69, Fotograma 268. Museu do Índio, Rio de Janeiro.

SPI, 31 dez. 1967. Recibo de Pagamento da Eelsa, de 31 de dezembro de 1967. Filme 69, Fotograma 272. Museu do Índio, Rio de Janeiro.

SPI, 31 dez. 1967. Recibo de Pagamento do SPI, de 31 de dezembro de 1967. Filme 71, Fotograma 1722. Museu do Índio, Rio de Janeiro.

ENTREVISTAS

ELÓI ZACARIAS (2017). Entrevista de Elói Zacarias Nogueira Pipir. Entrevistador: NOVAK, Éder da Silva. Terra Indígena Apucaraninha – Município de Tamarana, 29 de março de 2017.

GILDA KUITÁ (2017). Entrevista de Gilda Kuitá. Entrevistador: NOVAK, Éder da Silva. Terra Indígena Apucaraninha – Município de Tamarana, 29 de março de 2017.

JOÃO CARDOSO (2017). Entrevista de João Krág Mág Cardoso Neto. Entrevistador: NOVAK, Éder da Silva. Terra Indígena Apucaraninha – Município de Tamarana, 28 de março de 2017.

JOSÉ BONIFÁCIO (2017). Entrevista de José Ekór Bonifácio. Entrevistador: NOVAK, Éder da Silva. Terra Indígena Apucaraninha – Município de Tamarana, 29 de março de 2017.

PEDRO ALMEIDA (2017). Entrevista de Pedro Kagre Kãg Candido de Almeida. Entrevistador: NOVAK, Éder da Silva. Terra Indígena Apucaraninha – Município de Tamarana, 30 de março de 2017.

RAUL PEREIRA (2017). Entrevista de Raul Pereira. Entrevistador: NOVAK, Éder da Silva. Terra Indígena Apucaraninha – Município de Tamarana, 28 de março de 2017.

TAPIXI (2017). Entrevista de João Maria Rodrigues Tapixi. Entrevistador: NOVAK, Éder da Silva. Terra Indígena Apucaraninha – Município de Tamarana, 28 de março de 2017.